리눅스에서 R과 하둡을 이용한 빅데이터 처리 분석

임동훈 지음

자유아카데미

머리말

요즘 빅데이터라는 말이 자주 사용되고 있지만 빅데이터 처리 · 분석을 어떻게 하는지 정확히 알고 있는 사람은 많지 않으리라 생각한다.

기존의 윈도우 환경하에서 전통적인 소프트웨어를 사용하여 빅데이터 처리 · 분석을 하는 것은 한계가 있다. 하둡(Hadoop)은 대용량 데이터를 분산 처리하여 빠른 시간 내 결과를 제공하는 오픈 소스 플랫폼이다. 하둡은 빅데이터를 처리할 수 있는 플랫폼이고, 빅데이터 분석을 위해서는 별도의 분석도구가 필요하다. R은 구글, 페이스북, 야후, 아마존 등 많은 기업에서 분석도구로 사용되고 있다. R은 분석 기능이 뛰어나지만 확장성(scalability)이 떨어지는 단점이 있다. 이런 측면에서, 대표적인 빅데이터 처리를 위한 하둡과 분석을 위한 R과의 연동은 아주 자연스러운 일이다. RHadoop은 R과 하둡의 통합 환경으로 대용량 데이터 처리 및 분석을 위한 대표적인 플랫폼이다.

저자가 대학에서 빅데이터 처리 · 분석을 강의하면서 느끼는 고충은 "어떤 교재를 가지고 강의할 것인가?"이다. 대부분 학생들의 컴퓨터 운영체제는 윈도우이고 대학 실습실의 컴퓨터 환경 역시 윈도우 환경하에 있다. 그러나 진짜 빅데이터 처리 · 분석을 위해서는 리눅스 환경하에서 하둡을 설치하여 R 프로그램을 통해 학습이 이루어져야 한다. 이 책에서는 윈도우 컴퓨터에 리눅스를 설치하여 하둡과 R 상에서 빅데이터 처리 · 분석을 학습하고자 한다.

이 책은 리눅스 기반하에서 빅데이터 처리 · 분석을 하고 있다. 리눅스 사용자 비율은 약 3%의 아주 소수로 알려져 있다. 윈도우 환경에 익숙한 사용자는 리눅스가 낯선 환경이라 처음에는 어려움을 느낄 수 있다. 저자는 리눅스를 모르는 학생들을 대상으로 한 학기용으로 이 책을 가지고 빅데이터 처리 · 분석을 강의하고 있다. 저자의 강의 경험에 비추어 빅데이터 처리 · 분석을 배우고자 하는 열망만 있으면 누구나 따라하며 배울 수 있도록 이 책은 단계별로 쉽게 설명하고 있다. 이 책을 통해 3% '비주류'가 되어 빅데이터 처리 · 분석의 맛을 볼 수 있는 좋은 기회를 갖기 바란다.

이 책은 총 8개의 장으로 구성되어 있다. 제1장에서는 빅데이터 개요에 대해 소개하고, 제2장에서는 윈도우 환경하에 있는 사용자들을 위해 윈도우 운영체제에 리눅스를 설치하는 방법, 제3장에서는 리눅스 사용법에 대해 다룬다. 제4장에서는 하둡의 설치 및 사용법을 설명하며, 제5장에서는 리눅스 상에서 R과 RStudio 설치방법에 대해 다룬다. 제6~8장에서는 하둡과 R의 통합환경인 RHadoop을 설치하고 예제를 통한 RHadoop 프로그램을 작성하고 실제 활용에 대해 공부한다.

많은 사람들이 이 책을 통하여 리눅스 상에서 빅데이터 처리·분석의 맛을 볼 수 있도록 최선을 다했지만 여전히 책의 오류 및 부족한 부분이 많을 것으로 생각한다. 따라서 독자들의 애정 어린 충고와 지속적인 지도 편달을 바라며 미흡한 부분은 계속 보완해 나가고자 한다. 출간 후에라도 수정사항이 있을 경우에는 자유아카데미 홈페이지(www.freeaca.com) 자료실에 제공할 예정이니 참조하기를 바란다.

끝으로 책을 출간하는 데 도움을 주신 자유아카데미 출판사 여러분께 깊은 감사의 말씀을 드리고, 이 책이 나오기까지 많은 관심과 도움을 준 가족들에게도 감사를 표하고자 한다.

2019년 12월

저자 임 동 훈 씀

차 례

제 1 장

빅데이터 개요

1.1 빅데이터 정의

오늘날 디지털 사회가 도래하면서 매일 엄청난 양의 데이터들이 생성되고 있다. 빅데이터(big data)란 과거 아날로그 환경의 데이터에 비해 규모가 방대하고, 생성 주기가 짧으며, 수치 데이터뿐만 아니라 문자와 영상 데이터를 포함하는 대규모 데이터를 말한다. 2012년 미국의 리서치 전문업체인 가트너(Gartner)는 빅데이터를 "데이터의 양(Volume)이 많고, 데이터의 형태가 다양(Variety)하고, 데이터의 속도(Velocity)가 빠른 데이터"로 정의하였다. 빅데이터는 단순히 데이터의 양이 많기 때문이 아니고 크기(Volume), 다양성(Variety) 면에서 기존의 방식으로는 저장, 관리, 분석하기 어렵고 또한 속도(Velocity) 면에서 실시간 생성과 분석을 필요로 하는 데이터를 말한다. 빅데이터의 특징을 그림 1.1과 같이 가트너의 3V, 즉 크기(Volume), 다양성(Variety), 속도(Velocity)로 표현하기도 하고, 여기에 가치(Value)를 더해 4V로 나타내기도 한다.

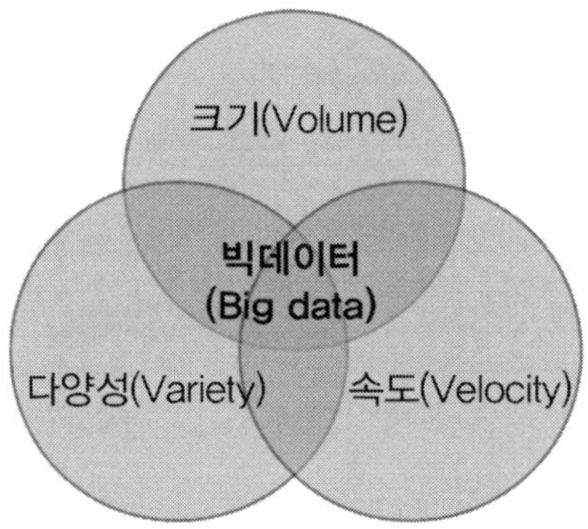

그림 1.1 빅데이터 특징 3V

빅데이터의 "빅(Big)"은 얼마 만큼일까? 데이터의 생산량과 생산속도는 얼마나 될까? 큐뮬러스 미디어(Cumulus Media)사에 재직하고 있는 로리 루이스(Lori Lewis)와 채드 캘러한(Chadd Callahan)에 의하면 2017년 기준으로 인터넷에서 1분 동안 생산되는 데이터 양은 그림 1.2와 같다.

그림 1.2에 따르면 1분 동안 페이스북에서는 900,000건의 로그인이 되고, 트위터에서는 452,000건의 메시지가 '트윗' 되고, 구글(Google)에서는 350만 건의 키워드가 검색되고, 이메일(Email)은 1억5천6백만 건 전송되고 있는데 이것은 메일당 100자만 있더라도 메일 텍스트의 총량은 1,000권의 서적에 해당하는 길이이다. 멀티미디어 엔터테인먼트 기업인 넷플릭스(NETFLIX)에서 사용자는 70,017시간의 동영상을 시청하고 있는데 이는 약 8년에 해당하는 시간이다. 그리고 유튜브(You Tube)에서는 1분 동안 410만 건의 비디오가 업로드되고, 인스타그램(Instagram)에서는 46,200개의 사진이 업로드되고, 플레이 스토어와 앱 스토어에서는 34만 개의 앱이 다운로드 되고, 온라인 쇼핑으로 750만 달러가 거래되고 있다.

그림 1.2 인터넷에서 1분 동안 생산되는 데이터 양

(출처: https://twitter.com/lorilewis)

이제 빅데이터의 특징을 나타내는 3V인 크기(Volume), 다양성(Variety), 속도(Velocity)에 대해 좀 더 자세하게 알아보고자 한다.

- **크기**(Volume): 데이터의 물리적 크기를 말한다. 크기는 기업 데이터, 웹 로그 데이터, 센서 데이터 등 수백 테라바이트(Terabyte)에서 수 페타바이트(Petabyte) 이상의 대용량을 의미한다. 그림 1.3은 데이터 크기를 용량 단위로 나타낸 것이다.

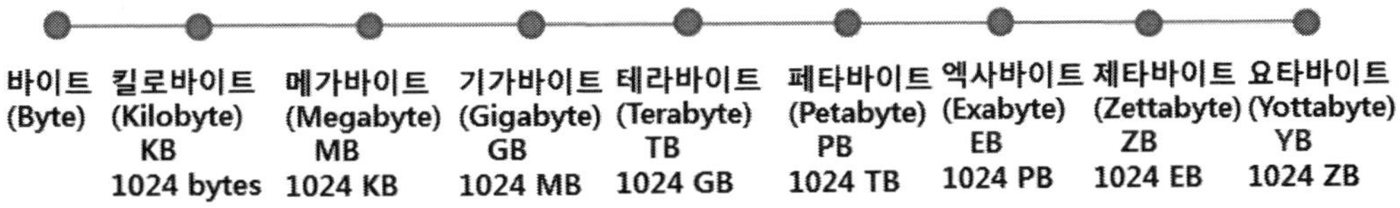

그림 1.3 데이터 크기

* **웹 로그 데이터**(web log data): 방문자가 웹사이트에 접속할 때마다 웹서버에 생성되는 데이터로 방문자의 IP, 접속 시간, 외부 사이트 경로, 페이지 등에 대한 정보를 담고 있고 방문자의 접속량과 페이지 조회 및 검색에 따라 기하급수적으로 증가한다.

* 센서 데이터(sensor data) : CCTV, 인공위성, 그 밖의 센서가 부착된 장치로부터 얻어진 데이터를 말한다.

• 다양성(Variety) : 데이터의 형태를 말한다. 기존의 기업 환경에서 사용되는 '정형화된 데이터(structured data; 정형 데이터)'는 물론 메타 정보와 센서 데이터, 공정 제어 데이터 등 미처 활용하지 못하고 있는 '반정형화된 데이터(semi-structured data; 반정형 데이터)', 여기에 이미지, 동영상처럼 지금까지 기업에서 활용하기 어려웠던 멀티미디어 데이터인 '비정형화된 데이터(unstructured data; 비정형 데이터)'를 모두 포함한다. 빅데이터의 90% 이상이 비정형 데이터이며, 비정형 데이터는 예상할 수 없을 만큼 빠른 속도로 증가하고 있다.

표 1.1 다양성 종류 및 설명

종류	설명
정형 데이터	고정된 필드에 저장된 데이터 (관계형 데이터베이스, 스프레드시트)
반정형 데이터	고정된 필드에 저장되어 있지는 않지만 메타 데이터나 스키마 등을 포함하는 데이터(XML, HTML)
비정형 데이터	고정된 필드에 저장되어 있지 않은 데이터 (텍스트 문서, 이미지, 동영상, 음성 데이터)

그림 1.4는 경상대학교 정보통계학과 홈페이지 첫 화면에 대한 HTML 문서이다.

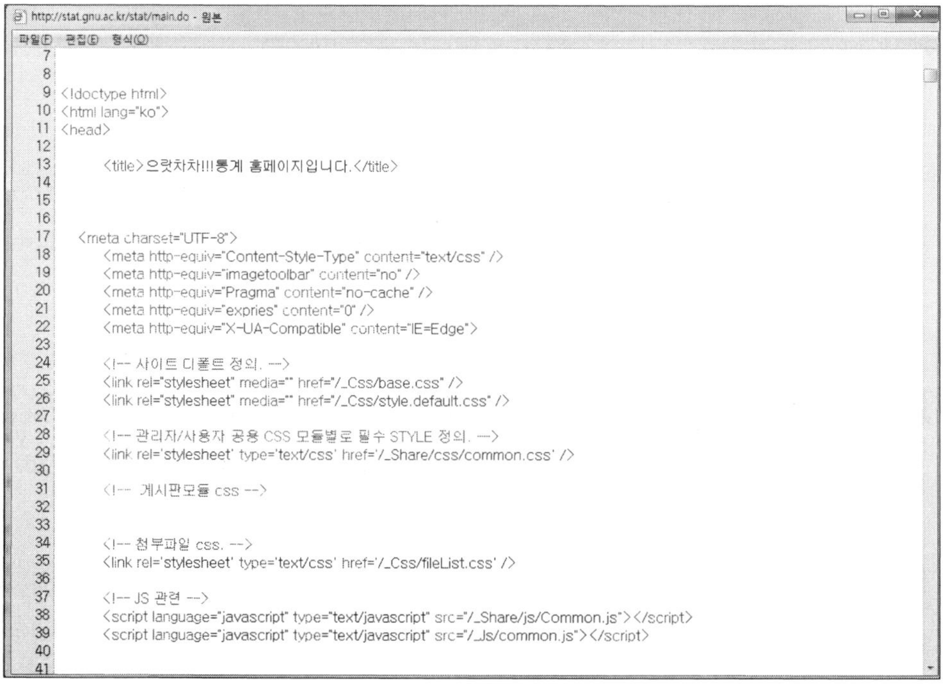

```
http://stat.gnu.ac.kr/stat/main.do - 원본
파일(F) 편집(E) 형식(O)


<!doctype html>
<html lang="ko">
<head>

        <title>으랏차차!!!통계 홈페이지입니다.</title>



    <meta charset="UTF-8">
        <meta http-equiv="Content-Style-Type" content="text/css" />
        <meta http-equiv="imagetoolbar" content="no" />
        <meta http-equiv="Pragma" content="no-cache" />
        <meta http-equiv="expries" content="0" />
        <meta http-equiv="X-UA-Compatible" content="IE=Edge">

        <!-- 사이트 디폴트 정의. -->
        <link rel="stylesheet" media="" href="/_Css/base.css" />
        <link rel="stylesheet" media="" href="/_Css/style.default.css" />

        <!-- 관리자/사용자 공용 CSS 모듈별로 필수 STYLE 정의. -->
        <link rel='stylesheet' type='text/css' href='/_Share/css/common.css' />

        <!--  게시판모듈 css -->


        <!-- 첨부파일 css. -->
        <link rel='stylesheet' type='text/css' href='/_Css/fileList.css' />

        <!-- JS 관련 -->
        <script language="javascript" type="text/javascript" src="/_Share/js/Common.js"></script>
        <script language="javascript" type="text/javascript" src="/_Js/common.js"></script>

```

그림 1.4 경상대학교 정보통계학과 홈페이지 HTML 문서

- 속도(Velocity) : 데이터의 생성 및 처리 속도를 말한다. 빠른 속도로 생성된 데이터는 정보 활용을 위해 빠른 속도의 데이터 처리 및 분석이 필요하다. 요즘 대세인 소셜미디어 중 트위터는 사용자 간 주고받는 데이터가 하루 7테라바이트에 이르며, 페이스북은 매일 10테라바이트 이상의 데이터를 생산하고 있다. 기존 데이터 처리 방식인 배치(batch) 방식에서 벗어나 거의 실시간(near real-time), 실시간(real-time) 방식으로 처리 및 분석이 필요하다.

빅데이터는 데이터 생성 후 유통되고 활용되기까지 소요되는 시간이 기존의 수 시간, 수 주 단위에서 분, 초 단위 이하로 단축되고 있다. 예를 들면, 2012년 이슬람 무장 세력 알카에다 지도자인 오사마 빈라덴(Osama Bin Laden)의 사망 소식이 10여 분 만에 트위터를 통해 전 세계로 확산될 정도로 빅데이터 시대의 속도는 상상을 초월한다. 그림 1.5는 트위터에서 빈라덴 사망 소식을 트윗(tweet)을 통해 정보를 교류하는 네트워크 모습을 보여주고 있다.

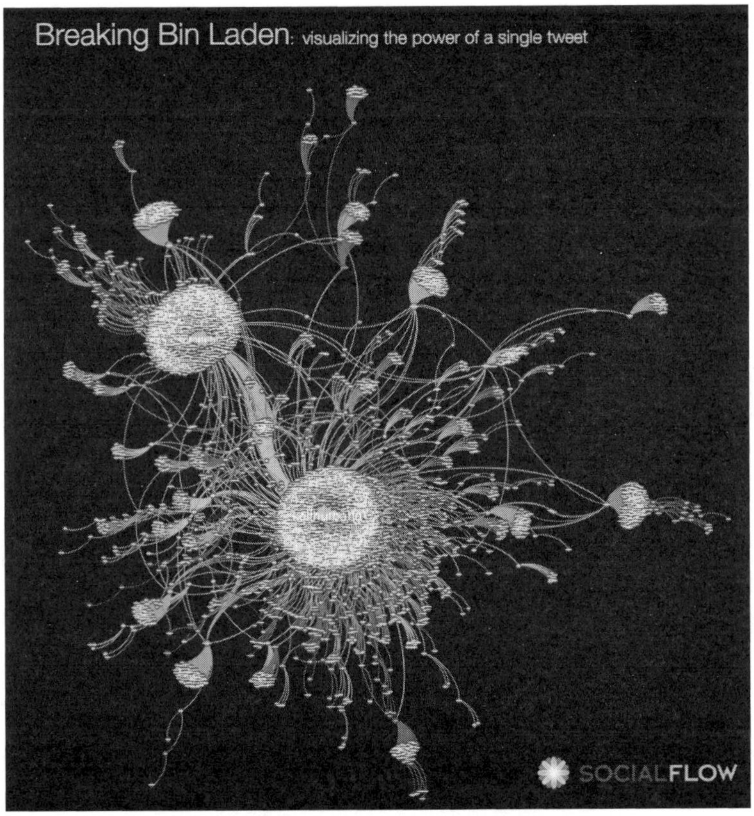

그림 1.5 빈라덴 사망 소식 트윗 네트워크

(출처 : http://www.socialflow.com)

그림 1.6은 빅데이터의 3V 관점에서 기존 데이터와 비교하여 데이터 변화 형태를 보여주고 있다.

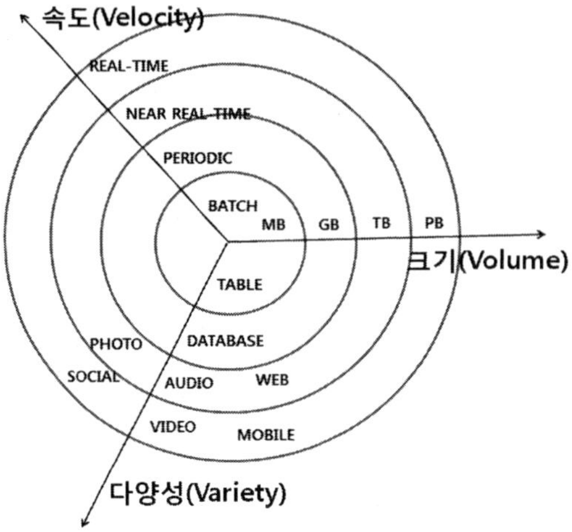

그림 1.6 3V 관점에서 데이터 변화

• 가치(Value) : 빅데이터는 "가치를 생성할 수 있는 데이터" 라고도 한다. 데이터로부터 진정한 가치를 끌어내지 못한다면, 그 데이터는 그저 쓰레기 더미에 지나지 않는다. IBM의 인공지능 컴퓨터 "왓슨(Watson)"은 빅데이터 분석을 환자 치료에 활용하고 있고 서울시는 빅데이터를 활용하여 최적의 노선으로 심야버스를 운영하고 있다. 이처럼 빅데이터는 실질적으로 우리 삶의 가치를 높여주고 있다.

1.2 빅데이터 환경

표 1.2 기존 데이터 환경과 빅데이터 환경

구분	기존 데이터 환경	빅데이터 환경
하드웨어	• 고가의 저장 장치(storage device) • 고가의 데이터 웨어하우스(data-warehouse)	• 분산 컴퓨팅(distributed computing) • 클라우드 컴퓨팅(cloud computing)
소프트웨어	• 관계형 데이터베이스(RDBMS) • 통계패키지(SAS, SPSS)	• 하둡(Hadoop), 스파크(Spark) • R • RHadoop, RHIPE, SparkR

• 분산 컴퓨팅(distributed computing)

빅데이터에서 가장 문제가 되는 것은 '데이터 규모'이다. 데이터 규모가 클수록 이를 저장 · 처리하기 위해서는 컴퓨터 용량이 커야 한다. 가장 쉽게 컴퓨터 용량을 늘이는 방법에는 '클러스터 기반의 분산 컴퓨팅'이 있다. 같은 공간 내의 서버들을 네트워크 장비로 연결해 활용할 수 있도록 구성한 컴퓨터 시스템으로, 용량 확장이 필요할 때마다 쉽게 노드를 추가하여 대규모 데이터를 분산해서 빠르게 처리할 수 있다.

분산 컴퓨팅은 용량 확장뿐 아니라 시스템의 가용성 측면에서도 매우 중요한 기술이다. 특정 노드에 장애가 발생하면 다른 노드를 이용해 계속 서비스할 수 있고, 장애 복구도 장애 노드만을 대상으로 처리하므로 기존의 시스템 전체를 복구하는 것에 비해 상대적으로 적은 시간으로 복구할 수 있다.

분산 컴퓨팅 기술은 빅데이터 활용을 지원하는 데 있어 가장 중요한 기반 기술로 활용되고 있으며, 구글, 네이버 등 웹 포털 서비스 업체에서도 분산 컴퓨팅 기술을 활용하고 있다.

빅데이터를 처리하기 위해서는 여러 대의 컴퓨터에 작업을 나누어 처리하는 분산처리(distributed processing)가 필수적이다. 분산 시스템은 다수의 컴퓨터로 구성되어 있는 시스템을 마치 한 대의 컴퓨터 시스템인 것처럼 작동시켜 규모가 큰 작업도 빠르게 처리할 수 있다.

그림 1.7은 빅데이터 처리를 위해 임동훈 교수 연구실에 구축된 분산처리 시스템을 보여주고 있다. 6대의 컴퓨터가 하나의 클러스터를 구축하고 있다.

그림 1.7 분산처리 시스템 실제 구축 모습

• 클라우드 컴퓨팅(cloud computing)

클라우드(cloud)는 인터넷을 뜻하는 것이고 클라우드 컴퓨팅이란 인터넷 기반 컴퓨터기술(computing)을 의미한다. 다시 말하면, 클라우드 컴퓨팅이란 사용자가 필요한 소프트웨어를 자신이 컴퓨터에 설치하지 않고도 인터넷 접속을 통해 언제든 사용할 수 있고 동시에 각종 정보 통신 기기에 데이터를 손쉽게 공유할 수 있는 사용 환경을 말한다. 예를 들어, 클라우드 컴퓨팅을 통해 문서나 사진, 동영상 등의 콘텐츠를 외부 서버에 저장하면 언제 어디서든 자료를 열람하거나 수정할 수 있을 뿐만 아니라 천재지변에 대한 서비스 중단 시간을 최소화하거나 중단 자체를 방지할 수 있다.

대규모의 데이터를 저장하고 처리하기 위해 다수의 서버를 통해 분산처리하는데 바로 이 분산처리 기술은 클라우드의 핵심 기술이다. 따라서 빅데이터와 클라우드는 같은 분산처리 기술을 사용하는 상호보완적인 관계이다.

여러 포털 사이트와 통신업체에서 클라우드 컴퓨팅 서비스를 제공하고 있다. 네이버의 'N드라이버', 다음의 'Daum 클라우드', 구글의 '구글앱스' 그리고 통신업체인 KT의 'ucloud' 등이 대표적이다.

그림 1.8은 클라우드 컴퓨팅에 대한 내용을 그림으로 표현한 것이다.

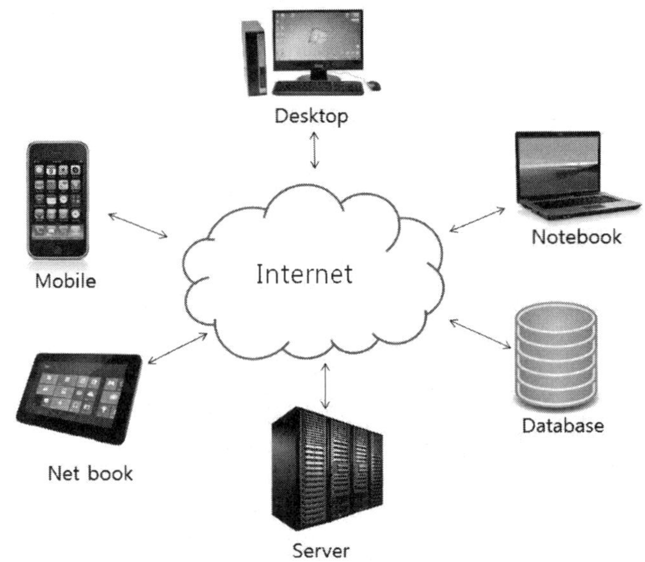

그림 1.8 클라우드 컴퓨팅

• 하둡(Hadoop)

그림 1.9 하둡의 심볼: 코끼리

그림 1.10 하둡의 창시자: 더그 커팅

하둡은 대용량의 데이터 처리를 위해 개발된 오픈소스 플랫폼이다. 하둡은 그림 1.9와 같이 노란색 아기코끼리로 표현하는데 이는 하둡을 처음 개발한 더그 커팅(Doug Cutting)[그림 1.10]이 자신의 아이가 가지고 놀던 장난감 코끼리의 이름에서 유래된 것이다.

하둡은 HDFS(Hadoop Distributed File System, 분산파일 시스템)와 맵리듀스(MapReduce, 분산처리 시스템)로 구성되어 있다. 하둡은 분산파일 시스템인 HDFS에 데이터를 저장하고, 분산처리 시스템인 맵리듀스를 이용해 데이터를 처리한다. HDFS는 그림 1.11과 같이 네임노드(name node)와 데이터노드(data node)로 구성되어 있다. 네임노드는 디렉토리 구조에 대한 정보를 저장하고 데이터노드는 실제 데이터를 저장한다. 맵리듀스는 잡트래커(Job Tracker)와 태스크트래커(Task Tracker)로 구성되고 HDFS에 저장된 파일에서 데이터를 읽어서 가공하는 역할을 수행한다.

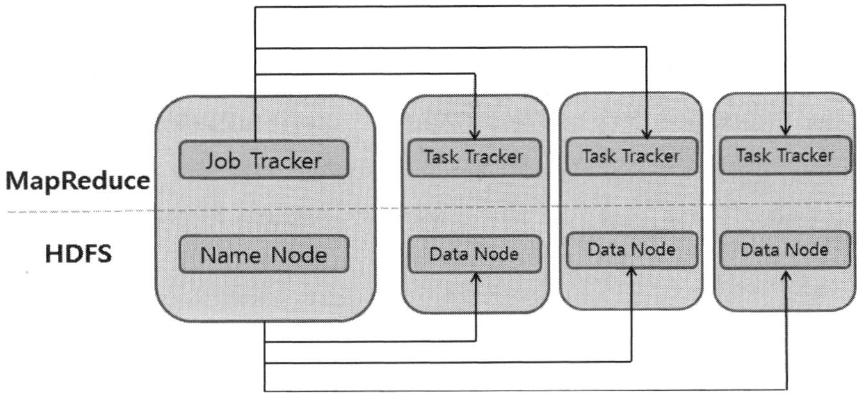

그림 1.11 하둡의 구조

보통 잡트래커는 HDFS의 네임노드와 같은 서버에 위치하고 태스크트래커는 HDFS의 데이터노드와 같은 서버에 위치한다.

맵리듀스는 입력 데이터(input)에 대해 최종 결과(final result)를 얻기까지 스플릿(split, 분할), 맵(map), 셔플(shuffle)/쇼트(sort, 정렬), 리듀스(reduce) 단계로 나누어서 동작한다. 맵 단계에서 스플릿 데이터를 읽어서 변형(transformation)하고, 리듀스 단계에서 맵 단계에서 얻어진 출력 데이터를 집계(aggregation)한다. 그림 1.12는 단어세기(word count) 예를 가지고 맵리듀스의 동작 과정을 보여주고 있다. 여기서 단어세기란 텍스트를 단어별로 나누어 빈도수를 계산하는 것을 말한다.

그림 1.12에서 3개의 문장으로 이루어진 입력 데이터는 3개의 태스크(task)로 스플릿(split)되어 실행되는데 이때 3개의 태스크를 맵태스크(map task)라 한다. 맵 단계에서는 스플릿된 데이터를 단어별로 <키(key), 값(value)> 쌍으로 빈도수를 계산하고, 셔플(shuffe) 단계에서 키(key)에 따라 단어들을 모은 후 다시 쇼트(sort)하고, 그 결괏값을 병합하는 작업을 수행하는 리듀스 단계로 넘긴다. 여기서 리듀스 태스크(reduce task)의 수는 2개이다. 그림 1.12에서 3개의 맵태스크와 2개의 리듀스 태스크들은 동시에 병렬로 처리가 된다.

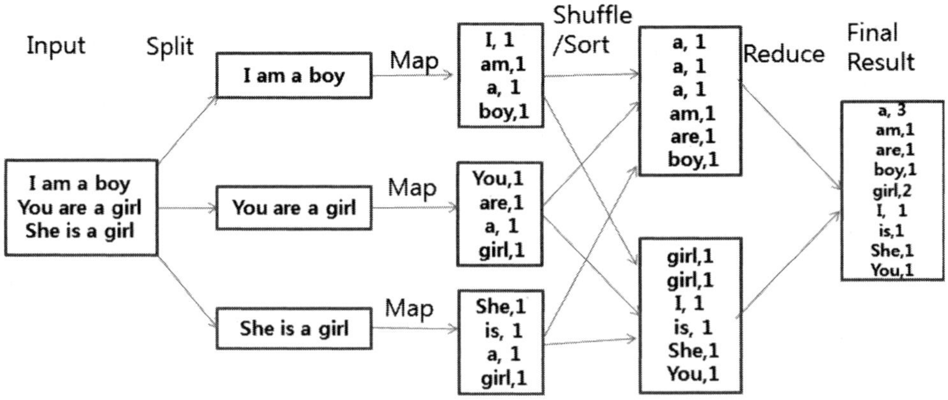

그림 1.12 단어세기에 대한 맵리듀스 동작 과정

하둡에서 맵리듀스의 잡트래커는 클러스터의 리소스 관리(cluster resource management)와 데이터 처리(data processing)를 함께 수행하기 때문에 병목 현상(bottleneck)이 발생한다. 이러한 문제 때문에 기존의 맵리듀스 방식을 고전적인 방식으로 정의하고 이를 하둡 1.0이라 부르고, 새로운 버전을 하둡 2.0이라 부른다. 하둡 2.0은 엔진에 YARN(Yet Another Resource Negotiator, 얀)을 포함한다.

그림 1.13은 하둡 1.0과 하둡 2.0을 비교하는 그림이다.

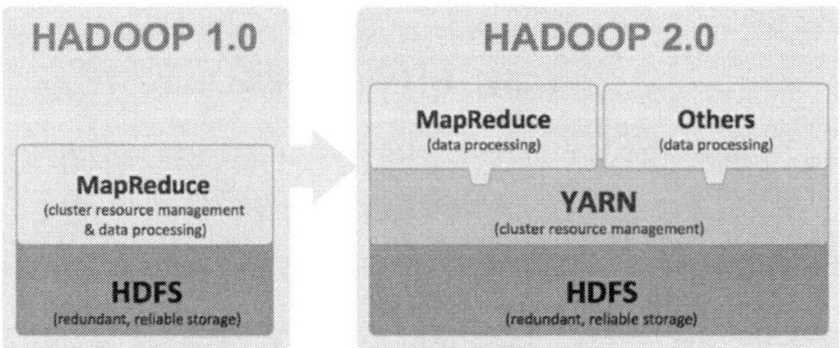

그림 1.13 하둡 1.0과 하둡 2.0 비교

그림 1.13에서 보듯이 하둡 1.0에서 맵리듀스는 클러스터의 리소스 관리와 데이터 처리를 함께 수행하는 동시에 하둡 2.0에서 맵리듀스는 데이터 처리만을 담당하고 YARN이 클러스터의 리소스 관리를 담당하는 것을 알 수 있다.

- R

R은 데이터 분석을 위한 통계 및 그래픽스를 지원하는 오픈 소스 프로그램이다. R은 공개용(general public license, GPL) 통계분석 도구로 다양한 분야의 패키지들을 다운로드하여 사용할 수 있어 최근 들어 더욱 주목을 받고 있다. R은 패키지뿐만 아니라 일종의 언어로 기본적인 통계 기법부터 모델링, 최신 데이터 마이닝 기법까지 구현이 가능하고 구현한 결과는 그래프 등으로 시각화

할 수 있으며, Java나 C, Python 등의 다른 프로그래밍 언어와 연결도 용이하다. R은 또한 하둡 환경에서 분산처리를 지원하는 라이브러리 덕분에 구글, 페이스북, 아마존 등의 빅데이터 분석이 필요한 기업에서 대용량 데이터 통계분석을 위해 널리 사용되고 있다.

• RHadoop

RHadoop은 그림 1.14와 같이 R과 Hadoop를 묶어주는 통합 환경으로 Revolution Analytics 사에서 개발한 오픈 소스 패키지이다.

그림 1.14 RHadoop: R과 Hadoop의 통합 환경

RHadoop은 Hadoop의 분산처리 환경하에서 R의 분석도구를 이용하여 빅데이터 처리 및 분석이 가능하다. 다시 말하면, R에 익숙한 일반 통계 개발자들이 하둡 환경하에서 빅데이터 처리/분석할 수 있는 유용한 프로그램이다.

1.3 빅데이터 분석

표 1.3 기존 데이터 분석과 빅데이터 분석

기존 데이터 분석	빅데이터 분석
• 데이터 마이닝(data mining) • 머신러닝(machine learning)	• 텍스트 마이닝(text mining) • 감성 분석(sentiment analysis) • 소셜 네트워크 분석(social network analysis) • 텍스트 클러스터링(text clustering)

(1) 기존 데이터 분석

• 데이터 마이닝(data mining)

데이터 마이닝은 통계 및 수학적 기술뿐만 아니라 패턴 인식 기술들을 이용하여 데이터 저장소에 저장된 대용량의 정형화된 데이터를 조사함으로써 의미 있는 관계, 패턴, 추세 등을 발견하는 과정이다.

• 머신러닝(machine learning, 기계 학습)

머신러닝이란 인공지능의 한 분야로 컴퓨터가 데이터로부터 학습할 수 있도록 알고리즘을 개발하는 분야이다. 즉, 컴퓨터가 입력 데이터로부터 모형을 만들고 모형을 이용하여 새로운 데이터에 대해 예측과 의사결정을 하는 분야로 가령, 머신러닝을 통해서 수신한 이메일이 스팸인지 아닌지를 구분할 수 있도록 훈련할 수 있다.

(2) 빅데이터 분석

• 텍스트 마이닝(text mining)

텍스트 마이닝은 자연어(natural language)로 구성된 비정형 텍스트 데이터에서 패턴 또는 관계를 추출하여 가치와 의미있는 정보를 찾아내는 마이닝 기법으로 자연 언어 처리(natural language processing) 기술에 기반을 둔 방법이다. 소셜미디어(예 트위터나 페이스북)에서 생산되는 데이터는 비정형 데이터이기 때문에 텍스트 마이닝을 이용하여 데이터 분석한다.

그림 1.15는 문화체육관광부가 2017년 5월 19일부터 6월 4일까지 "국민이 새 정부에 바라는 의견"에 대한 총 7,319건의 분석결과를 워드 클라우드로 나타낸 그림이다.

그림 1.15 "국민이 새 정부에 바라는 의견"에 대한 워드 클라우드 (출처 : 문화체육관광부)

• 감성 분석(sentiment analysis)

감성 분석이란 텍스트를 작성한 사람들의 태도, 의견, 성향과 같은 주관적인 데이터를 가지고 특정 주제에 대해 긍정인지 또는 부정인지를 분류하는 방법이다. 다시 말하면, 트위터나 페이스북 같은 소셜 네트워크 서비스를 통해 사회적 이슈나 좋아하는 영화 등에 대한 의견(opinion)으로부터 긍정, 부정, 중립의 선호도를 판별하는 기술이다. 일명 오피니언 마이닝(opinion mining)이라고 한다.

특정 브랜드나 상품이 시장 및 고객으로부터 어떤 평가를 받고 있는지는 기업이나 고객 모두의 입장에서 중요한 정보이다. 그림 1.16은 감성 분석을 이용한 sentiment140 사이트 http://www.sentiment140.com/에서 "iphone"에 대한 트위터상에서의 검색 결과이다. 이 사이트에 의하면 긍정이 43%, 부정이 57%를 보여주고 있다.

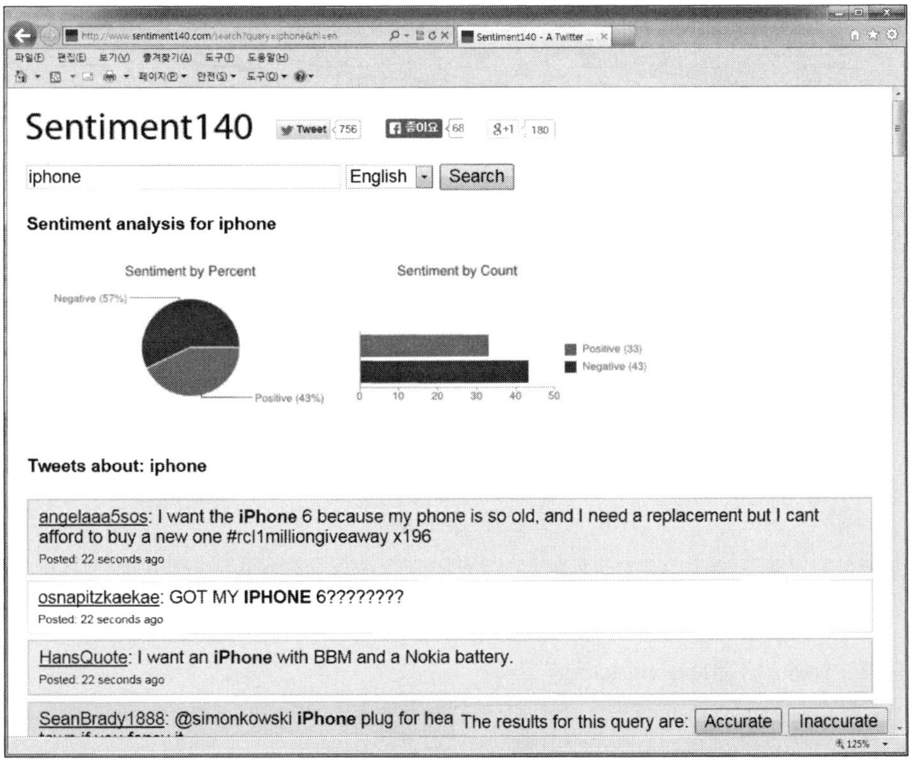

그림 1.16 Sentiment140에서 iphone에 대한 감성 분석 결과

• 소셜 네트워크 분석(Social Network Analysis; SNA)

소셜 네트워크 분석이란 소셜 개체, 즉 개인(또는 집단)들 간의 사회적 관계를 구조적으로 분석하여 내재된 관계를 파악하는 방법과 기술을 말한다. 즉, 구성원들 간의 연결 구조와 연결 강도 등을 정량적인 방법으로 분석함으로써 내재된 현상을 찾아내는 일이다.

그림 1.17은 한국통계학회에서 발간하는 “응용통계연구” 논문집에 게재된 공저자(co-author)들의 관계를 하나의 네트워크로 나타낸 것이다.

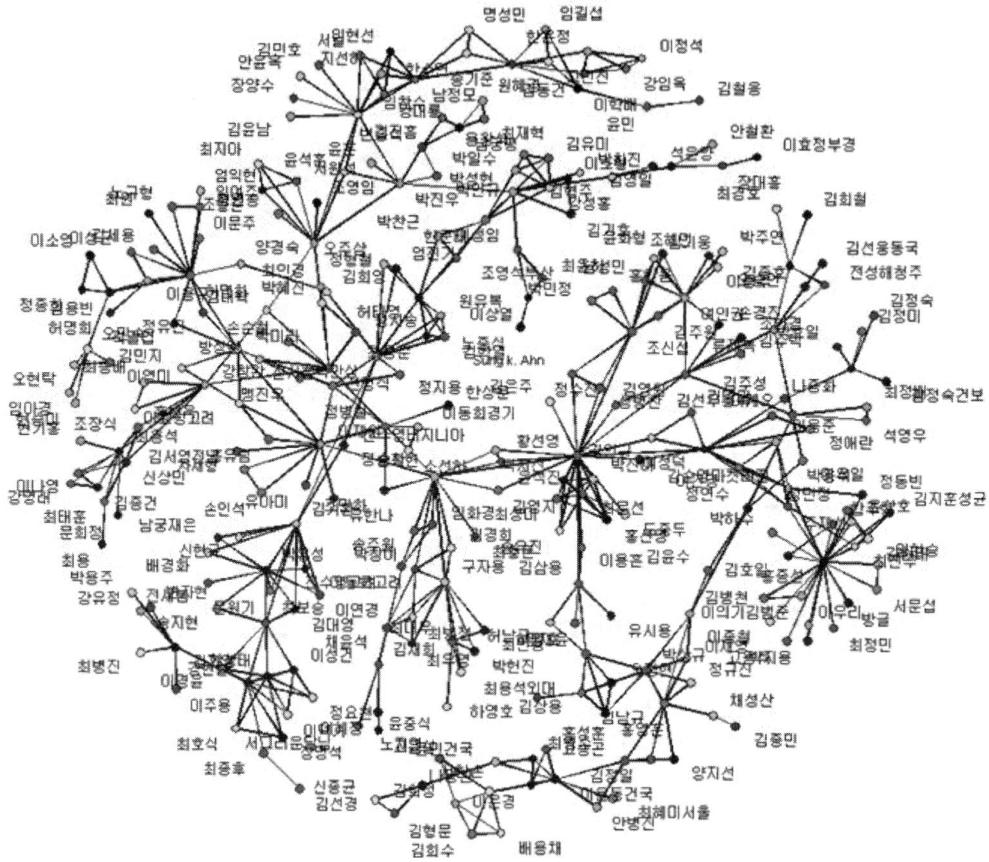

그림 1.17 논문 공저자들에 대한 네트워크

(출처: 이민희 외 3명, “공저자 네트워크를 활용한 응용통계연구 분석”, 응용통계연구 24(6), 2011, 1259-1270)

• 텍스트 클러스터링(text clustering)

텍스트 클러스터링이란 텍스트 문서에 다변량 통계분석의 하나인 군집분석(cluster analysis)을 적용하는 것을 말한다. 일명, 문서 클러스터링(document clustering)이라고 한다. 즉, 텍스트에 나오는 여러 개체 들에 대해 유사한 속성을 지닌 대상을 몇 개의 집단으로 그룹화한 다음 각 집단의 성격을 파악함으로써 텍스트 전체의 구조에 대해 이해하고자 하는 탐색적 분석 기법이다. 예를 들어, 트위터상에서 주로 사진/카메라에 대해 이야기하는 사용자 그룹이 있을 수 있고 자동차에 대해 관심이 있는 사용자 그룹이 있을 수 있다. 이러한 관심사나 취미에 따른 사용자 그룹을 군집분석을 통해 분류할 수 있다.

그림 1.18은 텍스트가 3개의 군집으로 클러스터링 된 것을 보여주고 있다.

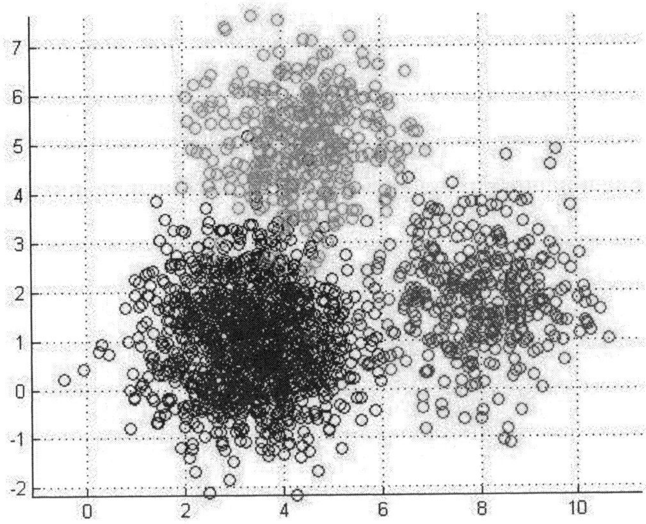

그림 1.18 텍스트 클러스터링의 예

• 데이터 과학자(Data Scientist, 데이터 사이언티스트)

데이터 과학자란 빅데이터 시대를 이끌어갈 전문가로 빅데이터로부터 패턴을 파악해서 의미있는 값을 찾아내는 사람을 말한다. 다시 말하면, 비정형화된 대용량 데이터를 분석하여 새로운 가치를 창출하는 역량을 가진 사람을 말한다. 최근 하버드 비즈니스 리뷰(Harvard Business Review)에서 "데이터 과학자 : 21세기의 가장 섹시한 직업(Data Scientist : The Sexist Job of the 21st Century)" 이란 기사가 나올 정도로, 데이터 과학자는 빅데이터 시대의 도래와 함께 가장 전도유망한 직업으로 떠오르고 있다.

그림 1.19은 빅데이터 활용을 위한 3가지 요소, 즉 기술(platform, 환경), 자원(big data), 인력(data scientist)을 나타내고 있다.

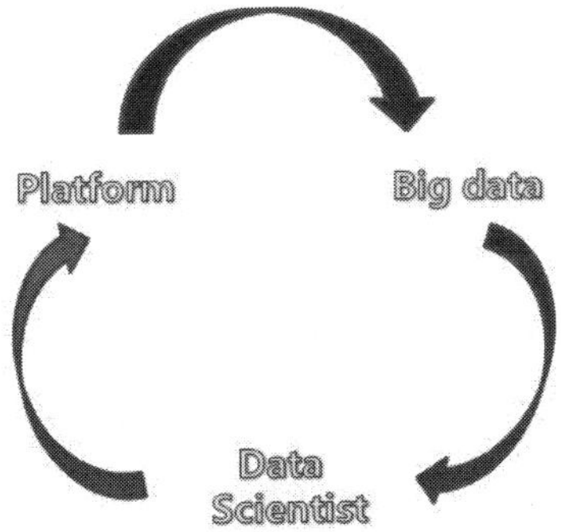

그림 1.19 빅데이터 활용의 3가지 요소

여기서 인력에 해당되는 요소가 바로 데이터 과학자이다.

데이터 과학자가 가져야 할 역량으로는 먼저 수리 및 통계지식을 갖고 데이터를 분석하고 해석하는 능력을 갖춰야 하며, 다음으로 IT 기술을 가지고 대규모 데이터를 수집하고 통합하며 관리할 수 있어야 하고, 마지막으로 분석결과에 담긴 의미를 직관적으로 이해할 수 있도록 가시화하여 의사결정자에게 적시에 제공할 수 있는 능력을 겸비하여야 한다. 그림 1.20은 데이터 과학자가 가져야 할 역량을 벤다이어그램(venn diagram)으로 표현한 것이다.

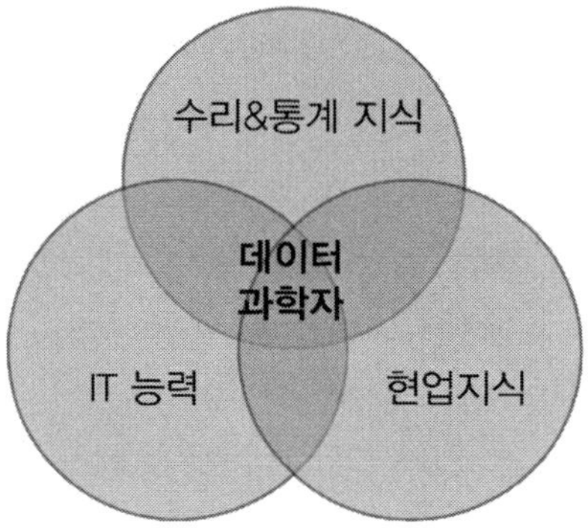

그림 1.20 데이터 과학자가 가져야 할 역량

1.4 빅데이터 활용

(1) 빅데이터의 핵심

우리 생활 모든 것이 데이터화되는 현실에서 과거에는 쓸모없는 것으로 인식되어서 버려졌던 데이터(SNS, 이동 정보, 제품 사용 후기 등)를 분석 가능함으로써 기업들은 미래 변화를 예측하여 혁신과 시장 선도의 기회를 창출할 수 있다.

'구슬이 서말이라도 꿰어야 보배다'

세상에는 셀 수 없을 정도로 데이터가 많으며 하루에도 엄청난 양의 데이터가 생성되기도 하고 소멸되기도 한다. 올 한 해 동안 생성되는 데이터의 양은 2.7제타바이트를 넘을 것으로 예상되지만, 이 엄청난 양의 데이터들이 사용되기도 전에 버려진다. 2.7제타바이트는 2시간 분량의 고화질 동영상 3,000억 편에 해당하는 규모이며 지구상에서 매일 미국 전체 도서관에 소장된 정보의 8배에 해당되는 정보가 생성되고 있다.

빅데이터 분석은 이렇게 버려지는 엄청난 데이터로부터 패턴을 추출하여 필요한 정보를 찾아내는 기술이다.

(2) 빅데이터 활용 사례

① 미국의 대형 유통업체 타겟(Target)은 지난 2012년 고객으로부터 거센 항의를 받았다. 타겟이 고등학생인 딸에게 유아용품 할인 쿠폰을 보냈기 때문이다. 타겟의 매니저는 "예비 엄마에게 보내야 할 쿠폰을 잘못 보냈다"며 정중히 사과했다. 타겟이 고등학생에게 유아용품 할인쿠폰을 보낸 것은 빅데이터를 활용했기 때문이다. 여성이 임신하면 초기에는 영양제, 중기에는 로션(lotion), 말기에는 유아용품을 주로 구매한다는 통계분석 결과가 바탕이 됐다. 여고생이 영양제를 구입한 후 얼마 지나지 않아 로션을 구매하자 타겟 측은 출산시점이 머지않았다는 판단 아래 유아용품 할인 쿠폰을 보낸 것이다. 해프닝으로 끝날 것 같았던 이 일화는 한 달 뒤 반전됐다. 알고 보니 이 여고생은 실제 임신 중이었던 것이다. 타켓은 그 여고생이 임신했다는 것을 어떻게 알고 유아용품 할인 쿠폰을 보냈을까 ? 타겟은 빅데이터를 기반으로 고객의 구매 행태분석 기반의 예측시스템을 통해 먼저 알았던 것이다. (출처: 찰스 두히그의 '습관의 힘')

② 미국의 월마트는 허리케인이 예보됐을 때 소비 품목 중에 그림 1.21과 같이 맥주와 팝타르트(켈로그에서 만든 딸기가 들어간 과자)와 휴대용 랜턴 간의 공통점을 찾아냈다.

그림 1.21 허리케인 발생 시 준비물

월마트는 2008년 두 차례의 대형 허리케인의 발생 예보를 기점으로 허리케인 기간 동안 어떤 소비 패턴이 나타났는지에 대한 판매 데이터 분석하였다. 그 결과 8월 말 세 번째 허리케인 프랜시스가 카리브해 지역에서 발생하였을 때 월마트는 플로리다 지역에 이들 세 가지 상품의 재고량을 급격히 늘려 그 결과 월마트의 매출액은 크게 증가했다.

③ 구글(Google)은 홈페이지에서 발열, 기침 등 독감과 관련된 검색어를 분석하여 '구글 독감 동향'이라는 독감 확산 조기 경계 체계를 마련해 미국 지역별, 시간대별 독감 유행 정보를 제공하였다. 구글의 독감 예측 시스템은 '미국 질병통제예방센터'보다 2주나 더 빠른 정보를 제공하면서도 그림 1.22에서 보는 바와 같이 미국 질병통제예방센터의 데이터와 비교한 결과 검색 빈도 및 실제 독감 증세를 보인 환자 숫자 사이에서 아주 유사한 상관관계가 있다는 것을 확인하였다.

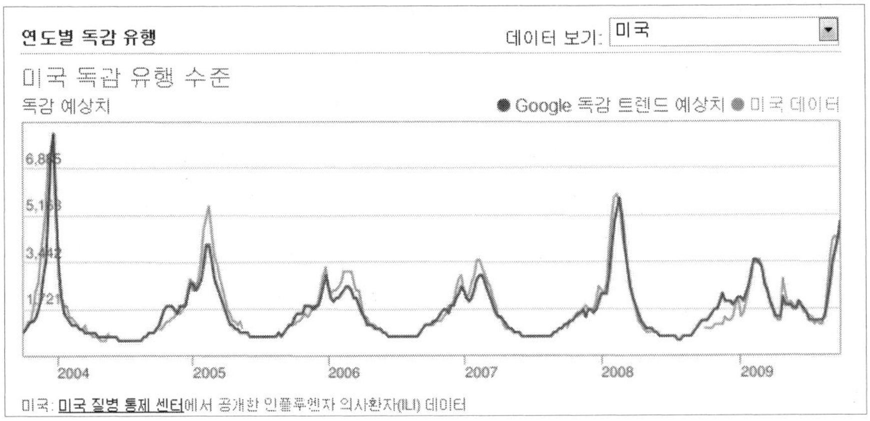

그림 1.22 구글의 독감 유행 분석

④ 구글이 개발한 그림 1.23의 '구글 엔그램 뷰어(Google Ngram Viewer, https://books.google.com/ngrams)'는 800만 권(2010년 『사이언스』 발표 당시엔 500만 권이었으나 2012년 800만 권으로 업데이트됨)에 담긴 8,000억 개의 단어가 지난 500년(1520년~2012년) 동안 사용된 빈도와 추이를 그래프로 보여주는 프로그램이다.

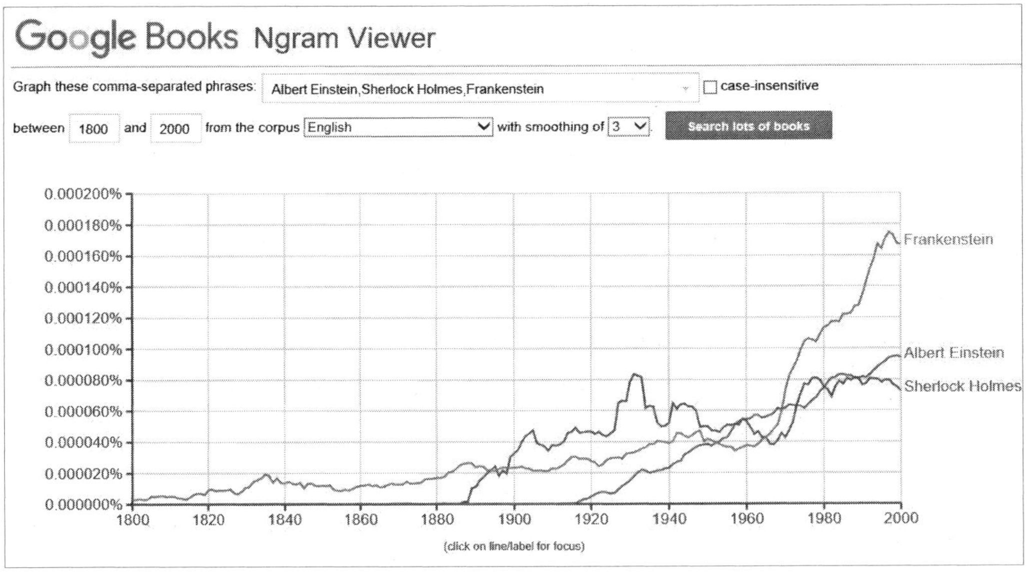

그림 1.23 구글 엔그램 뷰어

그림 1.23의 예시로부터 검색어 "Albert Einstein, Sherlock Holmes, Frankenstein"에 대한 검색 결과 프랑켄슈타인(Frankenstein)이 책 속에서 먼저 등장하고 다음으로 셜록 홈즈(Sherlock Holmes) 그리고 알버트 아인슈타인(Albert Einstein) 순으로 등장하였음을 알 수 있고 또한 시대별 이들의 변화 추이를 알 수 있다.

⑤ 미국건강보험회사 웰포인트(Wellpoint)는 그림 1.24의 IBM의 인공지능 컴퓨터 "왓슨(Watson)"의 빅데이터 분석을 활용해 환자의 치료에 이용하고 있다. 왓슨은 200만 페이지의 의학서적과 150만여 건의 환자 기록, 60만여 건의 의학적 검증자료를 토대로 3초 안에 환자 진단 및 치료 가이드라인을 제시하는 서비스를 시행하고 있다.

그림 1.24 IBM 슈퍼컴퓨터 왓슨

⑥ 아마존(Amazon)은 고객의 상품구매 데이터를 분석해 특정 상품을 구매한 사람이 추가로 구매할 것으로 예상되는 추천 시스템을 개발하여 매년 20% 이상의 매출 신장세를 보이고 있다. 아마존의 추천 시스템은 아마존 사이트에 남진 사용자의 로그 데이터나 구매 이력 및 행동패턴 분석, 상품의 유사도 분석 등의 빅데이터 분석을 통해 관심 상품 추천은 기본이고, 고객이 셔츠를 사면 그 셔츠와 어울릴 만한 바지를 보여주며 구매를 유도하기도 한다.

⑦ 서울특별시는 대중교통 데이터(시민들이 이용한 심야 택시 승・하차 데이터 500만 건)와 KT의 요일별/시간대별 유동 인구 데이터(KT 통화량 데이터 30억 건)를 바탕으로 지리 정보 시스템(GIS)으로 지도상 유동 인구 패턴을 시각화하여 그림 1.25처럼 최적의 심야버스 일명, 올빼미 버스 노선을 구축하였다.

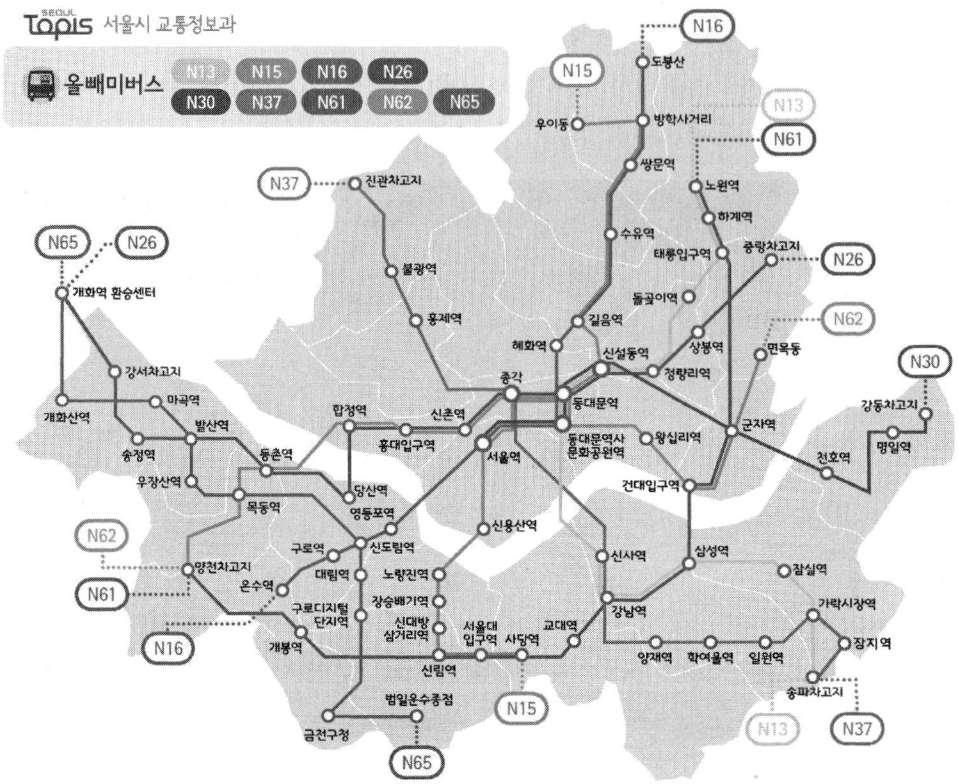

그림 1.25 서울시 올빼미 버스 노선

제 2 장

윈도우에 리눅스 설치하기

2.1 가상머신 설치를 위한 VMware 설치

2.2 리눅스 다운로드

2.3 VMware 이용하여 가상머신에 리눅스 설치

개인용 PC의 윈도우에 리눅스를 설치하는 방법에는 크게 두 가지가 있다. 한 가지는 하드디스크의 파티션을 나눠서 윈도우와 리눅스 둘 다 설치하는 방법이고, 다른 한 가지는 가상머신(virtual machine; VM)을 사용하여 리눅스를 설치하는 방법이다. 전자를 멀티부팅(multi booting) 혹은 듀얼부팅(dual booting) 모드로 설치한다고 하고 여기서는 후자인 가상머신을 사용하여 리눅스를 설치하는 방법에 대해 단계별로 살펴보고자 한다.

단계 1. 가상머신 설치를 위한 VMware 설치

단계 2. 리눅스 다운로드

단계 3. VMware 이용하여 가상머신에 리눅스 설치

2.1 가상머신 설치를 위한 VMware 설치

개인용 PC의 윈도우에 가상머신을 사용하여 리눅스를 설치한다. 여기서 "가상머신"이란 운영체제(operating system) 안의 또 다른 환경을 뜻한다. 여기서는 VMware 이용하여 가상머신을 설치하고 가상머신상에 리눅스를 설치한다. VMware 외에 무료인 VirtualBox(버추얼 박스)를 이용하여 가상머신을 설치할 수 있다.

가상머신 설치를 위해 먼저 VMware를 다운로드받아 설치한다. 다운로드받을 VMware 웹사이트는 다음과 같다.

http://www.vmware.com

그림 2.1 VMware 웹사이트

그림 2.1의 VMware 웹사이트에서 좌측 메뉴 중 [다운로드] 버튼을 클릭한다.

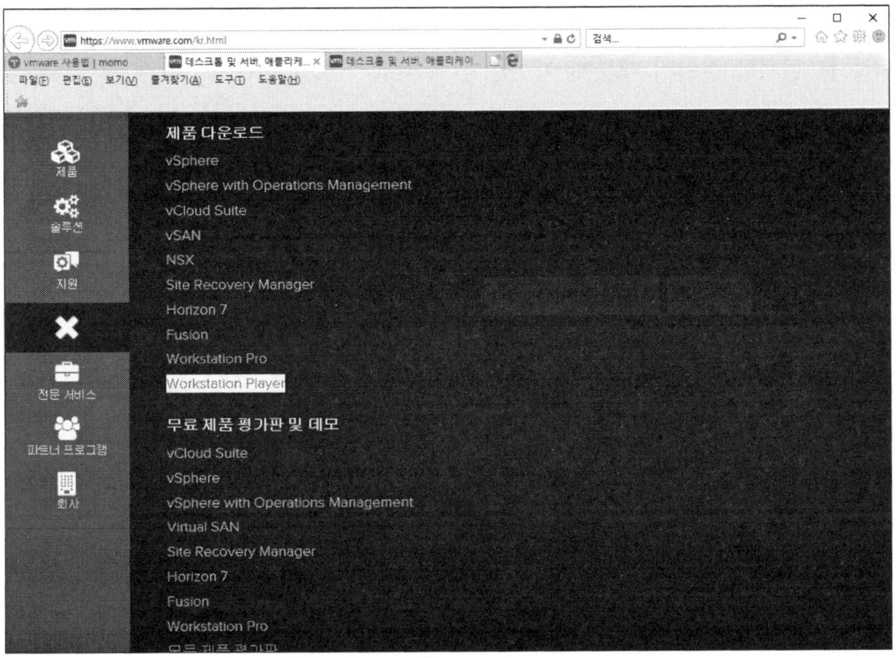

그림 2.2 Workstation Player 선택

그림 2.2의 [제품 다운로드] 목록 중에서 [Workstation Player]를 클릭한다.

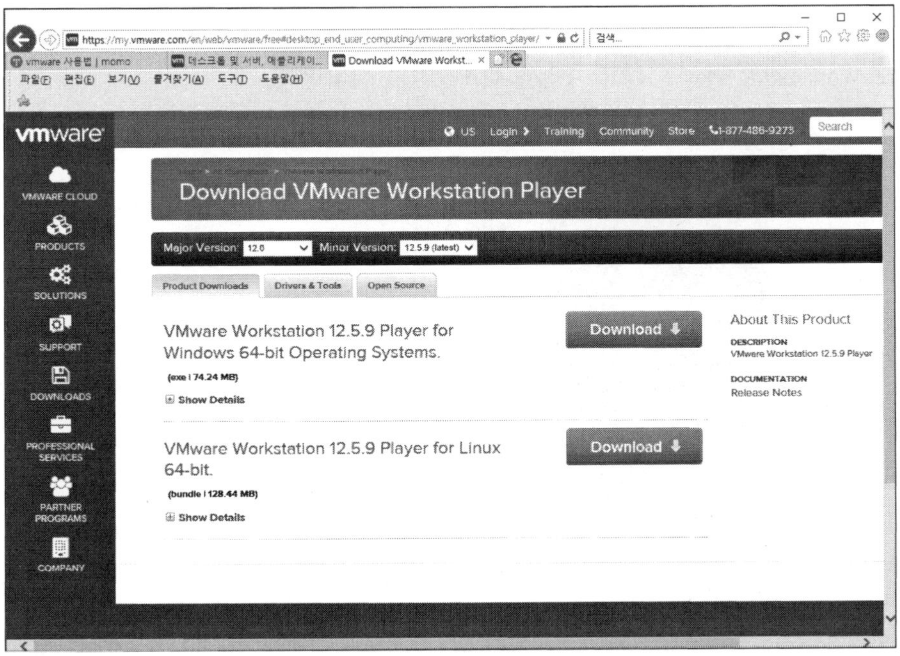

그림 2.3 VMware Workstation 12 Player 버전

그림 2.3의 [Download VMware Workstation Player] 화면에서 우리가 다운로드할 버전은 [VMware Workstation 12.5.9 Player for Windows 64-bit Operating Systems]이다. 우리는 윈도우 상에 VMware를 설치할 것이기 때문에 이것을 선택한다. 이것을 다운로드하기 위해 Download 을 클릭한다. 여기서는 다운로드한 파일 "VMware-player-12.5.9-7535481.exe"을 로컬 컴퓨터의 적당한 위치, 여기서는 새로 만든 "C:\Ubuntu" 폴더에 저장한다.

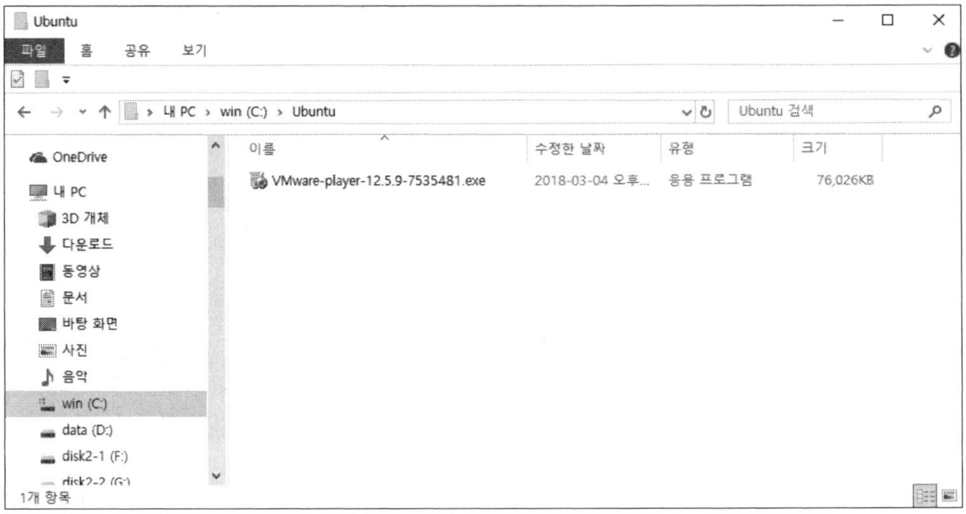

그림 2.4 VMware 다운로드 파일 저장위치

그림 2.4에서 다운로드한 "VMware-player-12.5.9-7535481.exe" 파일을 더블 클릭하면 그림 2.5의 VMware Workstation Player 설치 마법사 대화상자가 나타난다.

그림 2.5 VMware Workstation Player 설치 마법사 대화상자

그림 2.5의 VMware Workstation Player 설치를 위한 마법사 대화상자에서 [Next] 버튼을 클릭하여 다음 단계로 진행한다.

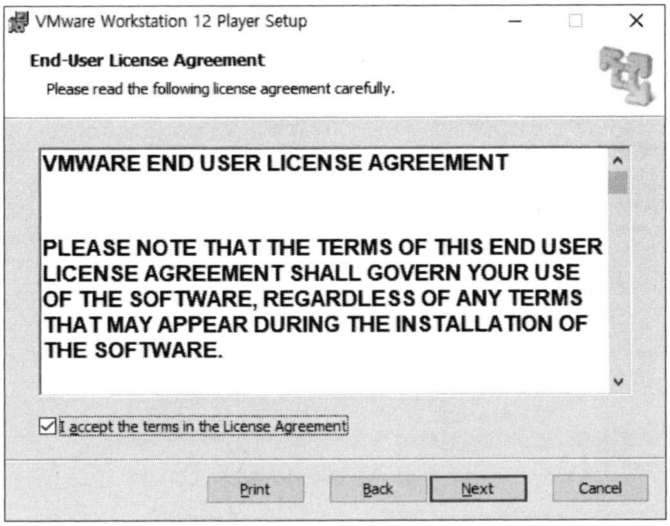

그림 2.6 라이센스 동의 대화상자

그림 2.6의 라이센스 동의 대화상자에서 동의에 체크한 후 [Next] 버튼을 클릭하여 다음 단계로 진행한다.

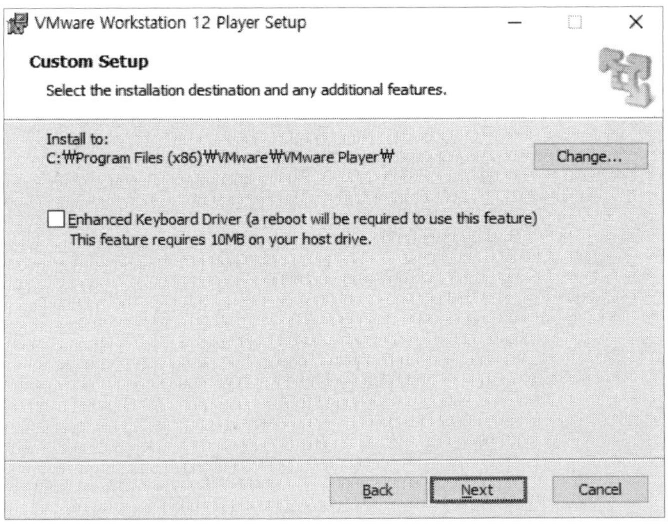

그림 2.7 VMware Workstation Player 설치 폴더 지정

그림 2.7에서 VMware Workstation Player를 설치할 폴더를 지정한다. 만약에 변경하고자 하는 경우 [Change...] 버튼을 클릭하여 변경한다. 여기서는 [Next] 버튼을 클릭하여 다음 단계로 진행한다.

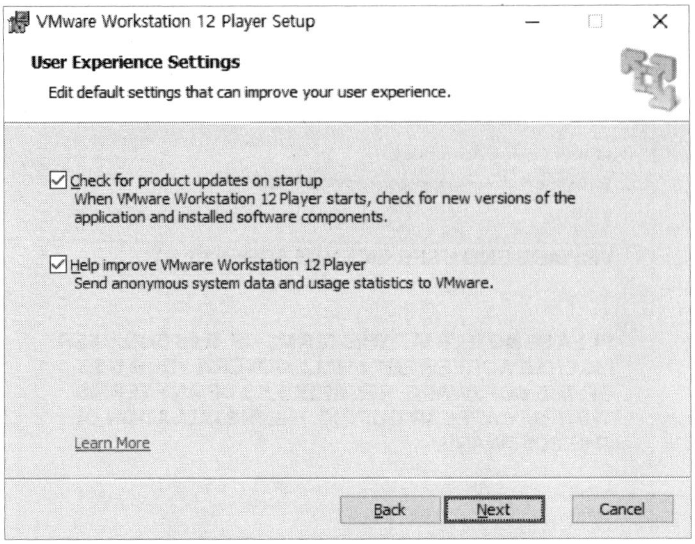

그림 2.8 사용자 경험 환경 대화상자

그림 2.8의 사용자 경험 환경(User Experience Settings) 대화상자에서 사용자의 사용 경험을 VMware사에 보내 프로그램 개선에 도움을 줄 것인가에 대한 물음으로 기본적으로 체크된 것을 그대로 받아들인다. 만약 프로그램 개선에 도움 주기를 원치 않는다면 체크를 해제한다.

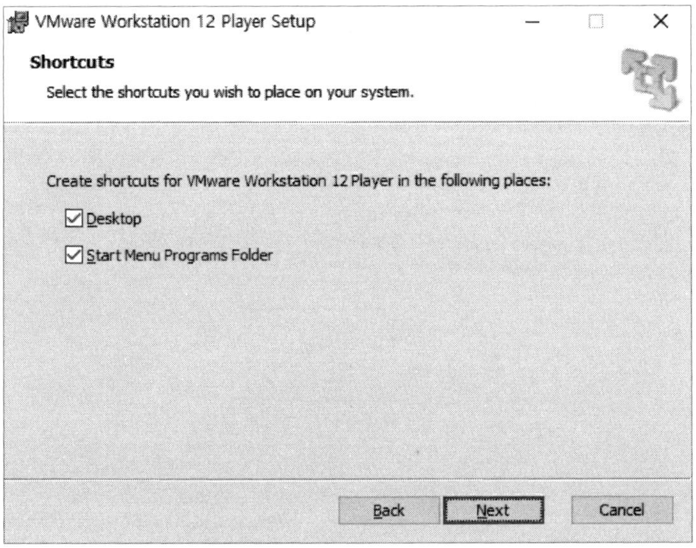

그림 2.9 바로 가기 아이콘 설치

그림 2.9의 바로 가기 아이콘 설치를 묻는 옵션에서 바탕화면 아이콘과 시작 메뉴에 이에 대한 메뉴를 추가할 것인지 확인한다. 여기서는 [Next] 버튼을 클릭하여 다음 단계로 진행한다. 만약 바탕화면에 설치를 원치 않는 경우 "Desktop" 체크를 해제한다.

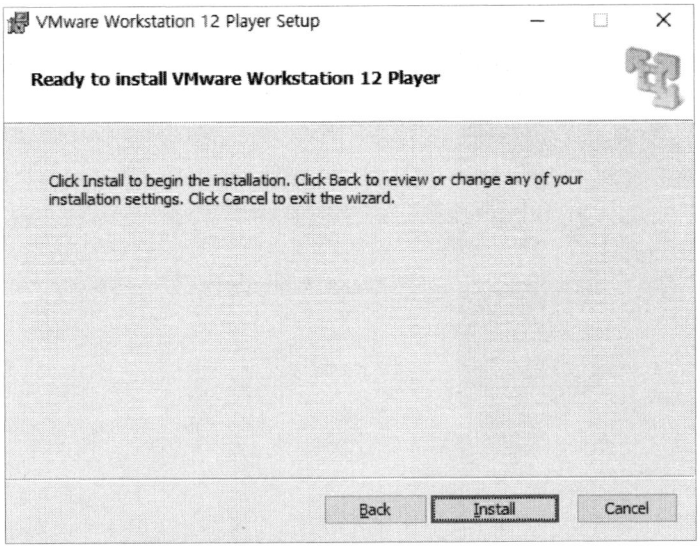

그림 2.10 VMware Workstation Player 설치 준비

그림 2.10의 VMware Workstation Player 설치 준비 대화상자에서 설치를 원하는 경우 [Install] 버튼을 클릭하면 설치가 진행된다.

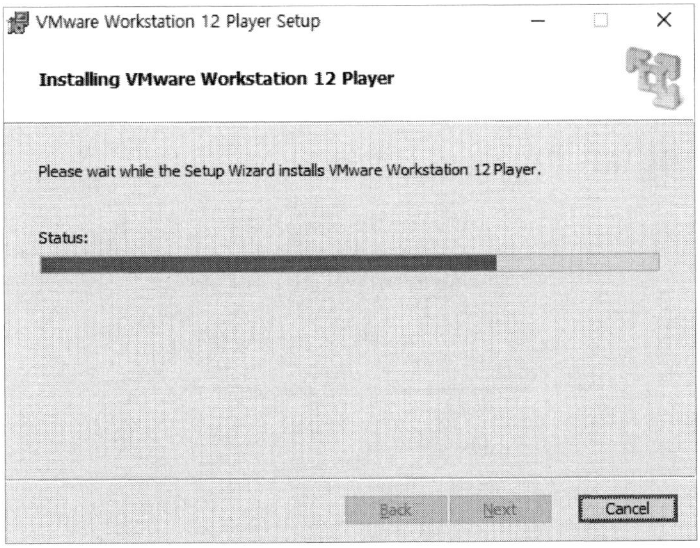

그림 2.11 VMware Workstation Player 설치 중 화면

그림 2.11은 VMware Workstation Player 설치 진행 중임을 나타내는 화면이다.

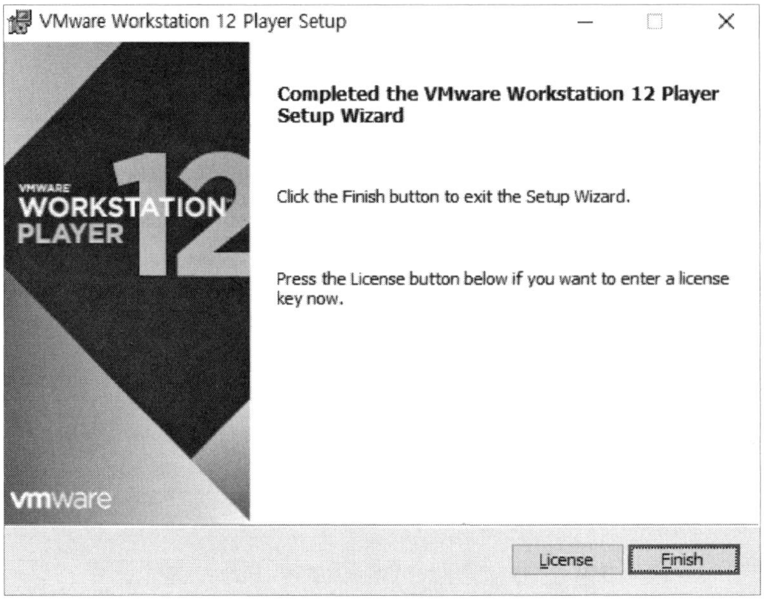

그림 2.12 설치 마법사 종료

그림 2.12는 설치 마법사를 이용하여 VMware Workstation Player가 성공적으로 설치되었음을 나타내는 창이다. 설치 마법사를 종료하기 위해 [Finish] 버튼을 클릭하면 시작 메뉴와 바탕화면에 VMware Workstation Player 메뉴가 추가된 것을 확인할 수 있다.

그림 2.13은 시작 메뉴 혹은 바탕화면에 있는 VMware Workstation Player 메뉴를 클릭하였을 때 나오는 무료 사용 혹은 유료 사용을 선택하는 창이다.

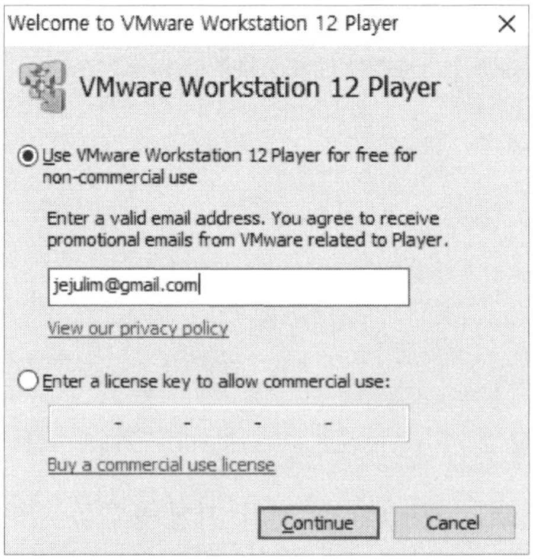

그림 2.13 무료 혹은 유료 사용 선택

그림 2.13에서 개인은 무료로 사용할 수 있으므로 이메일 주소를 입력한 후 [Continue] 버튼을 클릭한다.

그림 2.14 VMware Workstation Player 사용에 감사의 글

그림 2.14는 VMware Workstation Player 사용에 대한 감사의 글을 나타낸다.

2.2 리눅스 다운로드

가상머신에 설치할 리눅스를 다운로드한다. 여기서는 리눅스 여러 가지 종류 중에서 우분투(Ubuntu)를 설치하고자 한다. 우분투는 데비안(debian) 계열의 리눅스로 널리 사용되고 있는 리눅스 중의 하나이다. 여기서는 우분투의 데스크탑(desktop) 버전을 다운로드한다. 우분투는 그림 2.15의 웹사이트에서 최신의 버전을 다운로드할 수 있다.

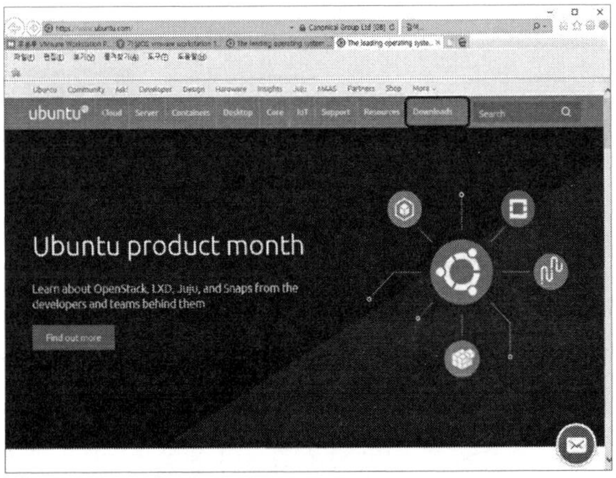

그림 2.15 우분투 웹사이트
(https://www.ubuntu.com/)

그림 2.15의 우분투 웹사이트(http://www.ubuntu.com)의 위에 있는 [Download] 메뉴를 선택한다.

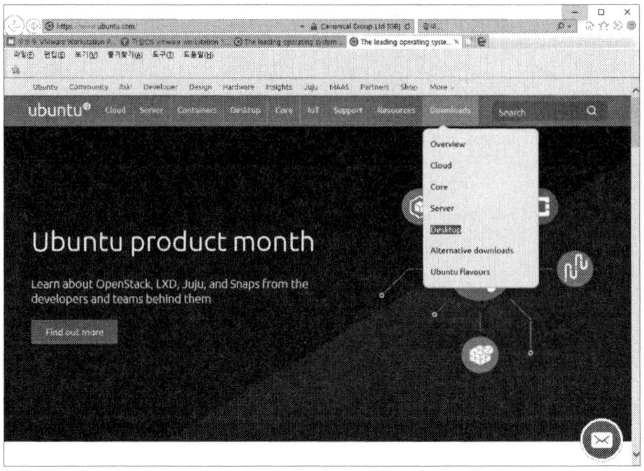

그림 2.16 우분투 데스크탑 선택

그림 2.16에서 우분투의 데스크탑(desktop) 버전을 선택하기 위해 [Desktop] 항목을 선택한다. 그림 2.17은 우리가 설치할 우분투의 데스크탑 버전을 나타내고 있다.

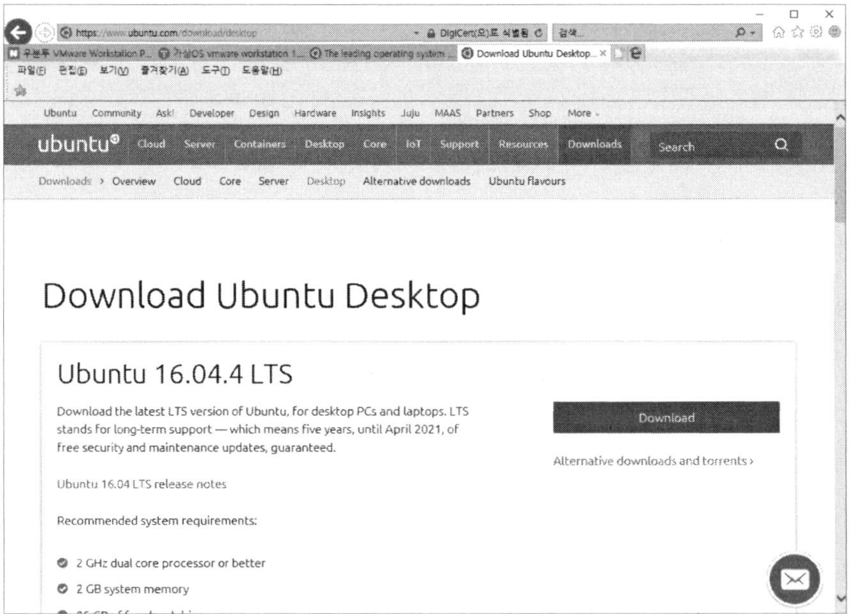

그림 2.17 우분투 16.04.4 LTS 64비트 버전

그림 2.17에서 우리가 설치할 우분투의 최신 버전은 16.04.4 LTS이다. 여기서 LTS란 Long Term Support의 줄임말로써 '장기 지원 버전'이란 뜻으로 5년 동안 안정과 업데이트 지원을 보장하는 버전으로 가장 안정적인 버전이라 할 수 있다. 16.04.4 LTS 버전을 선택한 경우 다음으로 우분투 32비트 버전을 설치할 것인가? 아니면 64비트 버전을 설치할 것인가를 결정한다. 기본적으로 64비트

버전을 권장하고 있다. 그런데 설치할 컴퓨터 메모리 크지 않는 경우, 예를 들면 2GB 미만이면 32비트 버전을 사용하는 것이 좋다. 여기서는 권장 버전인 64비트 버전을 설치하기 위해 [Download]를 선택한다.

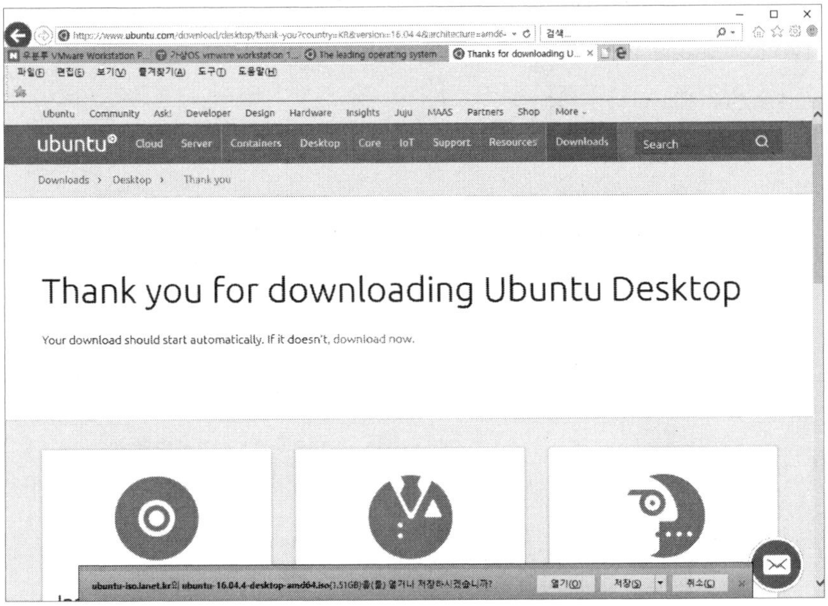

그림 2.18 우분투 iso 파일 다운로드

그림 2.18에서 [ubuntu-16.04.4-desktop-amd64.iso] 파일을 로컬 컴퓨터에 저장한다.

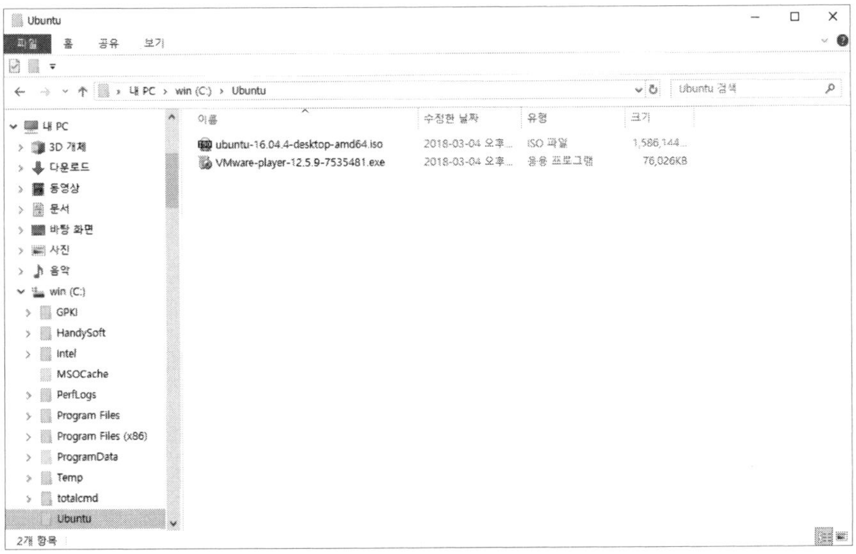

그림 2.19 C:₩Ubuntu 폴더에 iso 파일 저장

그림 2.19는 "C:\Ubuntu" 폴더에 다운로드받은 우분투 iso 파일이 저장되어 있는 것을 알 수 있다.

2.3 VMware 이용하여 가상머신에 리눅스 설치

2.1절에서 설치한 VMware Workstation Player를 실행시켜 가상머신을 만들고 가상머신 상에 우분투를 설치한다. VMware Workstation Player를 실행하기 위해서 시작 메뉴 혹은 바탕화면에 있는 VMware Workstation Player를 더블 클릭한다.

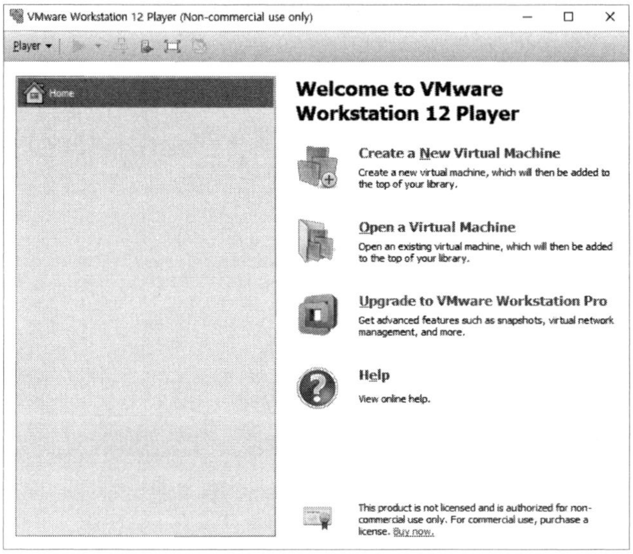

그림 2.20 VMware Workstation Player 창

그림 2.20의 VMware Workstation Player 창에서 [Create a New Virtual Machine]을 선택하여 새로운 가상머신을 만든다.

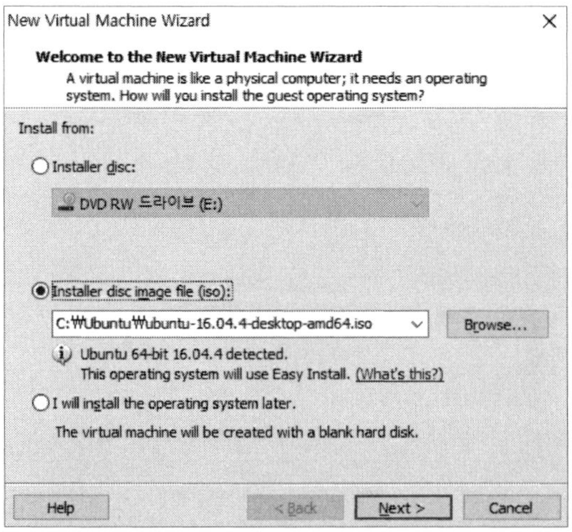

그림 2.21 리눅스 설치 방법 중 2번째 방법 선택

그림 2.21에서 보는 것처럼 가상머신 상에 리눅스를 설치하는 방법에는 3가지가 있다. 첫 번째 방법은 [Installer disc:]에서 리눅스 DVD를 이용하여 설치하는 방법, 두 번째 방법은 [Installer disc image file(iso):]에서 이미지 파일(iso)을 이용하여 설치하는 방법, 그리고 마지막 방법은 [I will install the operating system later.]에서 나중에 운영체제(operating system; OS)를 설치하는 방법이 있다. 우리는 2.2절에서 리눅스 다운로드받은 이미지 파일(iso)을 이용한 두 번째 방법으로 리눅스를 설치하고자 한다. 이를 위해 [Browse...]를 선택하여 그림 2.19의 다운로드한 우분투 iso 파일을 지정한 후 [Next] 버튼을 클릭한다.

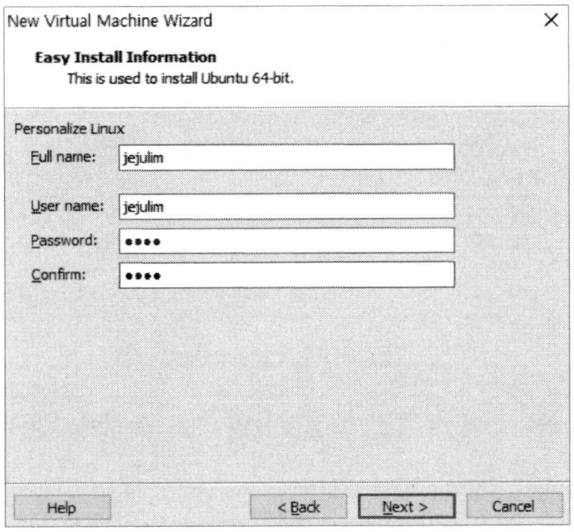

그림 2.22 사용자 정보 입력

그림 2.22에서 새로 만든 가상머신에 대한 사용자 정보 입력한다. 여기서는 간단하게 풀네임은 'jejulim', 유저네임도 'jejulim', 그리고 패스워드는 '1111'로 하였다.

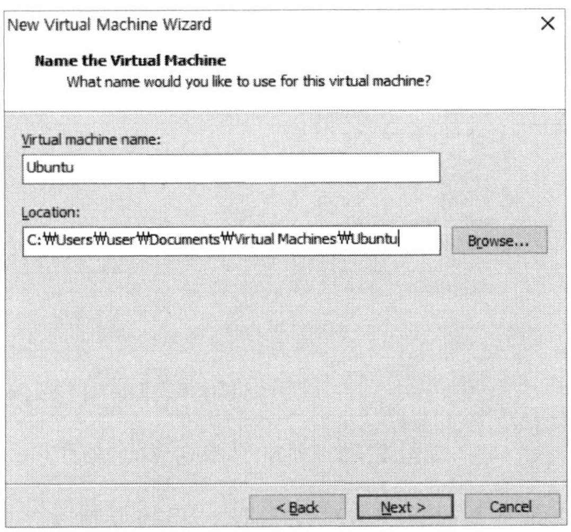

그림 2.23 가상머신 이름과 설치 위치 지정

그림 2.23에서 가상머신 이름을 입력하고, 우분투를 설치할 위치를 선택한다. 여기서는 가상머신 이름은 간단히 'Ubuntu'로 하고 설치 위치는 원래 선택된 위치를 그대로 선택하였다. 만약 하드디스크가 2개 이상이면 윈도우가 설치된 C: 드라이브 말고 다른 곳에 설치하는 것도 괜찮다.

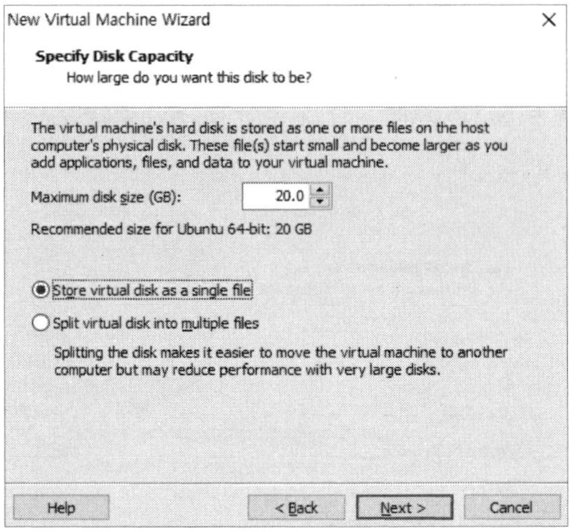

그림 2.24 디스크 용량 할당

그림 2.24에서 우분투 리눅스가 설치될 가상머신의 최고 용량을 얼마로 할 것인가를 지정하는데 원래 지정된 20GB를 그대로 선택한다. 그리고 가상 디스크를 하나의 파일로 관리할 것인지 혹은 여러 개의 파일로 관리할 것인지를 선택하는데 여기서는 하나의 파일로 관리하기 위해 "Store virtual disk as a single file"을 선택한다.

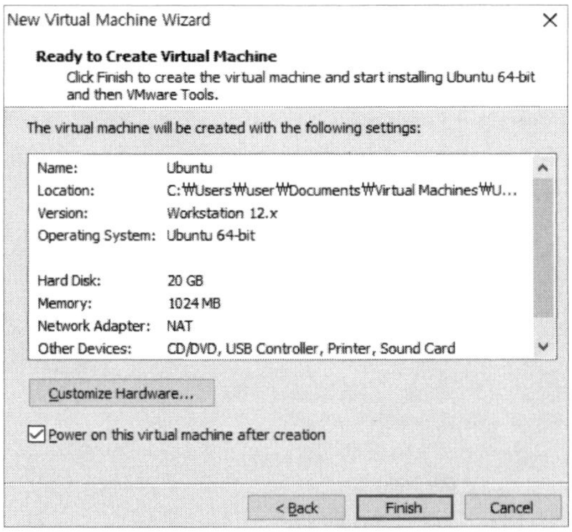

그림 2.25 가상머신 설정 확인 화면

그림 2.25의 가상머신 설정 확인 화면에서 [Finish] 버튼을 누르기 전에 하드웨어 설정하기 위해 [Customize Hardware...]를 클릭하면 그림 2.26과 같은 화면이 나타난다.

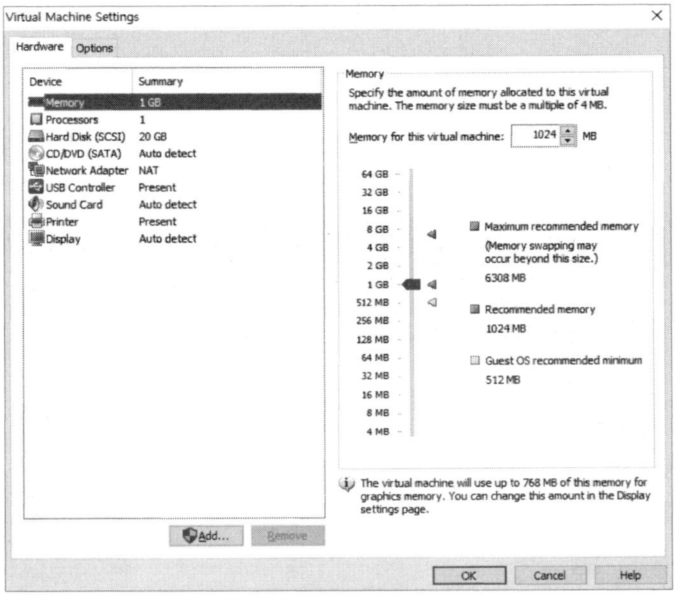

그림 2.26 기본적인 하드웨어 설정

그림 2.26에서 보면 메모리가 1GB, 즉 1024MB로 설정되어 있는 것을 알 수 있다. 현재 컴퓨터의 메모리가 충분히 큰 경우는 상향 조정할 필요가 있다.

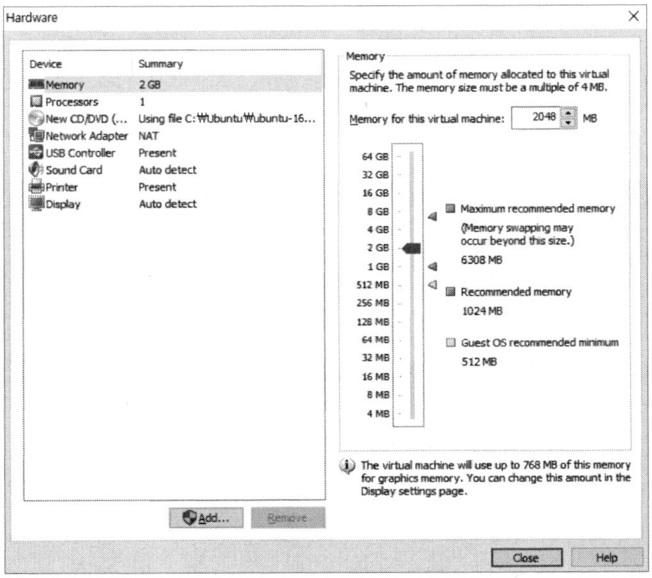

그림 2.27 메모리 상향 설정

그림 2.27에서 원래 메모리가 1GB에서 메모리 2GB, 즉 2048MB로 상향 조정한 후 [Close] 버튼을 클릭하여 설정을 끝낸다. 참고로, 위의 하드웨어 설정은 가상머신을 만들고 나서도 언제든지 변경할 수 있다.

그림 2.25의 가상머신 설정 확인 화면에서 [Finish] 버튼을 클릭하면 그림 2.28과 같이 리눅스를 위한 VMware Tools 업데이트 여부를 묻는 창이 나타난다. VMware Tools 업데이트 여부는 중요하지 않으나 여기서는 업데이트를 선택한다.

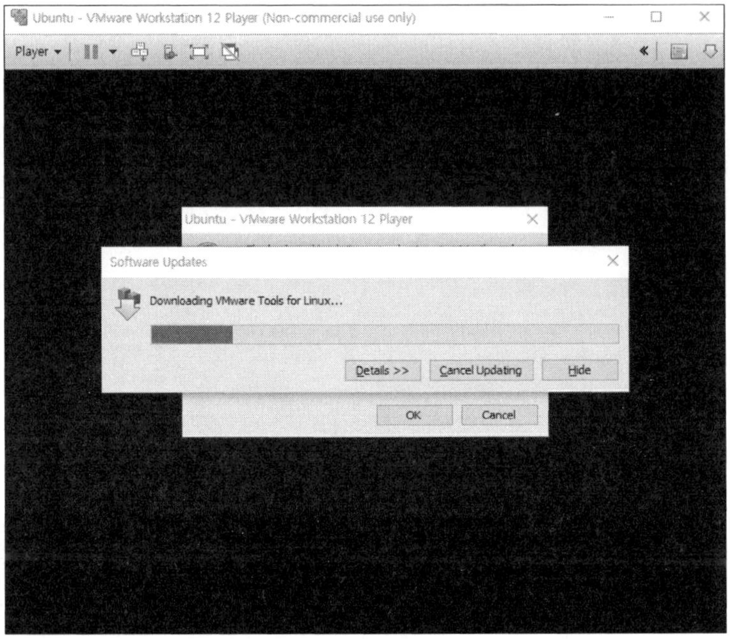

그림 2.28 리눅스를 위한 VMware Tools 업데이트

그림 2.29는 우분투 설치 중임을 나타내는 화면이다.

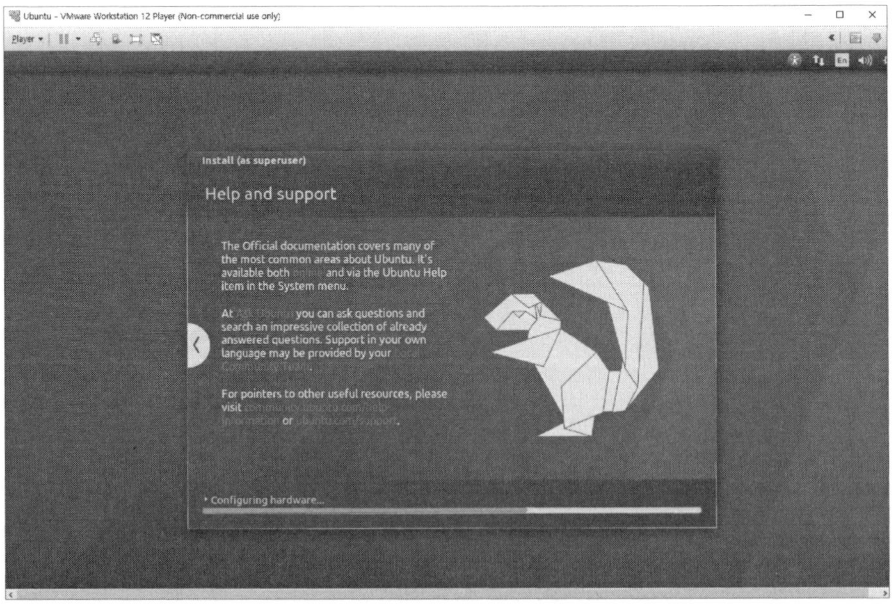

그림 2.29 우분투 설치 중 화면

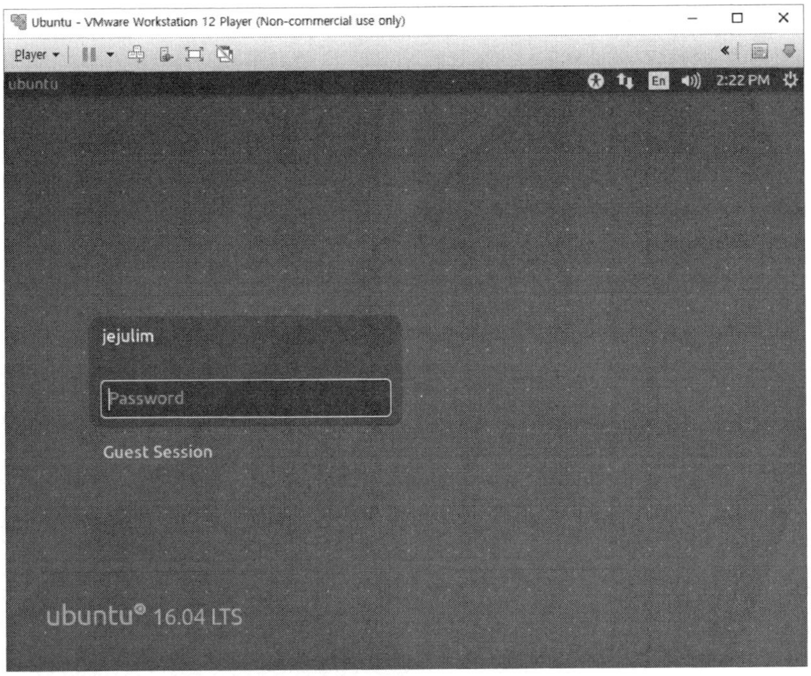

그림 2.30 우분투 로그인 화면

그림 2.30의 우분투 로그인 화면에서 패스워드는 그림 2.22에서 설정한 패스워드를 입력한다. 여기서는 '1111'을 입력하면 그림 2.31과 같은 우분투 초기화면이 나타난다.

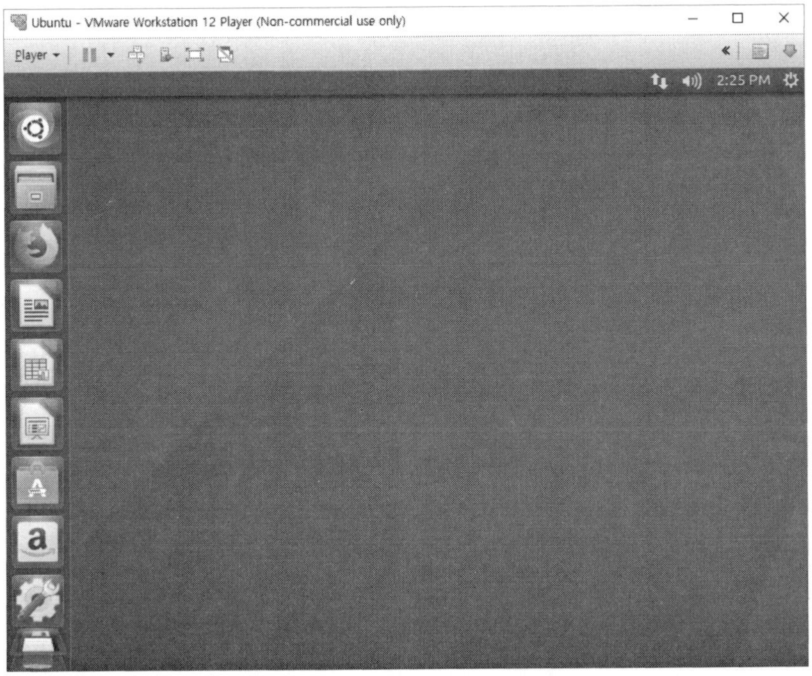

그림 2.31 우분투 초기화면

그림 2.31의 우분투 초기화면 왼쪽에 아이콘들이 들어있는 영역을 런처(launcher)라고 한다. 프로그램을 실행시키면 런처에 아이콘들이 생긴다. 우분투를 종료하고자 하는 경우 그림 2.31의 우분투 초기화면 오른쪽에 있는 아이콘 ⏻을 클릭하여 나타나는 메뉴 중에서 [Shut Down]을 선택한다.

우분투를 시작하기 위해 시작 메뉴 혹은 바탕화면에 있는 VMware Workstation Player를 더블클릭하면 그림 2.32와 같이 "Ubuntu"라는 가상머신이 설치된 것을 볼 수 있다.

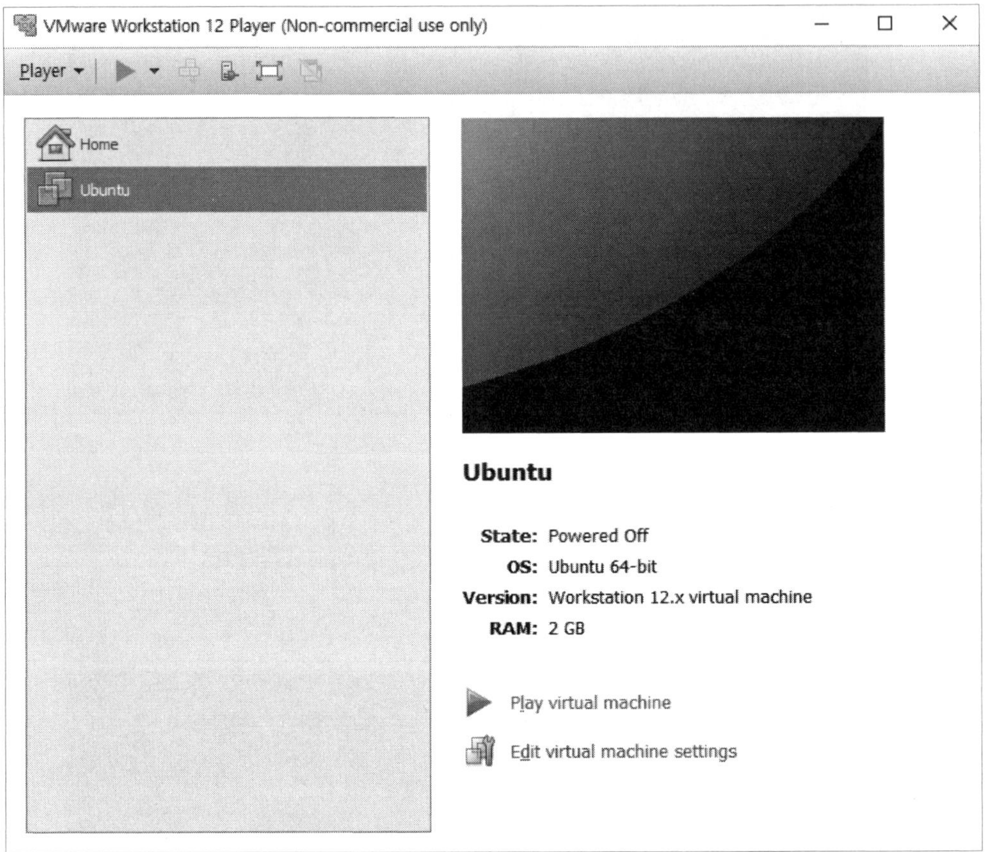

그림 2.32 가상머신 화면

그림 2.32에서 가상머신을 가동하기 위해 'Play virtual machine'을 클릭하면 그림 2.31의 우분투 로그인 화면이 나타난다. 만약 하드웨어 설정을 변경하고자 하는 경우 'Edit virtual machine settings'를 클릭한다.

제 3 장

리눅스 사용법

3.1 런처

① 대쉬(dash) 

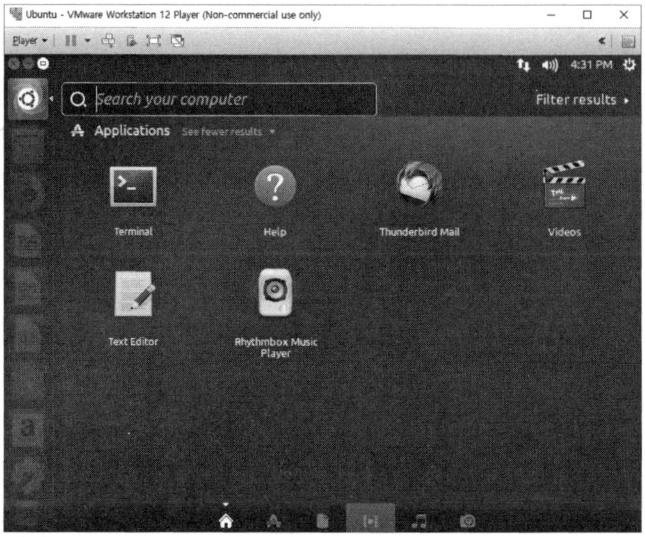

그림 3.1 대쉬

대쉬(dash)는 우분투에서 프로그램을 검색하고자 하는 경우 사용한다. 대쉬를 이용하여 컴퓨터에 있는 디렉토리, 파일뿐만 아니라 응용 프로그램(applications) 검색이 가능하다. 예를 들어, "t"로 시작하는 프로그램을 검색하는 경우 검색창에 "t"를 입력하면 그림 3.2와 같이 결과가 나타난다.

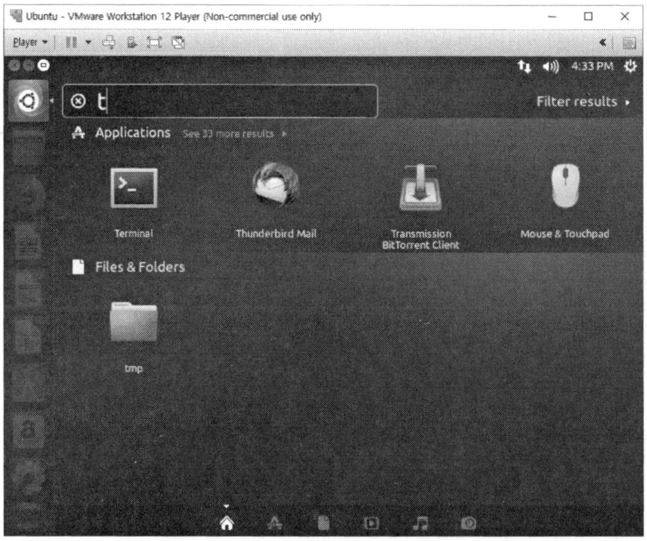

그림 3.2 "t"로 시작하는 프로그램

그림 3.2에서 원하는 프로그램을 클릭하면 프로그램이 실행된다. 대쉬를 선택하여 검색한 후 검색창을 닫고자 하는 경우 다시 대쉬 아이콘 클릭하면 된다. 대쉬는 마우스를 이용하지 않고 윈도우 키를 눌러도 나타난다.

② 파일(files) 

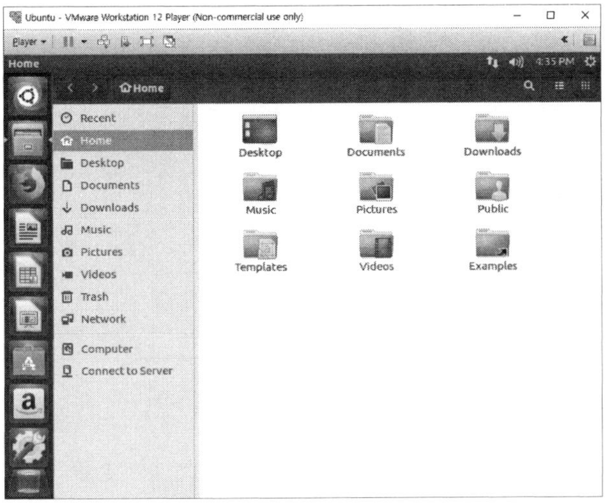

그림 3.3 파일

파일(files)은 내 컴퓨터에 있는 디렉토리와 파일을 보여준다. 파일을 닫고자 하는 경우는 마우스를 메뉴바에 가져가면 나타나는 창 닫기 아이콘( )을 클릭하면 된다. 만약 창 닫기 아이콘이 보이지 않는 경우는 메뉴바를 클릭하면 나타난다.

③ FireFox 웹브라우저 

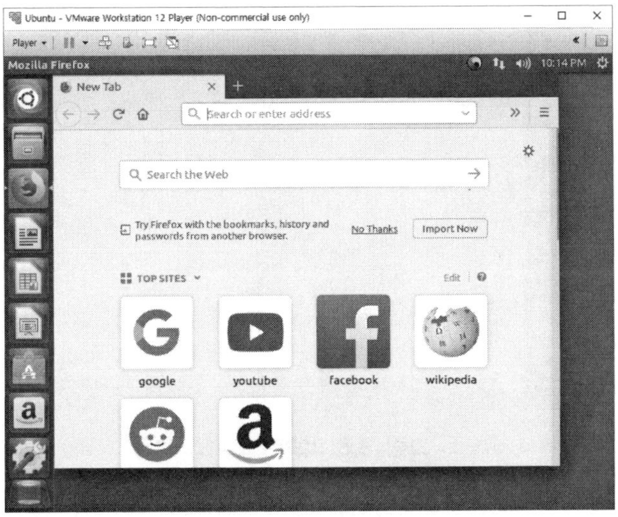

그림 3.4 FireFox 웹브라우저

FireFox 웹브라우저는 윈도우의 익스플로러(internet explorer)와 동일한 기능을 갖고 있는 웹브라우저이다. 그림 3.4에서 보듯이 인터넷 주소를 입력하는 주소창이 있고 구글 검색기 기능을 탑재하고 있다.

④ 리브레 오피스 라이터(LibreOffice Writer) 

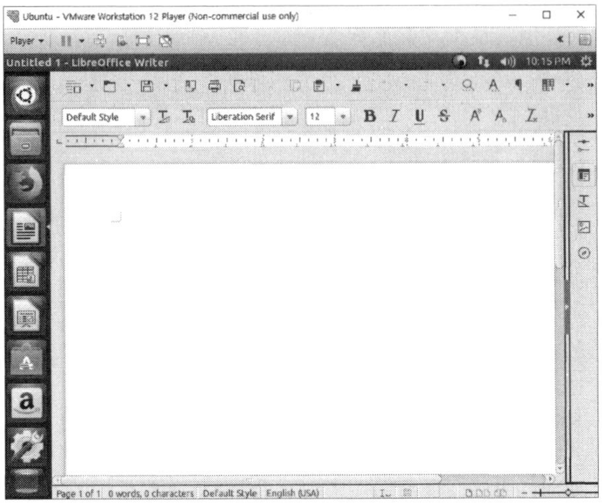

그림 3.5 리브레 오피스 라이터

리브레 오피스 라이터는 MS Office의 Word와 같은 문서 편집 기능을 갖고 있는 문서 작성 도구이다.

⑤ 리브레 오피스 캘크(LibreOffice Calc) 

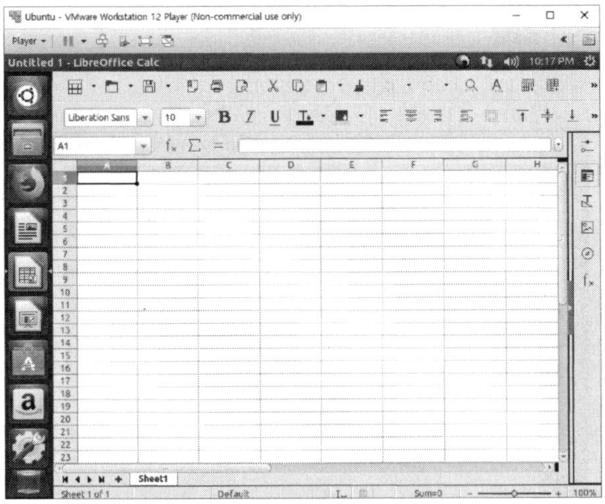

그림 3.6 리브레 오피스 캘크

리브레 오피스 캘크는 MS Office의 Excel과 같은 스프레드시트 기능을 갖고 있는 표 계산 도구이다.

⑥ 리브레 오피스 임프레스(LibreOffice Impress)

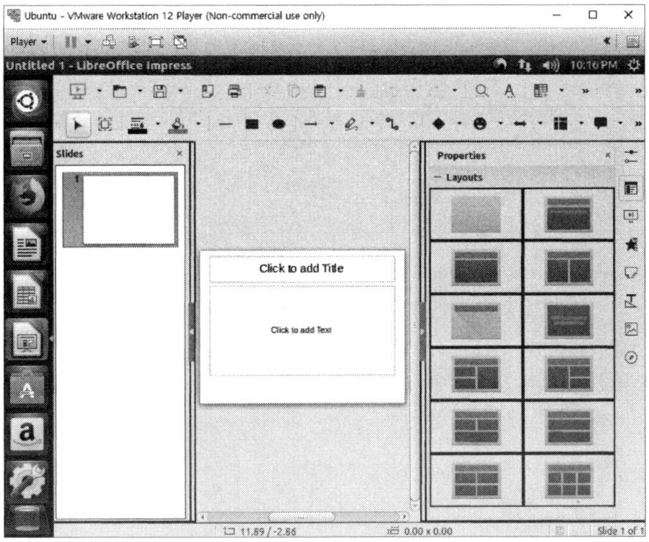

그림 3.7 리브레 오피스 임프레스

리브레 오피스 임프레스는 MS Office의 Power Point와 같은 프레젠테이션 도구이다.

⑦ 우분투 소프트웨어 센터(Ubuntu Software Center)

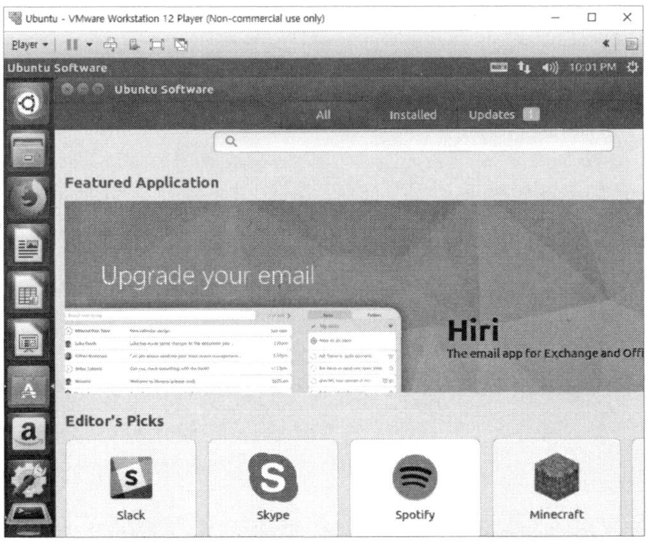

그림 3.8 우분투 소프트웨어 센터

우분투 소프트웨어 센터는 우분투용 응용 프로그램 스토어이다. 왼쪽에 항목별로 프로그램들이 묶여 있어 원하는 프로그램을 선택하여 설치하면 된다.

⑧ 시스템 환경(System Settings)

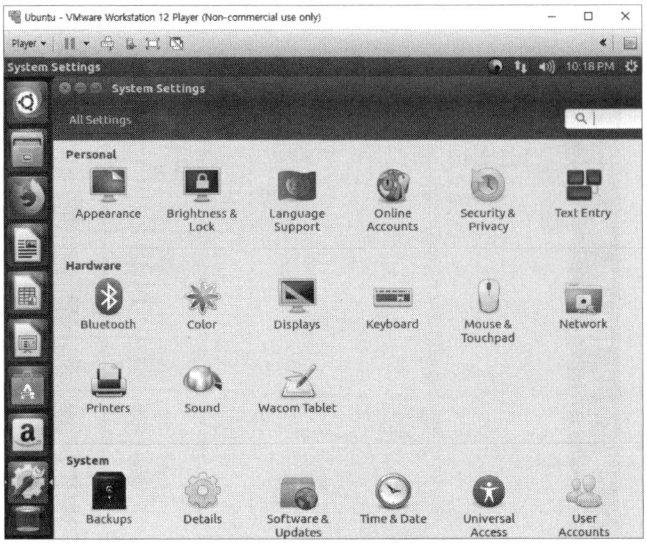

그림 3.9 시스템 환경

시스템 환경은 윈도우의 제어판과 같은 기능으로 각종 언어 지원, 디스플레이 기능 그리고 인터넷 설정 등과 같은 기능을 갖고 있다.

3.2 터미널

윈도우에서는 탐색기나 제어판과 같은 그래픽 툴을 사용하여 작업을 한다. 윈도우에서처럼 시각적 화면을 통해 정보를 주고받는 인터페이스를 그래픽 사용자 인터페이스(Graphic User Interface; GUI)라 부른다. 리눅스도 GUI를 제공하는데 전통적으로 MS-DOS처럼 사용자가 컴퓨터 자판을 통해 명령을 입력하여 정보를 주고받는 명령 라인 인터페이스(Command Line Interface; CLI)를 제공하고 있다. 따라서 CLI를 사용하기 위해서는 터미널(terminal)을 동작시켜야 한다.

① 터미널 동작시키기

그림 3.2와 같이 런처(launcher)에 있는 대쉬 버튼, 즉 회오리 모양의 검색 버튼을 누른 다음 검색 창에 "terminal" 혹은 terminal의 첫 자 "t"를 입력하면 터미널에 대한 아이콘이 나타난다.

터미널을 동작시키기 위해 그림 3.2에서 "Terminal" 아이콘을 더블 클릭한다. 그러면 그림 3.10과 같은 터미널 창이 나타난다.

참고로 명령키를 통해 터미널을 동작시킬 수 있다. “Ctrl + Alt + T” 키를 누르면 간단하게 터미널 창이 나타난다. 터미널 창에서 리눅스 명령어를 입력하여 원하는 작업을 수행한다.

그림 3.10 터미널 창

② 런처(launcher)에 고정하기

그림 3.10의 터미널 창은 사용자가 터미널 창을 닫든지 혹은 리눅스 로그아웃(log out) 혹은 셧다운(shut down) 한 경우 다시 터미널을 사용하기 위해서는 위에서처럼 다시 번거롭게 터미널을 찾거나 혹은 명령키를 이용하여 터미널을 동작시켜야 하는 불편함이 있다. 이런 불편함을 해결하기 위해 터미널을 런처에 영구적으로 고정할 필요가 있다. 그림 3.11과 같이 런처에 있는 터미널을 선택한 후 나타나는 팝업메뉴에서 [Lock to Launcher]를 선택하면 런처에 터미널이 고정된다.

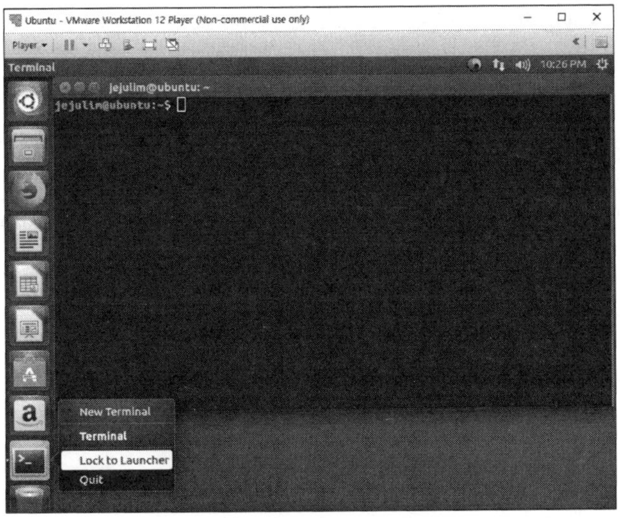

그림 3.11 런처에 터미널 고정하기

3.3 기본 리눅스 명령어

① 디렉토리 목록보기

```
~$ ls
```

ls은 "list"의 준말로 목록을 의미하고 현재 디렉토리의 목록을 보여준다.

참고로, '$'는 관리자가 아닌 일반 사용자의 명령임을 알려주는 기호이다. 관리자의 명령은 '#'이다.

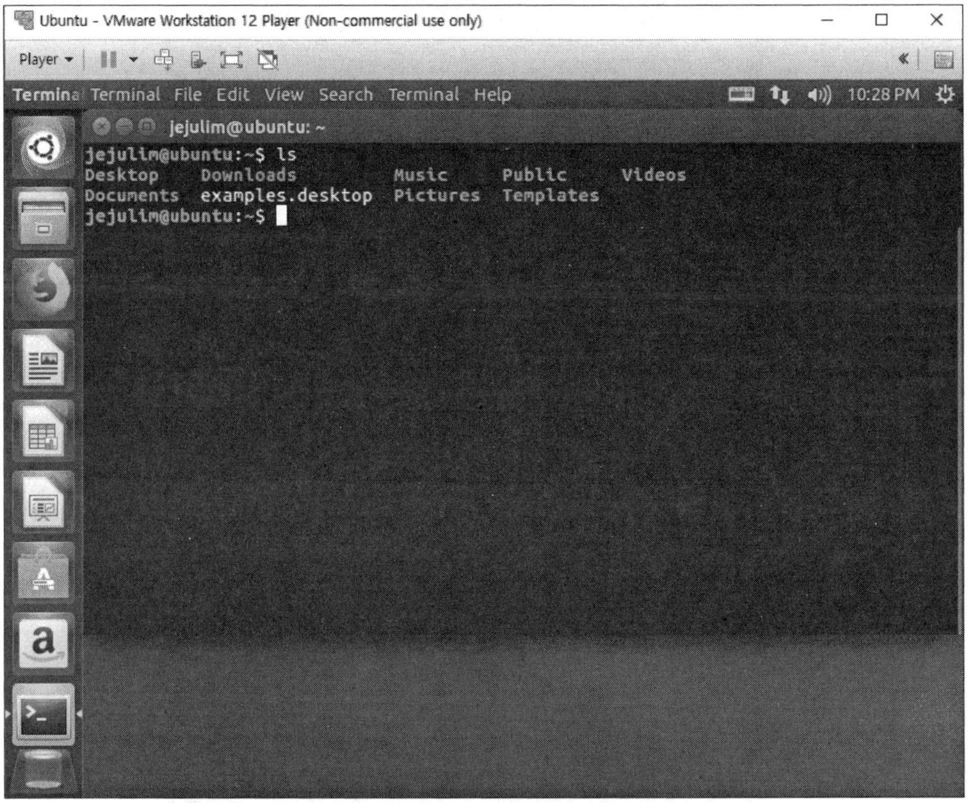

그림 3.12 ls 명령어

```
~$ ls -al
```

- 옵션 a : "."으로 시작하는 파일을 포함하여 모든 파일을 보여준다.
- 옵션 l : 세부적인 속성까지 보여준다.

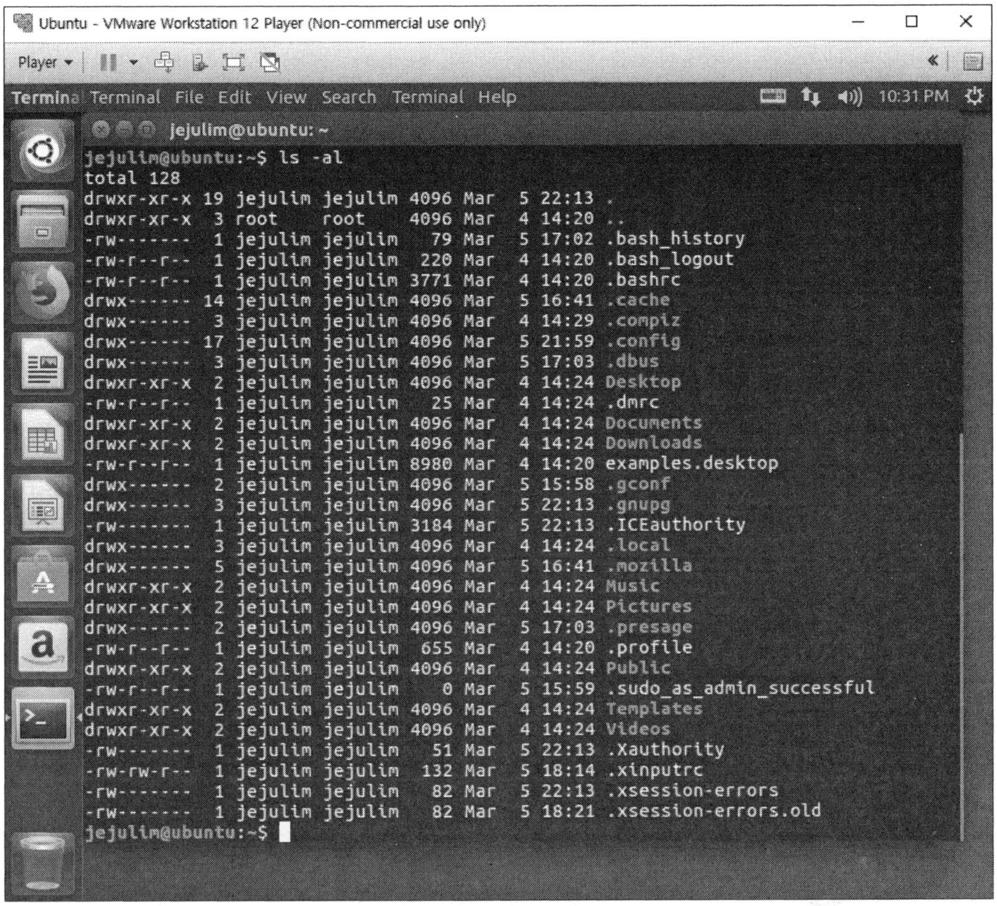

그림 3.13 ls -al 명령어

② 디렉토리 이동하기

```
~$ cd [디렉토리]
```

cd는 "change directory"의 준말로 디렉토리 변경을 의미하고 현재 작업 디렉토리를 변경하는데 사용되는 명령어이다.

"[디렉토리]" : 이동하고자 하는 디렉토리를 나타낸다.

- 옵션 "~" : "cd ~"하면 사용자 계정의 홈 디렉토리로 이동한다. 혹은 옵션을 주지 않으면, 즉 "~"을 생략하여 "cd"만 해도 홈 디렉토리로 이동한다.
- 옵션 "." : "cd ."하면 현재의 디렉토리를 나타낸다.
- 옵션 ".." : "cd .."하면 상위 디렉토리를 나타낸다.

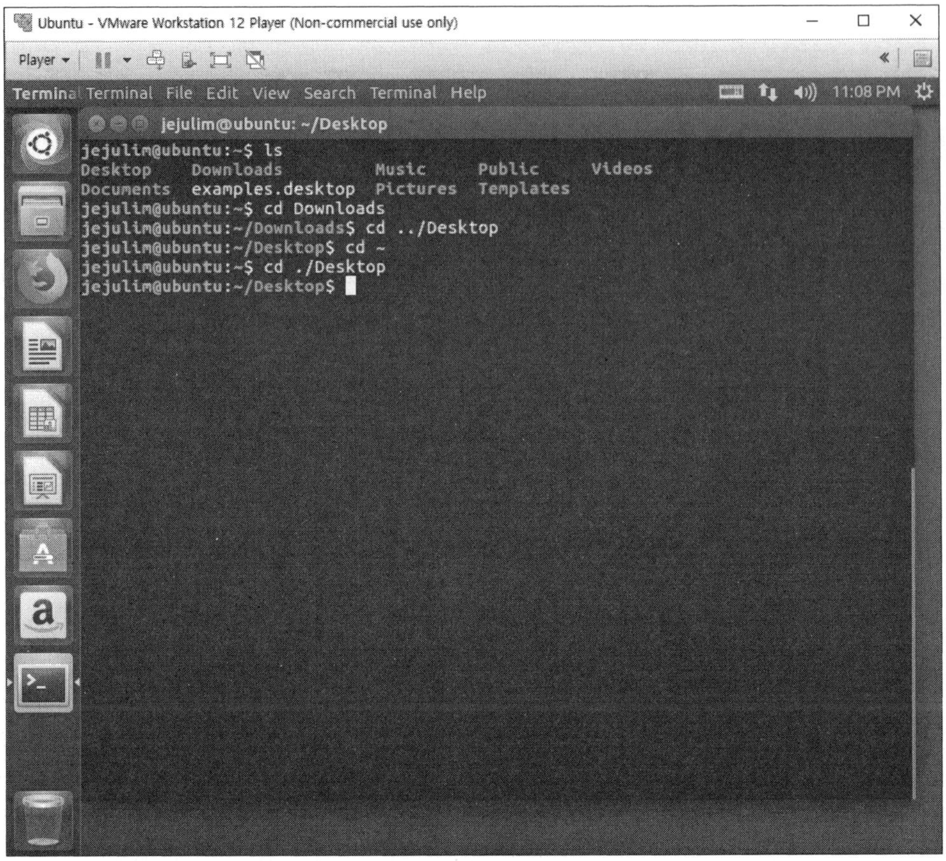

그림 3.14 cd 명령어

[참고] 옵션 "." 와 ".."를 이용하여 디렉토리를 이동하고자 하는 경우 디렉토리 앞에 "./"와 "../"처럼 "/"를 사용한다.

③ 현재 디렉토리 보기

```
~$ pwd
```

pwd는 "print working directory"의 준말로 작업 디렉토리를 출력한다라는 의미를 갖고 있으며 현재 디렉토리를 확인하는 명령어이다. pwd를 입력하면 현재 디렉토리의 절대경로를 보여준다.

그림 3.15에서 현재 디렉토리는 "/home/jejulim"을 알 수 있다. 이것은 사용자 계정의 홈 디렉토리를 나타낸다.

▶ 절대경로와 상대경로

절대경로는 최상위 디렉토리로(/)부터 해당경로를 말하는 것이고 상대경로는 현재 디렉토리(./)로부터 해당경로를 말하는 것이다.

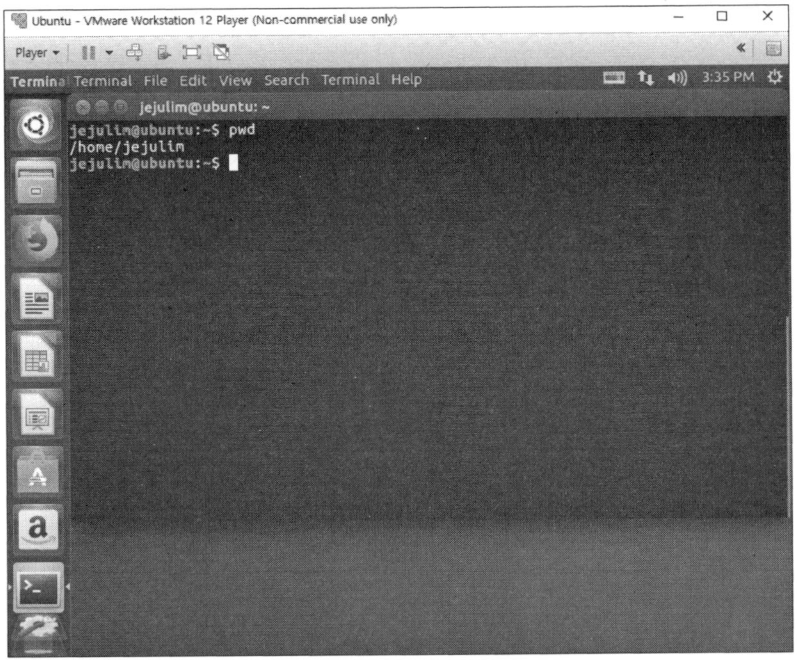

그림 3.15 pwd 명령어

예를 들어, "usr"이란 디렉토리에 "local"이란 디렉토리가 들어 있고 그 안에 "games"와 "src"라는 디렉토리가 존재하는 경우를 가지고 절대경로와 상대경로를 설명하고자 한다.

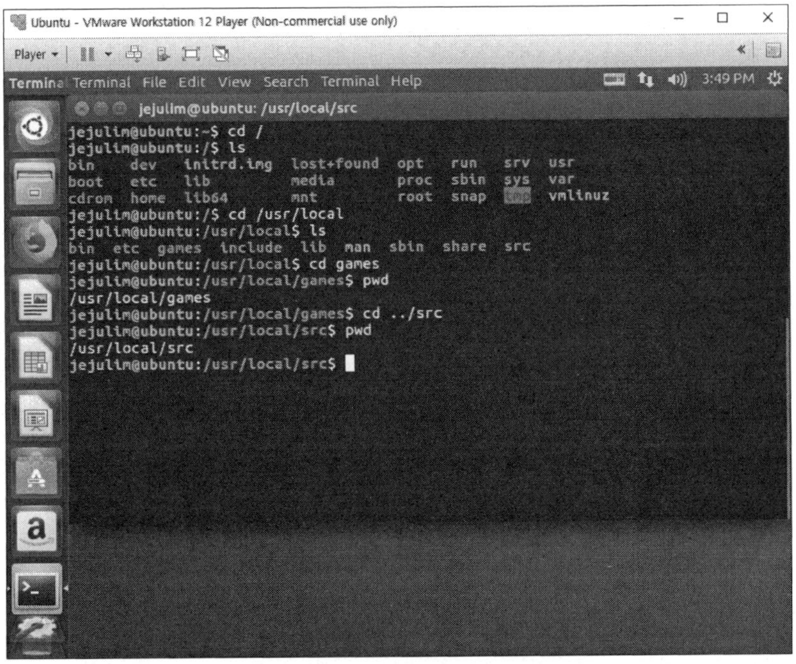

그림 3.16 절대경로와 상대경로

그림 3.16에서 최상위 디렉토리는 "/"이다. 그리고 절대경로 이동을 위해서는 먼저 "/"로 시작하여 이동한다. 예를 들면, "usr" 밑에 있는 "local" 디렉토리로 절대경로를 사용하여 이동하기 위해서는 "cd /usr/local"이고 그 밑에 "games" 디렉토리로 절대경로 이동은 "cd /usr/local/games"이다. 그리고 "games" 디렉토리에서 "src" 디렉토리로 상대경로를 이용하여 이동하기 위해서는 "cd ../src"와 같이 하면 된다. 여기서 "cd ../src"는 "games" 디렉토리 안에서 상위 드렉토리로 이동 후 "src"로 이동을 나타내고 있다. 다시 말하면 "games" 디렉토리를 빠져나온 후 "src" 디렉토리로 이동을 나타내고 있다.

④ 디렉토리 만들기

```
~$ mkdir [-p] 디렉토리 이름
```

mkdir는 "make directory"의 준말로 디렉토리를 만든다라는 의미를 갖고 있으며 디렉토리를 생성하는 명령어이다.

- 옵션 -p : 상위 디렉토리까지 만든다. 만약 "~a/b"라는 경로에 "c"라는 디렉토리를 만들기 위해서 "mkdir ~/a/b/c"를 입력했을 때 "~/a/b"의 경로가 없다면 디렉토리가 생성되지 않는다. 이 경우 옵션 "-p"를 사용하면 디렉토리가 없는 경우 상위 디렉토리까지 생성한다.

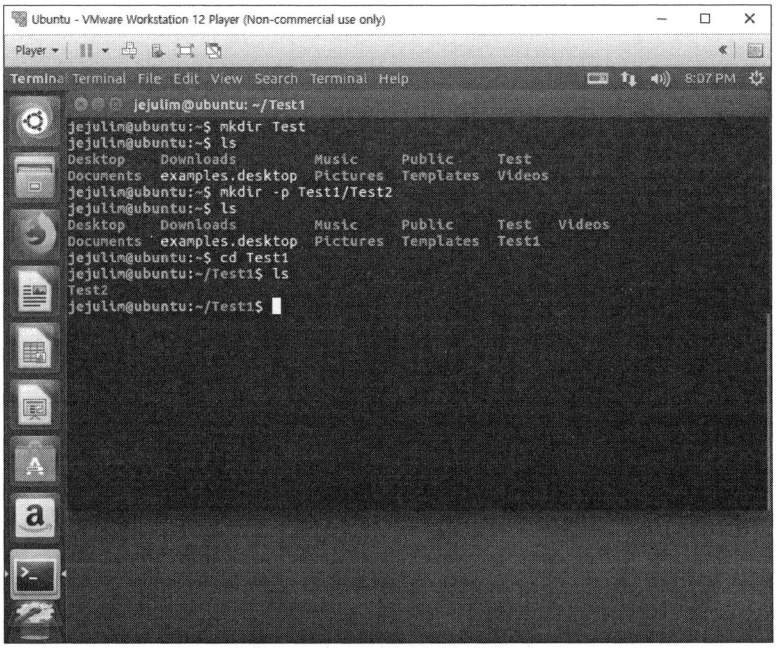

그림 3.17 mkdir 명령어

그림 3.17에서 "mkdir Test" 명령으로 Test라는 디렉토리를 만들고 "mkdir -p Test1/Test2" 명령으로 Test1/Test2라는 디렉토리를 만든다. 여기서 -p 옵션은 Test2 디렉토리의 상위 디렉토리 Test1까지 생성해준다.

▶ gedit 편집기

리눅스의 편집기에는 vi, nano 그리고 gedit이 있다. gedit은 윈도우의 기본 편집기인 메모장과 같다.

```
jejulim@ubuntu:~$ gedit test.txt
```

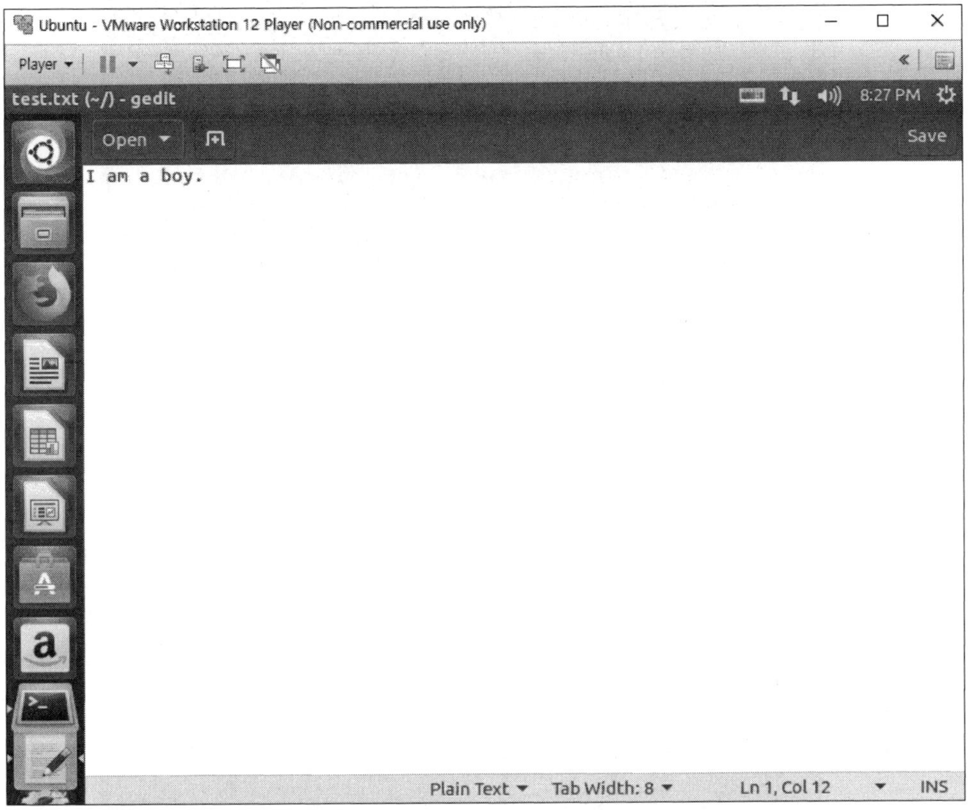

그림 3.18 gedit 명령어 이용 test.txt 파일 생성

⑤ 파일 복사

```
~$ cp [-r] 원본 파일 대상 파일
```

cp는 "copy"의 준말로 복사한다라는 의미를 갖고 있으며 원본 파일을 똑같은 대상 파일로 복사하는 경우 사용하는 명령어이다.

- 옵션 -r: 디렉토리 복사할 때 사용한다.

  예 cp -r 디렉토리1 디렉토리2

사용자 홈 디렉토리에 있는 test.txt 파일을 Test1/Test2 디렉토리에 복사하고자 한다.

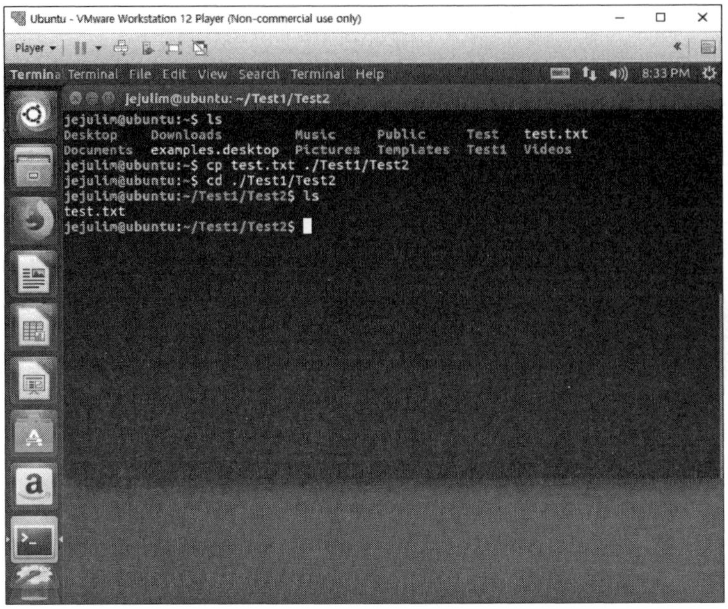

그림 3.19 cp 명령어

⑥ 파일 이동

~$ mv 원본 파일 목적지

mv 명령은 "move"의 준말로 이동한다는 의미를 갖고 있으며 원본 파일을 목적지로 파일을 이동하는 경우 사용하는 명령어이다.

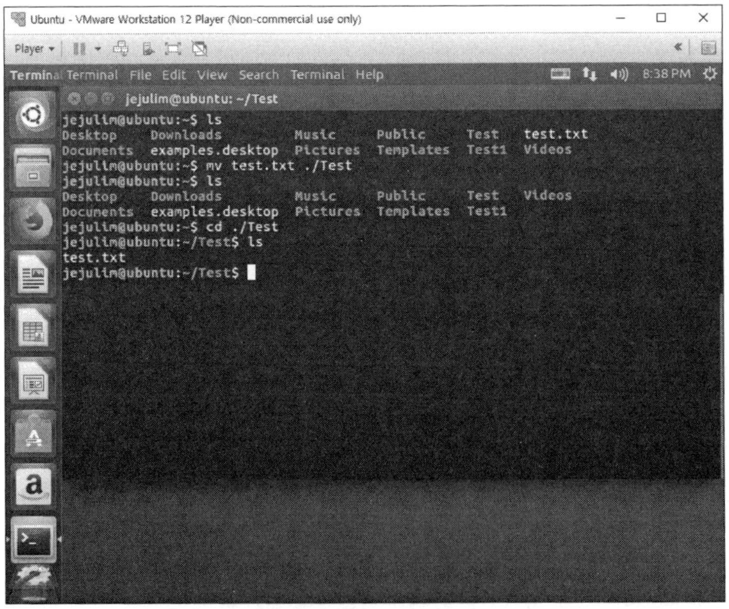

그림 3.20 mv 명령어

⑦ 파일 혹은 디렉토리 삭제하기

~$ rm [-d, -r] 파일 혹은 디렉토리

rm는 "remove"의 준말로 제거한다는 의미를 갖고 있으며 파일 혹은 디렉토리를 삭제하는 경우 사용하는 명령어이다.

- 옵션 -d : 디렉토리를 삭제한다. 디렉토리 내에 파일이 있으면 삭제되지 않는다.
- 옵션 -r : 하위 디렉토리를 포함하여 모든 내용을 삭제한다.

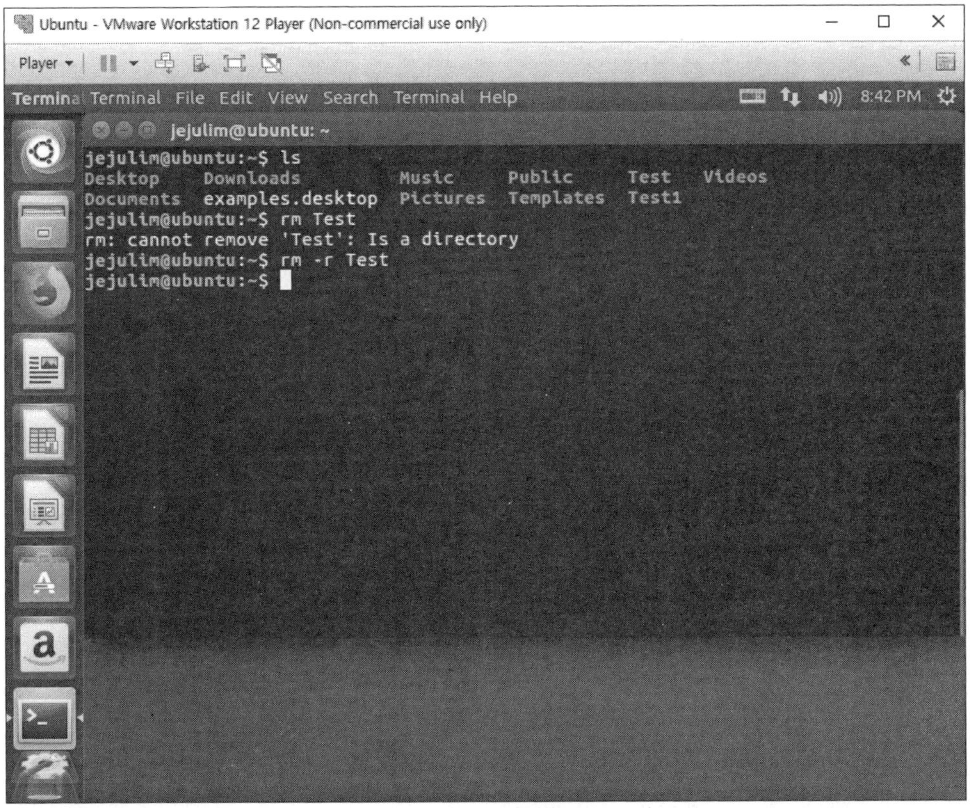

그림 3.21 rm 명령어

그림 3.21에서 디렉토리 Test를 제거하고자 하는 경우 "rm Test"하면 디렉토리에 파일이 있으면 제거되지 않는다는 것을 보여주고 있다. 이 경우는 "rm -r Test"하여야 한다.

3.4 리눅스의 권한 관리

리눅스에서 권한은 리눅스가 멀티유저용 운영체제이기 때문에 시스템에 존재하는 모든 파일이나 디렉토리에는 접근(access)할 수 있는 권한이 부여되어 있다. 리눅스의 권한에는 파일이나 디렉토리의 접근을 제한하는 것을 허가권(permission)이라 하고 파일이나 디렉토리의 소유를 제한하는 것을 소유권(ownership)이라 한다.

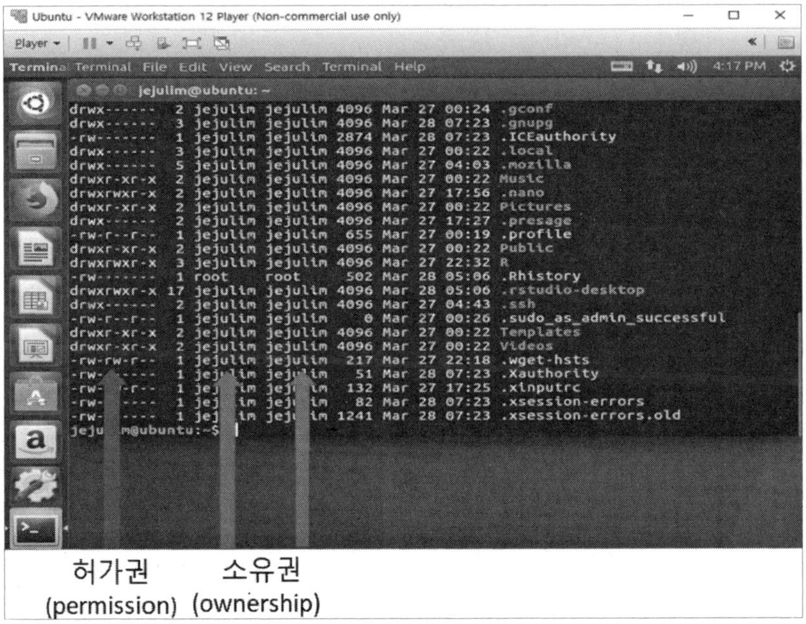

그림 3.22 리눅스의 권한

그림 3.22에서 디렉토리 “Videos”에 대한 권한을 보면 “drwxr-xr-x” 부분은 허가권을 나타내고 “jejulim jejulim” 부분은 소유권을 나타낸다.

① 허가권

파일이나 디렉토리에 접근 권한을 지정할 수 있는 필드(범위)에는 소유자(user), 그룹(group), 일반 사용자(other, 기타)의 3가지가 있고, 각각의 필드에 대해 r(read, 읽기), w(write, 쓰기), x(execute, 실행)의 3가지 권한이 있다.

권한을 표현하는 형태는 총 9자리를 가지고 r, w, x와 - 로 구성되어 있는데 그중 소유자, 그룹, 일반 사용자의 권한이 각각 3자리씩 나누어 순서대로 읽기, 쓰기, 실행 권한으로 나타내고 - 는 해당 권한을 주지 않았다는 것을 나타낸다.

예를 들면, 파일 혹은 디렉토리 권한 모드가 rwxr-xr-x인 경우, 소유자의 권한은 rwx이므로 읽기,

쓰기, 실행 권한을 갖고 있고, 그룹 사용자의 권한은 r-x이므로 읽기, 실행 권한을 갖고 있고, 일반 사용자도 r-x이므로 읽기, 실행 권한을 갖고 있다.

표 3.1 숫자 모드 이용 권한 표현

소유자(user)			그룹(group)			일반 사용자(other)		
r	w	x	r	w	x	r	w	x
4	2	1	4	2	1	4	2	1

권한 표현을 위에서처럼 총 9자리 문자 외에 표 3.1과 같이 숫자 모드를 사용하여 3자리 숫자를 가지고 나타낼 수 있다. 파일 혹은 디렉토리에 대한 소유자, 그룹, 일반 사용자 각각의 접근 범위에서 x 자리는 $2^0 = 1$, w 자리는 $2^1 = 2$, r 자리는 $2^2 = 4$로 계산한 다음 이 값들을 합하여 표현한다. 예를 들어, rwxr-xr-x는 숫자 755로 표현할 수 있고 rw-r--r--는 644로 표현할 수 있다. 여기서 rwxr-xr-x에서 rwx의 합은 7, r-x의 합은 5, r-x의 합은 5이고 rw-r--r--에서 rw-의 합은 6, r--의 합은 4, r--의 합은 4이다.

권한 표현하는데 숫자 모드 외에 표 3.2와 같이 문자 모드를 사용하면 기존 권한을 유지한 채 권한 추가, 삭제 및 기존 권한을 삭제하고 새로 권한 부여 등이 가능하다.

표 3.2 문자 모드 이용 권한 표현

구분	기호	설명
권한	r	읽기
	w	쓰기
	x	실행
사용자	u	소유자
	g	그룹
	o	일반 사용자(소유자, 그룹 외)
	a	모든 사용자(소유자, 그룹, 일반 사용자)
설정기호	+	권한 추가(기존 권한을 유지한 채로 추가)
	-	권한 삭제(기존 권한에서 해당 권한만 삭제)
	=	권한 부여(기존 권한을 삭제하고 부여)

예를 들면, 문자 u+w는 소유자에 쓰기 권한을 추가한다는 뜻이고 문자 o-x는 일반 사용자에 실행 권한을 삭제한다는 뜻이다.

• chmod 명령어로 허가권 변경하기

chmod는 change mode의 준말로 파일 허가권을 변경하는 명령어이다. 즉, chmod 명령어는 파일 혹은 디렉토리에 대해 누구에게 어떤 권한을 부여할 것인가를 지정하는 명령어이다. 다음은 chmod 명령어의 사용 형식이다.

```
chmod [-R][permission] 파일명
```

옵션 -R: 하위 디렉토리를 포함하여 디렉토리 내부의 모든 파일의 접근 권한을 변경한다.

• 숫자 모드를 사용하는 경우 chmod 명령어의 사용 형식이다.

```
chmod [-R][소유자권한][그룹권한][일반사용자권한] 파일명
```

▶ 예시

chmod -R 755 example : example의 하위 디렉토리까지 권한을 부여하는데 사용자는 읽기, 쓰기, 실행 모든 권한을 부여하고, 그룹과 기타 사용자는 읽기와 실행 권한만을 부여한다는 뜻이다.

• 문자 모드를 사용하는 경우 chmod 명령어의 사용 형식이다.

```
chmod [-R][사용자][설정기호][권한] 파일명
```

▶ 예시

chmod ug+r abc.txt : abc.txt 파일에 대해 소유자와 그룹에 읽기 권한을 추가한다.
chmod o-x abc.txt : abc.txt 파일에 대해 일반 사용자에 실행 권한을 삭제한다.
chmod u=rw abc.txt : abc.txt 파일에 대해 소유자에게 읽기, 쓰기 권한을 부여한다. (기존 권한 삭제)
chmod a+x abc.txt : abc.txt 파일에 대해 모든 사용자(소유자, 그룹, 일반 사용자)에 실행 권한을 추가한다.

② 소유권

리눅스는 개인용보다 주로 서버용 운영체제로 많이 사용됨으로 여러 명이 공동으로 작업하는 경우가 빈번하다. 따라서 모든 파일이나 디렉토리마다 해당 파일(또는 디렉토리)의 소유 권한이 명시되어있다.

소유권에는 파일 소유자와 그룹을 지정할 수 있는데 파일 소유자는 말 그대로 파일을 만든 사람이고 그룹은 해당 소유자가 속해있는 그룹을 나타낸다.

그림 3.22의 권한에서 “Videos”의 소유권은 “jejulim jejulim”인데 파일 소유자와 그룹 이름이 같다. 이 경우는 파일 소유주 jejulim이 1인 그룹을 구성하는 경우이다.

• chown 명령어로 파일 소유권 변경하기

chown는 change ownership의 준말로 파일 소유권을 변경하는 명령어이다. 즉, chown 명령어는 파일 혹은 디렉토리의 소유자와 소유자그룹이 누구인지 지정하는 명령어이다. 다음은 chown 명령어의 사용 형식이다.

```
chown [-R] [소유자]:[소유자그룹] 파일명
```

• 옵션 -R: 하위 디렉토리를 포함하여 디렉토리 내부의 모든 파일의 소유 권한을 변경한다.

예를 들어, "chown -R jejulim:jejulim example"의 의미는 하위 디렉토리까지 소유자와 소유자그룹이 jejulim이라고 지정하고 있다. 물론 소유자그룹을 생략하고 소유자만 다음과 같이 변경할 수 있다.

```
chown -R jejulim example
```

3.5 우분투에서 한글 입력하기

우분투 16.04 버전에서 한글을 사용하고자 한다. 이를 위해 추가로 한글 입력기를 설치하여야 한다. 여기서는 한글 입력기 fcitx를 설치하고자 한다. 참고로 저자는 fcitx는 '파이틱스'로 발음한다.

① fcitx 설치

관리자 권한으로 apt-get install 명령어를 사용하여 fcitx-hangul을 설치한다.

```
sudo apt-get install fcitx-hangul
```

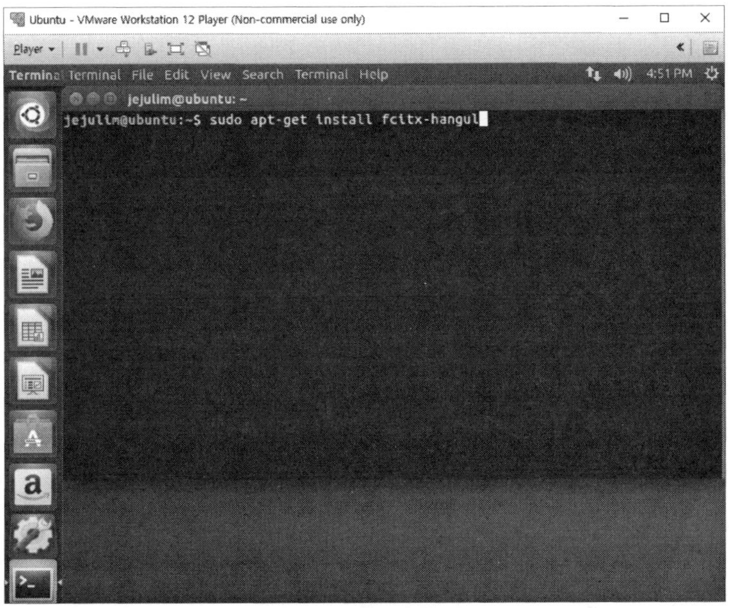

그림 3.23 fcitx 설치

② [System Settings] → [Language Support] 선택

[System Settings]에서 [Language Support]를 선택하면 그림 3.24와 같이 “The language support is not installed completely”라는 대화상자가 나타난다.

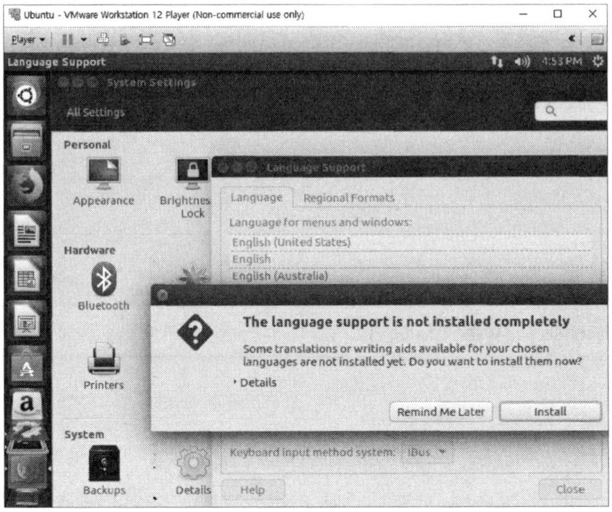

그림 3.24 Language Support 설치

그림 3.24의 대화상자에서 [Remind Me Later] 버튼 혹은 [Install] 버튼 중 아무 버튼이나 누른다. 만약에 [Install] 버튼을 누르면 패스워드를 묻는다.

③ 키보드 입력 방법을 fcitx로 변경

그림 3.24의 [Language Support] 창에서 키보드 입력 방법인 [Keyboard input method system]은 [IBus]로 설정되어 있다. 그림 3.25에서 [IBus]를 [fcitx]로 변경한다.

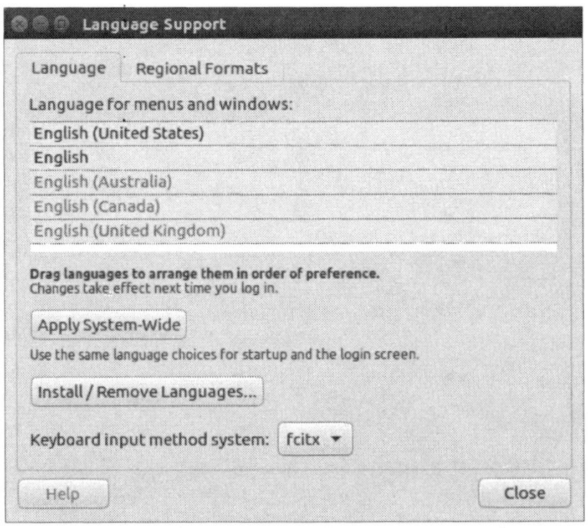

그림 3.25 키보드 입력 방법을 fcitx로 변경

그림 3.25에서 [Close] 버튼을 클릭한 후 재부팅을 위해 [Log Out] 혹은 [Shut Down] 한다.

④ [System Settings] → [Text Entry] 선택

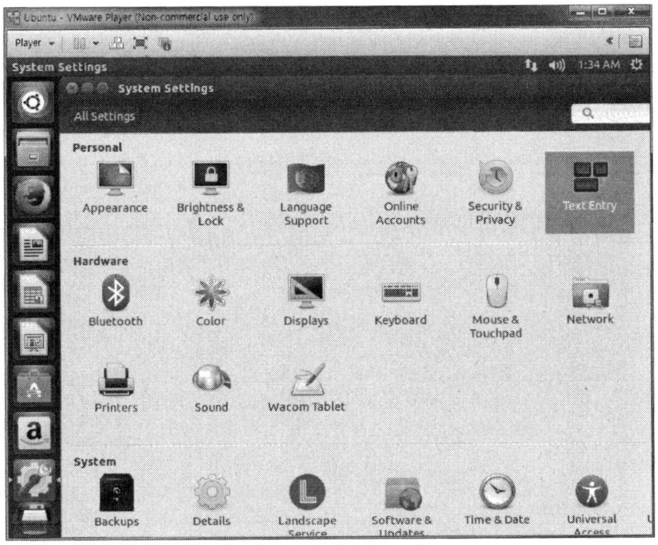

그림 3.26 텍스트 입력기 선택

⑤ 한글과 영어 전환키 설정

그림 3.27에서 텍스트 입력기에서 한글과 영어 추가하고 전환키를 설정할 수 있다.

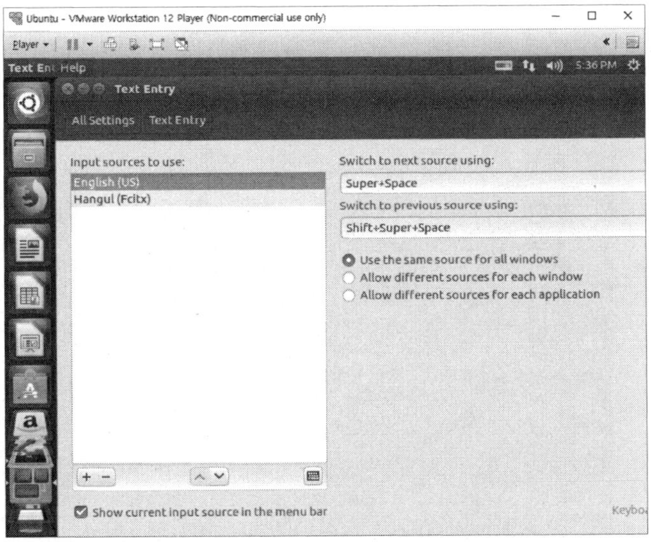

그림 3.27 한글과 영어 전환키 설정

그림 3.27에서 [+]키를 선택하여 "English[US]"와 "Hangul(Fcitx)"를 선택한다. 여기서는 "Super + Space"와 "Shift + Super + Space" 키로 한글과 영어를 전환하고 있다. 두 개의 언어만을 사용하는 경우 "Super + Space" 키만을 반복 사용하여 한글과 영어 입력을 할 수 있다. 여기서 Super 키는 윈도우키를 말한다.

⑥ 한글과 영어 입력 확인

그림 3.27에서 설정된 한글과 영어 전환키를 사용하여 한글과 영어 입력을 할 수 있다. 참고로, 한글과 영어 전환키가 올바르게 작동하는지는 그림 3.28, 그림 3.29의 상단에 있는 도구바에서 한글 아이콘 과 영어 아이콘 이 나타나는지를 통해 확인할 수 있다.

그림 3.28 한글 입력 확인

그림 3.28에서처럼 한글 아이콘 이 활성화된 상태에서 한글 입력이 가능하다.

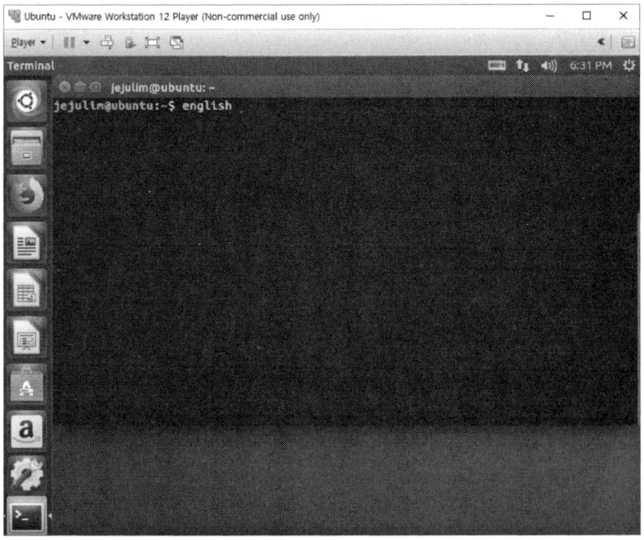

그림 3.29 영어 입력 확인

그림 3.29에서처럼 영어 아이콘 이 활성화된 상태에서 영어 입력이 가능하다.

3.6 우분투에서 한글 파일 읽기

윈도우에서 작성한 한글 텍스트 파일을 우분투에서 읽고자 한다. 여기서는 이를 위해 구글 드라이브를 이용하여 파일을 업로드한 다음 우분투에서 다운로드하여 파일을 읽고자 한다. 구글 드라이브를 이용하기 위해서는 사전에 구글 계정이 있어야 한다.

① 윈도우에서 한글 텍스트 파일 작성

윈도우에서 메모장을 이용하여 한글 텍스트 파일을 그림 3.30과 같이 작성한다.

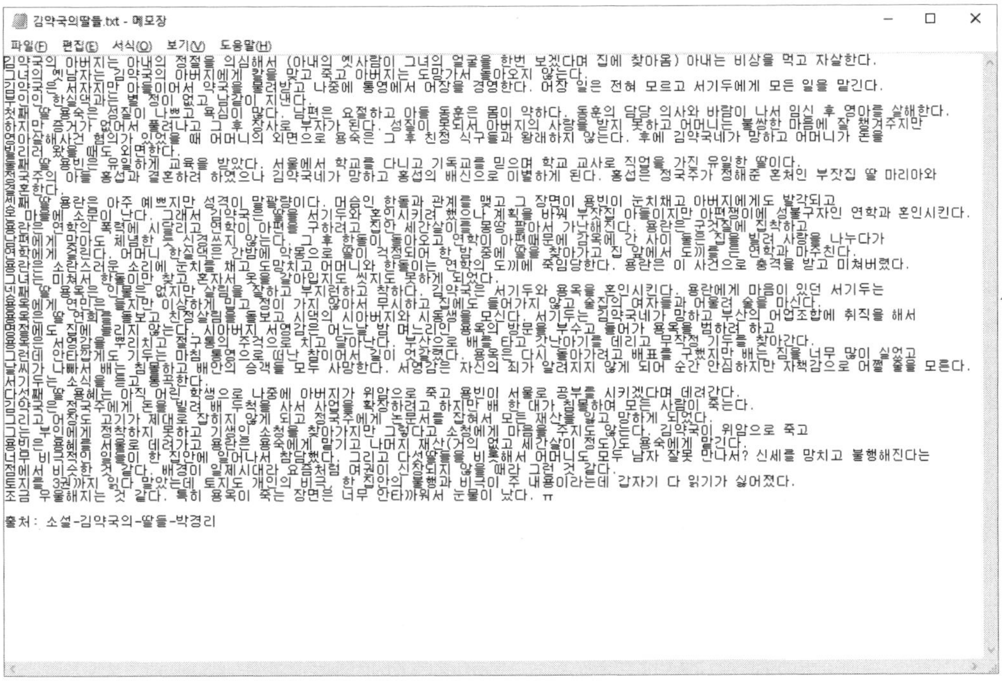

그림 3.30 한글 텍스트 파일 ("김약국의딸들.txt")

② 구글 드라이브에 파일 업로드

구글 사이트 https://www.google.co.kr의 드라이브에 그림 3.30의 "김약국의딸들.txt" 파일을 업로드한다.

그림 3.31 구글 드라이브 파일 업로드

그림 3.31은 구글 드라이브에 "김약국의딸들.txt" 파일이 업로드된 것을 나타내고 있다.

③ 파일 공유

구글 드라이브에 업로드한 파일을 다른 사용자와 파일 공유를 위해 그림 3.32와 같이 파일을 선택한 후 팝업메뉴를 이용하여 [공유]를 선택한다.

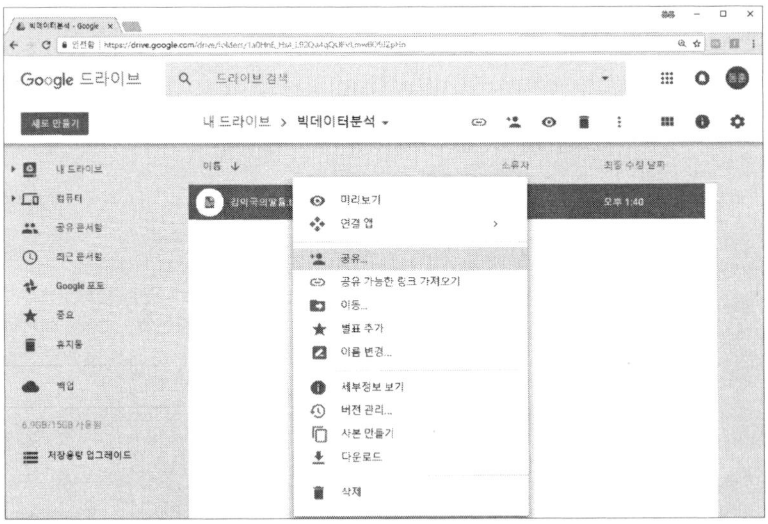

그림 3.32 파일 공유

④ 파일링크 주소 가져오기

공유한 파일에 대한 링크 주소를 가져오기 위해 그림 3.33의 오른쪽 상단에 있는 공유 가능한 링크 가져오기 아이콘 을 선택한다.

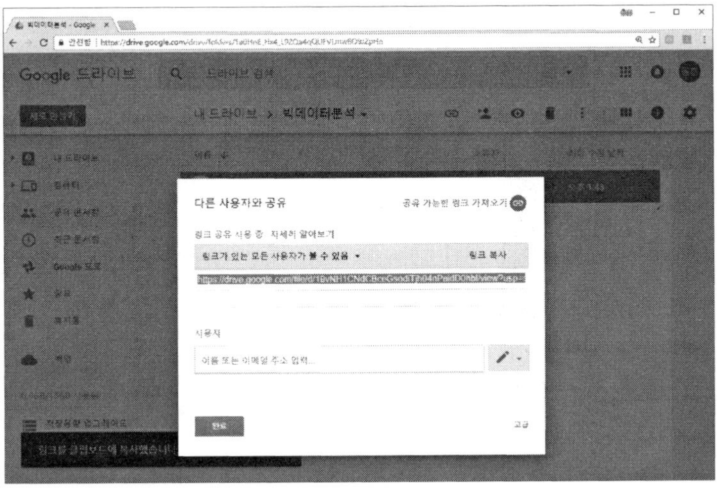

그림 3.33 공유 가능한 링크 가져오기

그림 3.33에서 보는 것처럼 파일의 링크 주소가 너무 길다. 따라서 구글의 https://goo.gl 사이트를 이용하여 긴 주소를 짧은 주소로 변경한다. https://goo.gl 사이트는 구글 드라이브에서 생성된 긴 주소를 짧은 주소로 변경하는 사이트라고 생각하면 된다.

⑤ 짧은 링크 주소 만들기

그림 3.34의 goo.gl 사이트에서 "Simplify your links"에 그림 3.33의 긴 링크 주소를 복사하여 붙여넣기를 하고 [SHORTEN URL] 버튼을 클릭한다.

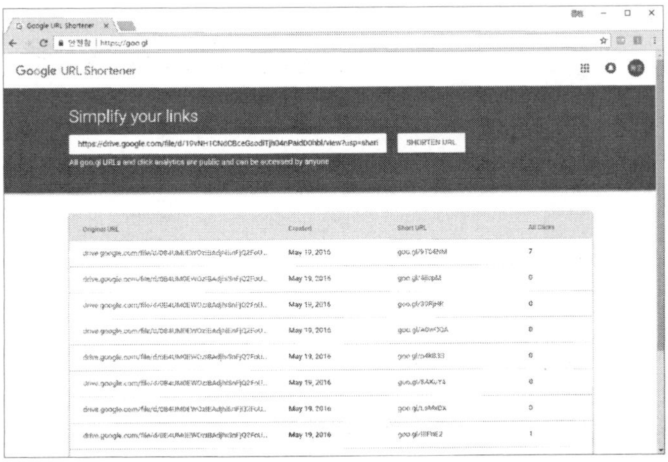

그림 3.34 짧은 링크 주소 만들기

⑥ 새로운 goo.gl 사이트 주소 생성

그림 3.35로부터 구글 사이트에 공유 파일에 대한 긴 주소가 goo.gl 사이트에 짧은 주소로 변경된 것을 알 수 있다.

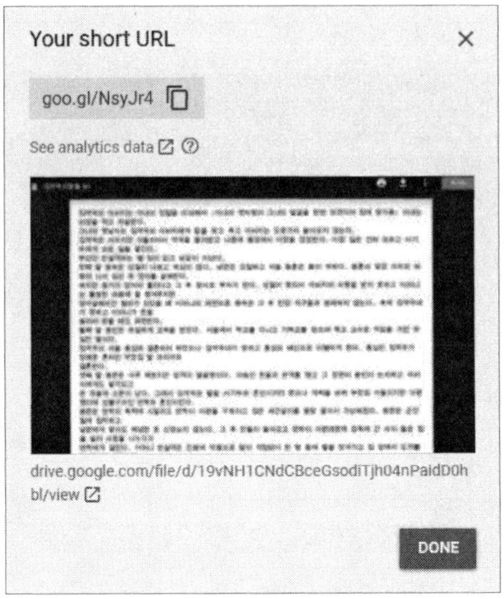

그림 3.35 짧은 링크 주소 얻기

그림 3.35에서 새로 생성된 공유 파일에 대한 주소는 "https://goo.gl/NsyJr4"이다. 앞으로 "김약국의딸들.txt" 파일을 읽고자 하는 경우 위의 짧은 주소를 사용한다.

⑦ Firefox 웹브라우저에서 주소 입력

우분투의 Firefox 웹브라우저에서 공유 파일에 대한 주소 "https://goo.gl/NsyJr4"를 입력하면 그림 3.36과 같이 해당 파일이 연결되어 열린다.

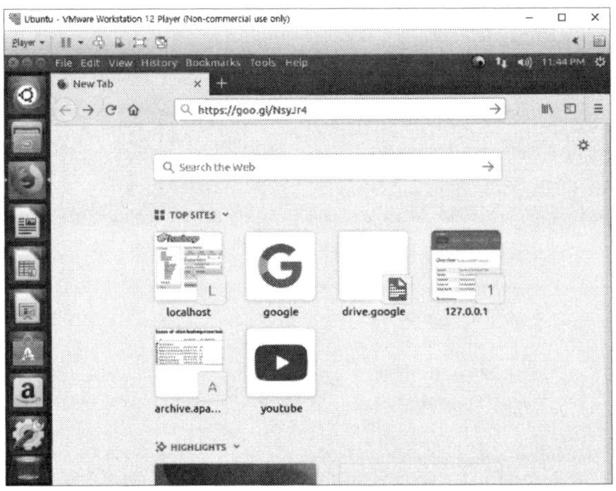

그림 3.36 Firefox 웹브라우저에서 주소 입력

⑧ 우분투에서 구글 드라이브로부터 파일 다운로드

우분투에서 구글 드라이브로부터 파일을 다운로드하기 위해 그림 3.37의 상단에 있는 다운로드 아이콘 ⬇을 클릭한다.

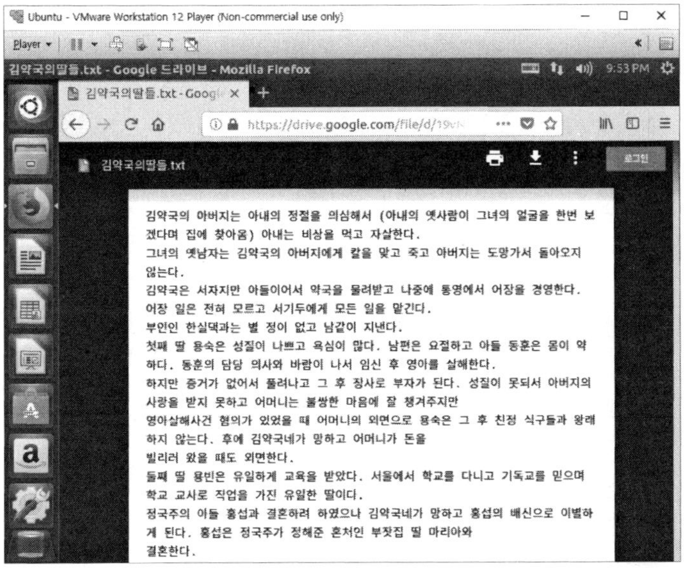

그림 3.37 우분투에서 파일 다운로드

⑨ 파일 저장

그림 3.38의 "Save File"을 선택하여 파일을 리눅스에 저장한다.

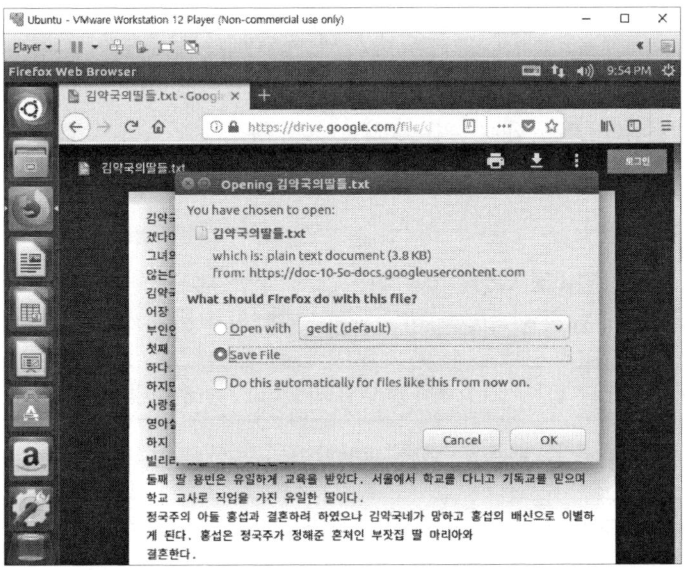

그림 3.38 파일 저장

그림 3.38에 의해 우분투의 사용자 홈 디렉토리 밑에 Downloads 디렉토리에 해당 파일이 저장된다. 즉, jejulim@ubuntu:~/Downloads$에 해당 파일이 저장된 것을 알 수 있다.

```
jejulim@ubuntu:~/Downloads$ ls
김약국의딸들.txt
```

⑩ gedit 이용 파일 열기

```
jejulim@ubuntu:~/Downloads$ gedit 김약국의딸들.txt
```

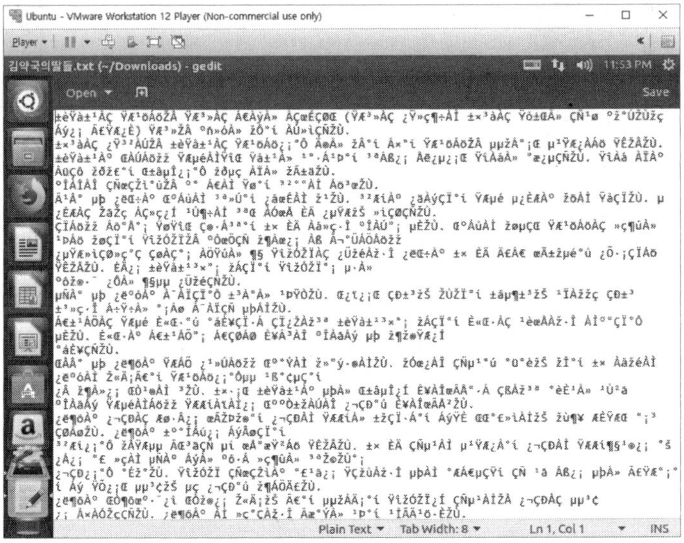

그림 3.39 gedit 이용 파일 열기

그림 3.39로부터 한글이 깨져있는 것을 알 수 있다. 이것은 윈도우와 우분투에서 사용하는 인코딩 방식이 다르기 때문이다. 즉, gedit가 윈도우의 인코딩 방식을 인식하지 못해서 나타나는 현상이다.

⑪ 인코딩 방식 변환

윈도우에서 사용하는 인코딩 방식은 euc-kr(혹은 cp949)이고 우분투에서 사용하는 인코딩 방식은 utf-8이다. 따라서 iconv 명령을 이용하여 다음과 같이 인코딩 방식을 변경한다.

```
iconv -f <원래 인코딩 방식> -t <변환할 인코딩 방식> "원래 파일" > "변경할 파일"
```

그림 3.40은 "김약국의딸들.txt"을 "김약국의딸들1.txt"로 인코딩 변환을 나타내는 그림이다.

```
jejulim@ubuntu:~/Downloads$ iconv -f euc-kr -t utf-8 김약국의딸들.txt >
김약국의딸들1.txt
```

여기서 euc-kr 대신 cp949를 지정해도 된다.

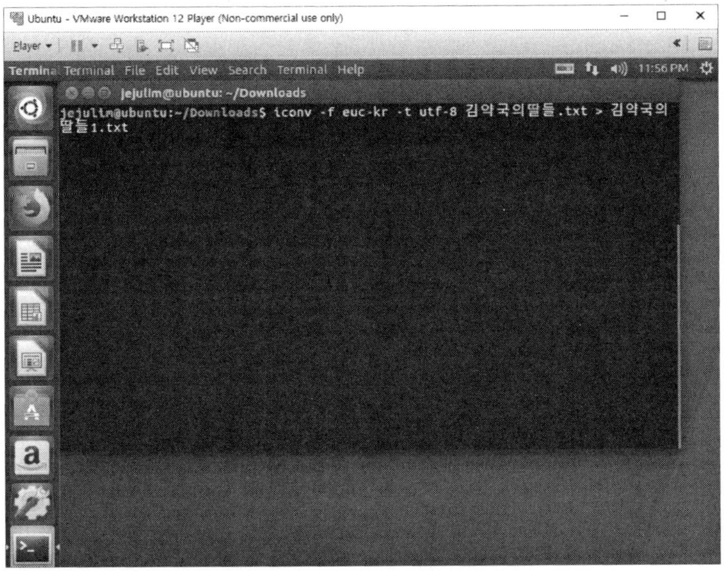

그림 3.40 인코딩 방식 변환

⑫ gedit 이용 파일 열기

그림 3.41에서 인코딩 변환된 “김약국의딸들1.txt”를 gedit을 이용하여 열고 있다.

```
jejulim@ubuntu:~/Downloads$ gedit 김약국의딸들1.txt
```

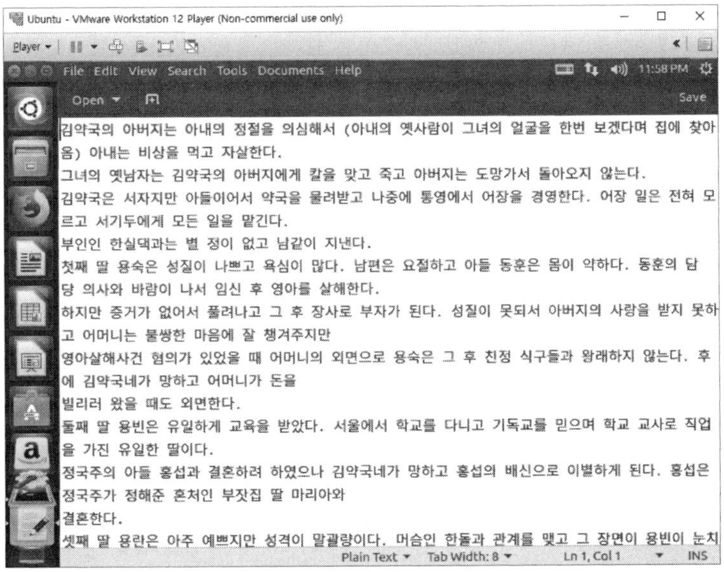

그림 3.41 gedit 이용 파일 열기

그림 3.41로부터 한글 파일이 깨지지 않고 정상적으로 출력되는 것을 알 수 있다.

제 4 장

리눅스에서 하둡 사용하기

4.1 하둡 개요

하둡(hadoop)은 대용량의 데이터를 처리하기 위해 개발된 자바(Java) 기반 오픈 소스 프로그램이다. 수십 테라바이트 혹은 페타바이트 이상의 대용량 파일을 여러 서버에 저장하고 처리하기 위해서는 하둡이 필요하다. 하둡은 그림 4.1과 같이 분산파일 시스템인 HDFS(Hadoop Distributed File System)와 분산처리 시스템인 맵리듀스(MapReduce)로 구성되어 있다. HDFS에 데이터를 저장하고 맵리듀스를 이용하여 데이터를 처리한다. 그림 4.1은 3개의 서버로 클러스터를 형성하고 있고 그중 1대는 마스터 노드(master node)이고 나머지 2대는 슬레이브 노드(slave node)이다.

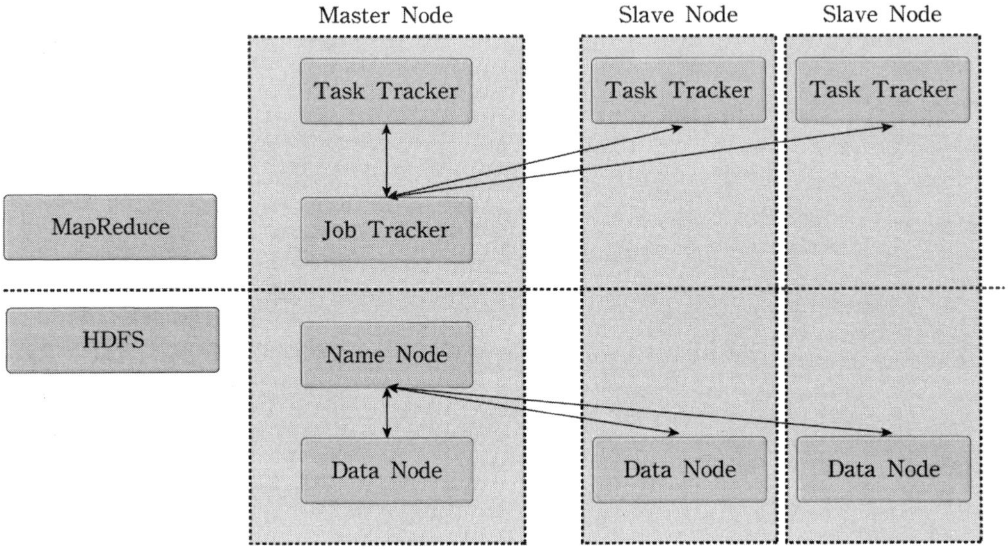

그림 4.1 하둡의 구조
(출처: https://www.dezyre.com)

HDFS는 마스터-슬레이브 구조로 되어 있다. 즉, 마스터 역할을 하는 네임노드(name node) 서버 한 대에 슬레이브 역할을 하는 데이터노드(data node) 서버 여러 대로 구성된다. 네임노드는 HDFS의 메타데이터(metadata)를 관리하고 실제 데이터는 여러 대의 데이터노드에 분산 저장한다. 네임노드는 주기적으로 데이터노드와 통신한다.

맵리듀스의 잡트래커는 HDFS의 네임노드와 같은 서버에 위치하고 태스크트래커는 HDFS의 데이터노드와 같은 서버에 위치한다.

그림 4.2는 1개의 마스터 노드와 4개의 슬레이브 노드로 이루어진 HDFS의 구조를 보여주고 있다.

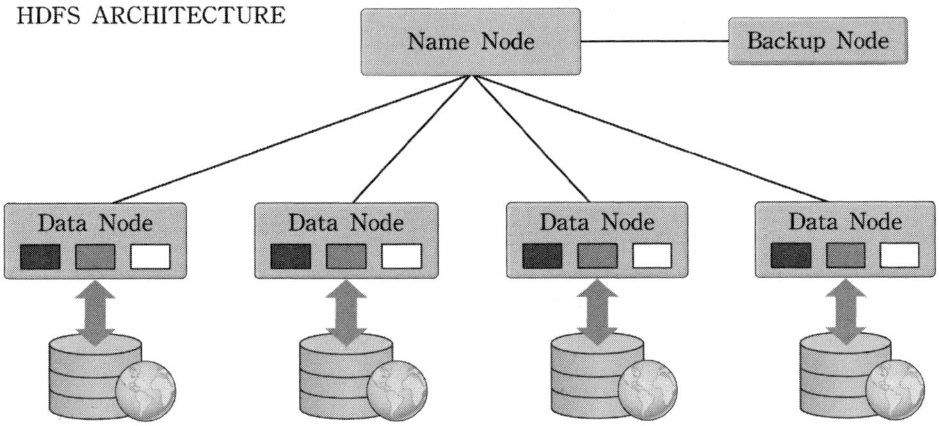

그림 4.2 HDFS의 구조
(출처: http://apprize.info)

HDFS는 그림 4.3과 같이 데이터 파일을 여러 개의 블록으로 나누어서 저장하는데 이때 클러스터 내의 동일한 서버에 저장하는 것이 아니라, 여러 서버에 분산 저장한다. 같은 데이터 블록을 여러 개, 보통은 3개를 복제하여 다른 노드에 위치하게 하여 특정 데이터 블록이 데이터를 저장하는 디스크나 서버의 문제로 유실되더라도 다른 복제본으로 데이터 유실을 방지하여 데이터 저장 및 관리의 신뢰성을 높인다.

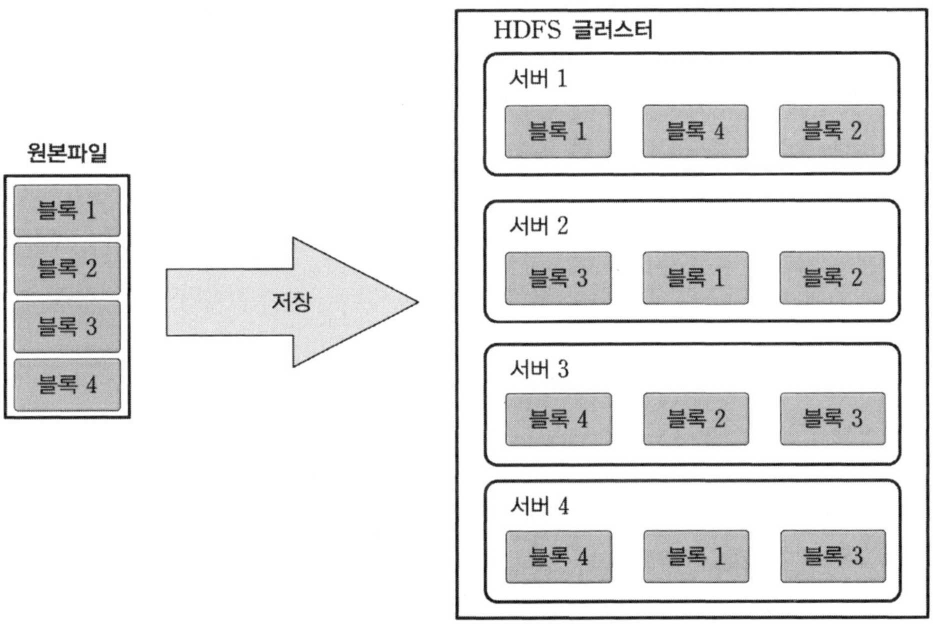

그림 4.3 HDFS의 블록 복제
(출처: https://blog.naver.com/jhtastyle)

그림 4.3에서는 원본 파일을 4개의 블록으로 나누고 4개의 서버에 각각 블록당 3개씩 복제본을 만들어서 저장하고 있는 것을 보여주고 있다.

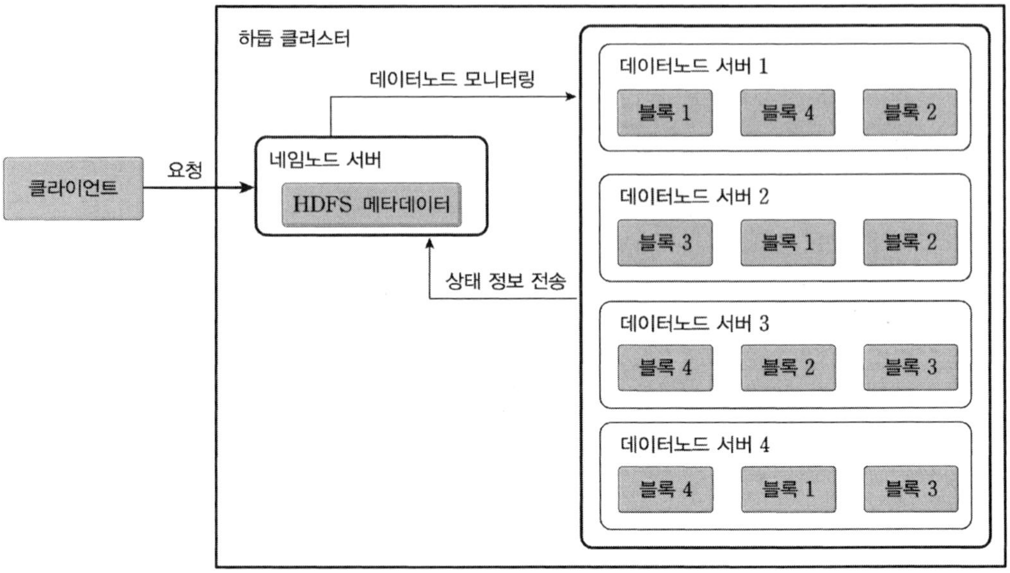

그림 4.4 HDFS의 파일 접근 방식
(출처: https://blog.naver.com/jhtastyle)

그림 4.4에서 클라이언트가 HDFS에 파일을 읽거나 쓰기 위해 네임노드에 요청을 하면 네임노드는 데이터노드에 대해 모니터링하고 데이터노드는 네임노드로 주기적으로 하트비트(heartbeat)를 전송한다. 하트비트에는 데이터노드의 상태 정보와 데이터노드에 저장된 블록에 대한 블록 정보가 포함되어 있다. 네임노드는 하트비트를 이용해서 데이터노드를 모니터링하고, 일정 시간 동안 하트비트가 전송되지 않는 데이터노드를 장애가 발생한 노드로 판단한다.

그림 4.5는 네임노드의 HDFS에 대한 메타데이터를 관리하는 예를 보여주고 있다. 네임노드는 메타데이터를 통해 파일이 어떤 블록들로 구성되어 있고 어느 위치에 저장되어 있는지를 알 수 있다.

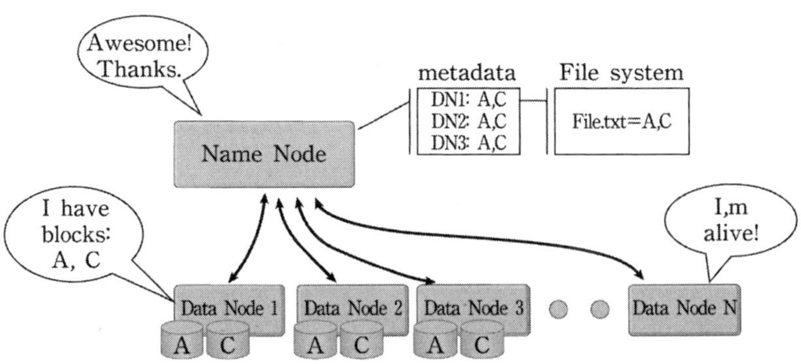

그림 4.5 네임노드의 메타데이터 예

그림 4.5에서 파일 File.txt는 블록 A, C로 구성되어 있고, 블록 A, C는 3개의 데이터노드 1, 데이터노드 2, 데이터노드 3에 저장되어 있는 것을 보여주고 있다.

맵리듀스(MapReduce)는 구글에서 대용량 데이터를 분산 병렬 처리하기 위한 목적으로 개발된 프레임워크이다. 맵리듀스도 그림 4.6에서 보는 것처럼 HDFS와 마찬가지로 마스터-슬레이브 구조로 되어 있다. 즉, 마스터 역할을 하는 잡트래커(Job Tracker) 서버 한 대에 슬레이브 역할을 하는 태스크트래커(Task Tracker) 서버 여러 대로 구성된다. 맵리듀스는 HDFS에 저장된 파일에서 데이터를 읽어서 처리하는 역할을 수행하는데 잡트래커가 태스크트래커에 작업을 할당하고 관리한다.

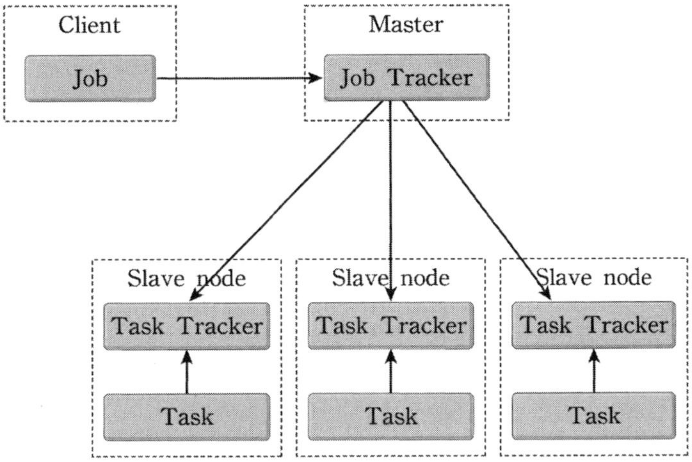

그림 4.6 맵리듀스의 구조

그림 4.7은 맵리듀스의 동작 과정을 단어세기(word count) 예를 가지고 보여주고 있다.

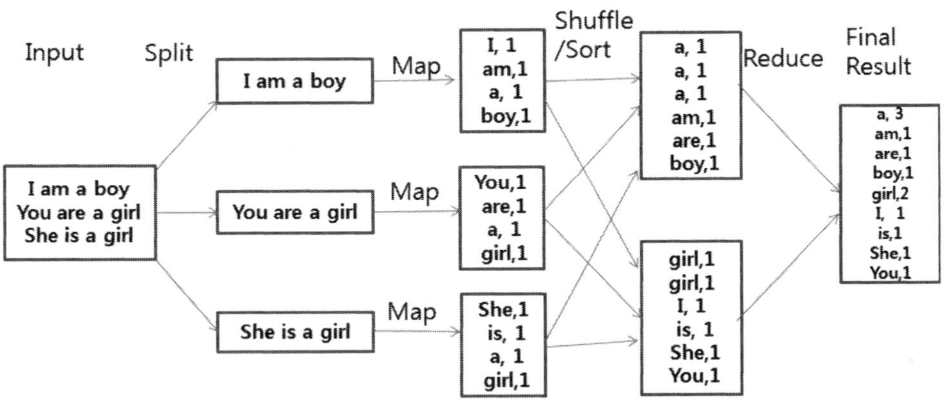

그림 4.7 단어세기에 대한 맵리듀스 동작 과정

그림 4.7에서 3개의 문장으로 이루어진 입력 데이터는 HDFS의 기본 블록 사이즈인 64MB 단위로 분리하여 각각의 맵(map)에 할당한다. 맵태스크의 입력으로 <키(key), 값(value)> 쌍은 <1, I am a boy>, <2, You are a girl>, <3, She is a girl> 들이 될 수 있다. 각 맵태스크에 대해 맵 함수를

동시에 수행한 후 얻어진 <키(key), 값(value)> 쌍, 예를 들면, <I, 1>, <am, 1>, <a, 1>, <boy, 1>,..., <She, 1>, <is, 1>, <a, 1>, <girl, 1>들에 대해 셔플(shuffle) 단계에서는 키(key)에 따라 단어들을 모은 뒤 다시 정렬(sort)한 후 최종 처리하는 과정인 리듀스 태스크(reduce task)로 넘긴다. 여기서 리듀스 태스크(reduce task)의 수는 2개이다. 리듀스 태스크에서는 각 키(key)에 따라 값(value)들에 대해 병렬로 리듀스 함수를 적용한 후 <키(key), 값(value)> 쌍으로 병합하여 최종 출력한다. 그림 4.7에서 2개의 리듀스 태스크들도 3개의 맵태스크처럼 동시에 병렬처리 된다.

기존의 하둡 1.0은 하나의 잡트래커가 여러 개의 태스크트래커를 관리하는 구조이다. 즉, 잡트래커가 리소스(resource, 자원)를 관리하고 맵리듀스 잡(MapReduce job)을 스케쥴링하며 모니터링하는 두 가지의 역할을 수행하는 구조이다. 따라서 잡트래커에서 작업 지연이 생기면 모든 클러스터 노드가 지연되어 병목 현상이 발생한다.

하둡 2.0은 YARN(Yet Another Resource Negotiator, 얀)의 도입으로 하둡 1.0 버전의 한계와 문제점을 해결하였다.

그림 4.8은 하둡 1.0과 하둡 2.0을 비교하는 그림이다.

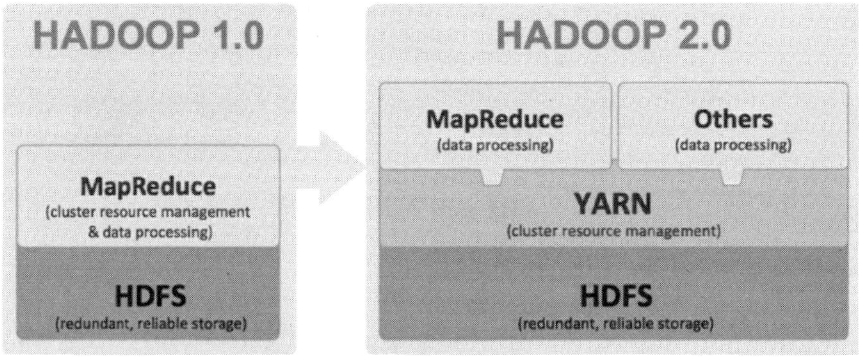

그림 4.8 하둡 1.0과 하둡 2.0 비교

하둡 1.0에서 맵리듀스의 잡트래커는 클러스터 전체의 리소스 관리(resource manaement)와 잡 스케쥴링/모니터링을 모두 담당하였다. 하둡 2.0에서는 이런 잡트래커 접근 방식을 폐기하여 잡트래커의 역할이 리소스 매니저(Resource Manager)와 애플리케이션 마스터(Application Master)로 분리하여 수행된다. 하둡 2.0에서는 클라이언트로부터 애플리케이션 수행 요청을 받으면 리소스 매니저는 클러스터 내의 노드 매니저(Node Manager)와 통신을 통하여 그 애플리케이션 수행을 담당할 슬레이브 중 하나에 애플리케이션 마스터(Application Master)를 생성한다. 애플리케이션 마스터는 수행할 데이터를 보고 잡을 나눈 후 리소스 매니저에게 리소스 할당을 요청한다. 이처럼 리소스 관리는 리소스 매니저가 담당하고, 애플리케이션 수행 및 스케쥴링 관리는 애플리케이션 마스터(Application Master)가 역할을 분리되어 담당한다.

그림 4.9는 저자의 연구실에 빅데이터 처리를 위해 구축된 하둡 클러스터를 보여주고 있다.

그림 4.9 하둡 클러스터 실제 구축 모습

그림 4.9에서 보면 개인용 컴퓨터 6대가 하나의 클러스터를 구축하고 있고 그중 하나의 마스터 노드와 5개의 슬레이브 노드로 구성되어 있다.

하둡을 컴퓨터에 설치하는데 다음의 3가지 방법이 있다. 즉, 하둡은 3가지 설치 모드가 있다.

① 독자 모드(standalone mode)

단일노드(single node)에서 실행한다.

하둡의 기본 모드로 HDFS를 사용하지 않으므로 다른 노드와 통신할 필요가 없다. 따라서 이 모드의 목적은 테스트 및 디버깅 용도로 사용하는 모드이다. 일명 로컬 모드라 부른다.

② 가상분산 모드(pseudo-distributed mode, single node cluster mode)

단일노드에서 클러스터를 구성한다.

한 대의 컴퓨터에 모든 노드를 설치하여 노드(혹은 데몬) 간 통신을 통해 HDFS를 사용한다.

한 대의 컴퓨터에서 가상분산 환경을 만들기 때문에 일명 의사분산 모드라 한다. 이 책에서는 가상분산 모드로 설치하고 실습하고자 한다.

③ 멀티분산 모드(multi-distributed mode, full-distributed mode)

두 대 이상의 노드를 클러스터로 묶는다.

여러 대의 컴퓨터에 각각의 노드들을 설치하여 노드(혹은 데몬) 간 통신을 통해 HDFS를 사용한다. 일명 완전분산 모드라 한다. 실제 운영에서 사용하는 모드이다.

4.2 하둡 설치

우분투 16.04.4 LTS에 설치하고자 하는 자바와 하둡의 버전은 다음과 같다.

소프트웨어	버전
자바	1.8.0_***
하둡	2.8.0

(1) 자바 설치

하둡은 자바 기반 소프트웨어이기 때문에 하둡을 사용하기 위해서는 먼저 자바 언어가 설치되어 있어야 한다. 우분투에서 apt-get 명령어 중에서 apt-get install 명령어를 이용하여 자바 언어를 설치한다.

▶ apt-get 명령어

> apt-get 명령은 우분투를 포함하여 데비안 계열의 리눅스에서 쓰이는 패키지 관리 명령어이다. 패키지 업데이트, 갱신, 설치와 제거 등을 위해 다음과 같이 사용한다.
>
> • 패키지 인덱스 정보 업데이트 : sudo apt-get update
> • 설치된 패키지 갱신 : sudo apt-get upgrade
> • 패키지 설치 : sudo apt-get install 패키지이름
> • 패키지 재설치 : sudo apt-get --reinstall install 패키지이름
> • 패키지 제거 : 설정파일은 지우지 않음
> sudo apt-get remove 패키지이름
> • 패키지 제거 : 설정파일까지 모두 지움
> sudo apt-get --purge remove 패키지이름

여기서 설치하고자 하는 자바 언어는 우분투에서 기본적으로 제공되는 openjdk 버전이고 구체적으로 "openjdk-8-jdk" 버전이다.

```
jejulim@ubuntu:~$ sudo apt-get install openjdk-8-jdk
```

그림 4.10에서 sudo는 관리자(슈퍼유저, superuser) 권한으로 실행하기 위해 사용하는 명령어이다. 일반 사용자가 관리자의 권한이 필요한 경우 사용한다.

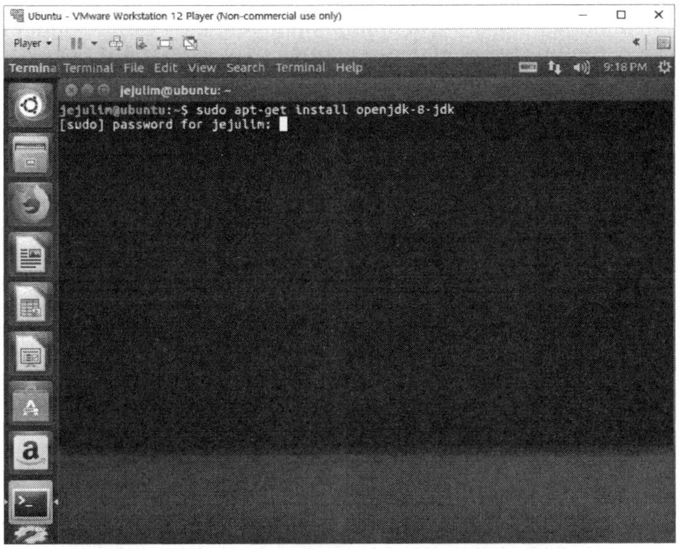

그림 4.10 자바 openjdk-8-jdk 버전 설치

- 자바 버전 확인

자바가 설치되었는지 뿐만 아니라 설치된 버전을 알고자 하는 경우 다음과 같이 명령을 입력한다.

```
jejulim@ubuntu:~$ java -version
```

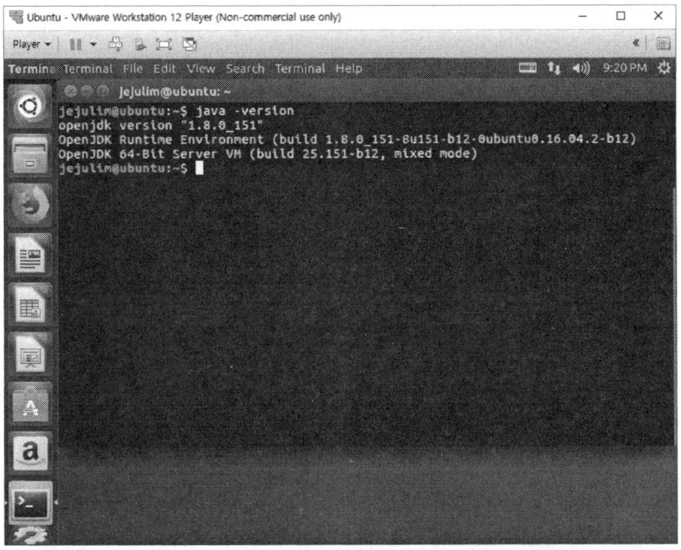

그림 4.11 자바 버전 확인

그림 4.11로부터 설치된 자바의 버전은 1.8.0_151임을 알 수 있다. 여기서 똑같은 openjdk-8-jdk을 설치하였더라도 설치 시기에 따라 버전 1.8.0_***에서 숫자 ***가 달라질 수 있다.

• 자바 설치 경로

그림 4.10에 의해 자바를 설치하면 자동으로 설치된 자바의 경로는 /usr/lib/jvm이다. 그림 4.12의 경로 /usr/lib/jvm에 두 개의 파일이 있음을 알 수 있다.

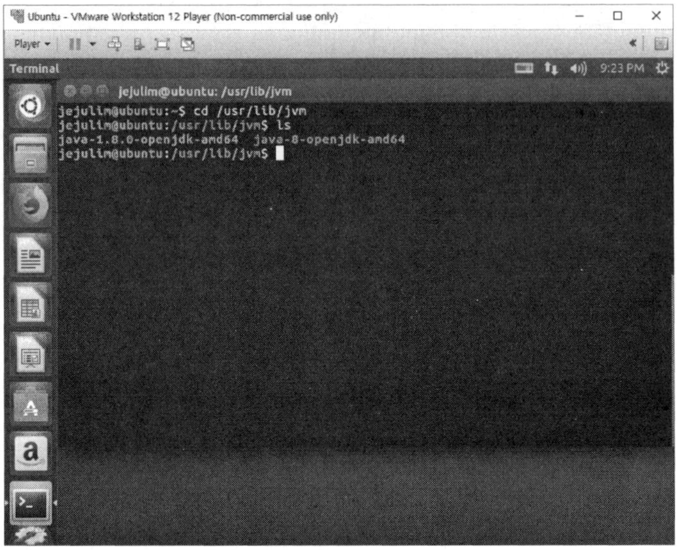

그림 4.12 설치된 자바 경로

그림 4.12로부터 두 개의 파일 "java-1.8.0-openjdk-amd64", "java-8-openjdk-amd64"이다. 여기서 "java-8-openjdk-amd64" 파일은 자바가 설치된 디렉토리를 나타내고 "java-1.8.0-openjdk-amd64"는 "java-8-openjdk-amd64"의 심볼릭 링크(symbolic link) 파일이다.

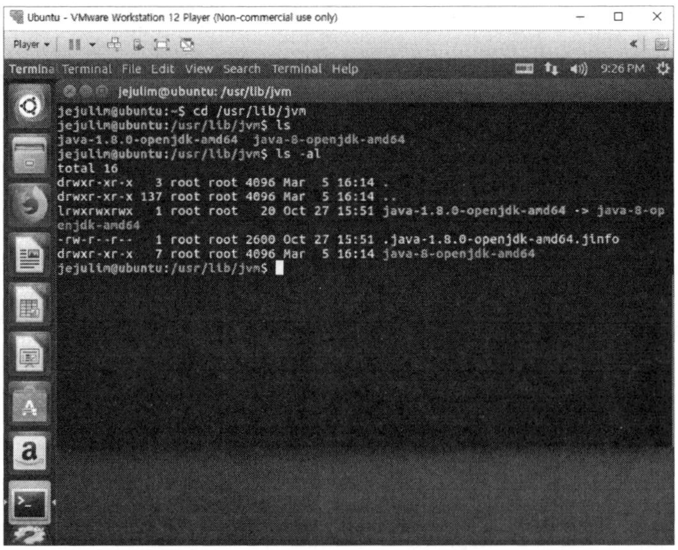

그림 4.13 심볼릭 링크 파일 표시

그림 4.13에서 "→"를 사용하여 심볼릭 링크를 나타내고 있다. 여기서 "java-1.8.0-openjdk-amd64"는 "java-8-openjdk-amd64"의 심볼릭 링크 파일임을 나타내고 있다. 이들 파일 뒤에 'amd64'는 64비트용 자바를 나타낸다. 만약 32비트용 자바를 설치하는 경우 자바 파일은 "java-1.8.0-openjdk-i386", "java-8-openjdk-i386"이다. 여기서 'i386'은 32비트용 자바를 나타낸다.

• 심볼릭 링크(symbolic link)

심볼릭 링크는 윈도우의 "바로 가기" 기능처럼 하나의 파일을 다른 파일이 가리키도록 링크시킨 것을 말한다. 심볼릭 링크하는 방법은 다음과 같다.

```
ln -s <원본 파일> <대상 파일>
```

여기서 <원본 파일>을 <대상 파일>이 가리키도록 링크시킨다.

그림 4.14에서 "java-8-openjdk-amd64" 파일을 간단한 이름 "jdk"을 사용하여 다시 심볼릭 링크시키고자 한다.

```
jejulim@ubuntu:/usr/lib/jvm$ sudo ln -s java-8-openjdk-amd64 jdk
```

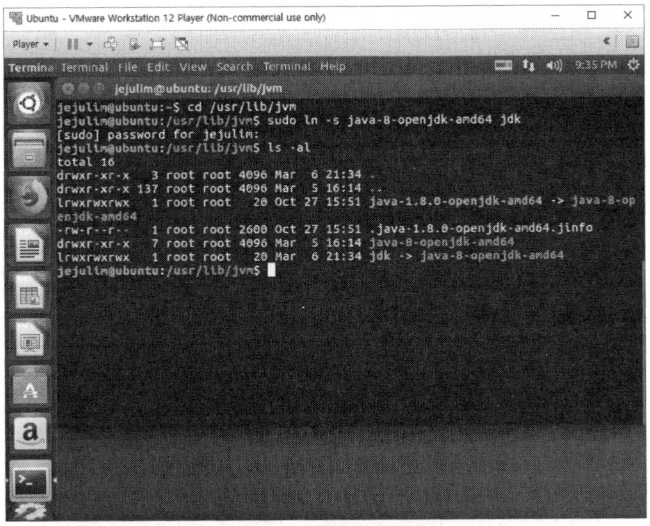

그림 4.14 심볼릭 링크

그림 4.14에서 보면 심볼릭 링크 파일은 파일 권한 자리에 "l"(link, 링크)을 나타내는 표시가 있다.

• 자바 환경 변수 PATH 설정

자바를 설치한 후 자바 설치 경로를 포함한 디렉토리를 환경 변수 PATH 설정하면 시스템 어디에서든지 자바 언어를 실행시킬 수 있다. 만약 환경 변수를 설정하지 않으면 설치된 해당 디렉토리에서만 자바 언어를 실행시킬 수 있다.

환경 변수 설정은 ".bashrc" 파일에 설정한다. ".bashrc" 파일은 사용자의 홈 디렉토리, 즉 여기서는 "/home/jejulim"에 있는 설정 파일이다. ".bashrc" 파일을 열어 아래와 같이 자바 설치 경로를 나타내는 JAVA_HOME을 등록시켜준다.

```
JAVA_HOME=/usr/lib/jvm/jdk
export JAVA_HOME
```

위에서처럼 ".bashrc" 파일에 PATH를 등록시켜두면 로그인할 때마다 자동으로 ".bashrc" 파일이 수행되어 매번 환경 변수를 반복적으로 설정해야 하는 번거로움이 없어진다.

환경 변수 설정을 위한 위의 두 개의 문장을 다음과 같이 한 개의 문장으로 나타낼 수 있다.

```
export JAVA_HOME=/usr/lib/jvm/jdk
```

여기서 export 명령어는 환경 변수를 등록하는 데 사용하는 명령어이다. 참고로, 환경 변수를 등록할 때 "=" 기호 앞뒤로 공백(스페이스)을 두어서는 안 된다. 즉, 아래는 잘못된 문장이다.

export JAVA_HOME = /usr/lib/jvm/jdk

우분투에서 많이 사용하는 gedit 편집기를 사용하여 그림 4.15와 같이 .bashrc 파일을 연다.

```
jejulim@ubuntu:~$ gedit .bashrc
```

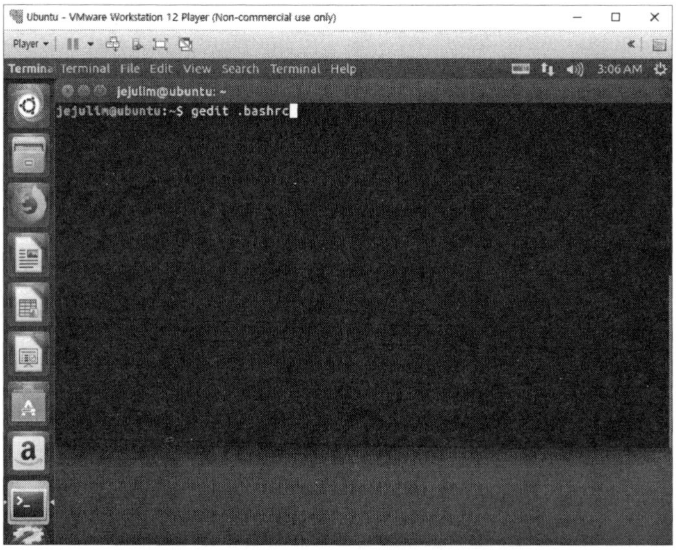

그림 4.15 gedit에서 .bashrc 파일 열기

그림 4.15에서 .bashrc 파일을 연 후 그림 4.16에서와같이 파일 끝에 환경 변수 JAVA_HOME에 대한 경로를 추가한다.

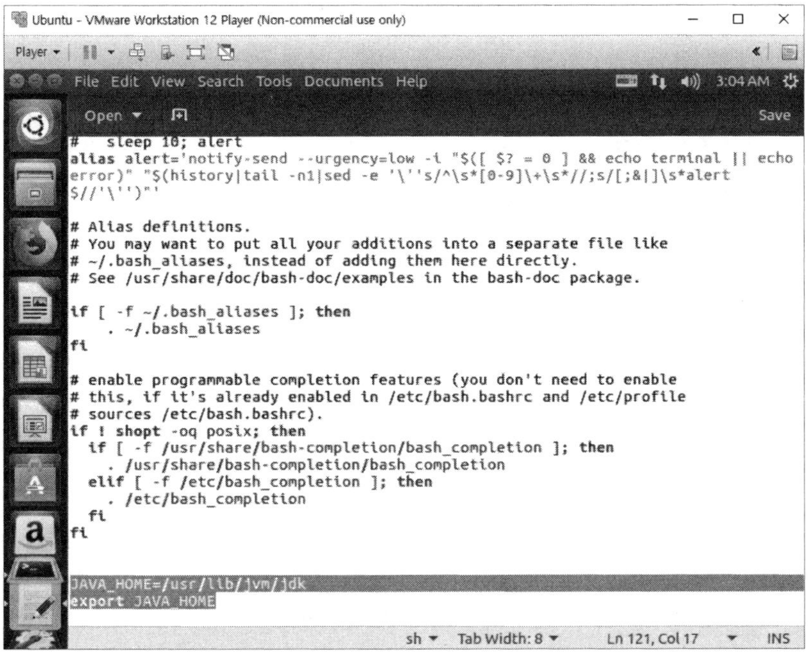

그림 4.16 자바 환경 변수 JAVA_HOME 설정

source 명령어를 사용하여 .bashrc 파일을 업데이트한다.

```
jejulim@ubuntu:~$ source .bashrc
```

echo 명령을 이용하여 특정 환경 변수의 값을 확인할 수 있다. 여기서는 환경 변수 JAVA_HOME의 값을 다음과 같이 확인할 수 있다.

```
jejulim@ubuntu:~$ echo $JAVA_HOME
```

위 명령의 결과는 "/usr/lib/jvm/jdk"이다.

(2) 하둡 설치 방법

하둡을 설치하는 방법에는 사용자가 직접 파일을 다운로드받아 설치할 수도 있고 wget 명령을 사용하여 인터넷 사이트로부터 다운로드받아 설치할 수 있다. 여기서는 후자의 방법으로 설치하고자 한다. 우리가 설치하고자 하는 하둡은 아파치(apache) 하둡 2.8.0 버전이다.

① 하둡 인터넷 사이트 알아내기

그림 4.17과 같이 우분투의 Firefox 웹브라우저를 열고 Google 검색창에서 'hadoop 2.8.0'을 입력한다.

그림 4.17 Google 검색창에서 'hadoop 2.8.0' 검색어 입력

그림 4.18은 그림 4.17의 Google 검색창에서 'hadoop 2.8.0' 검색 결과를 보여주고 있다.

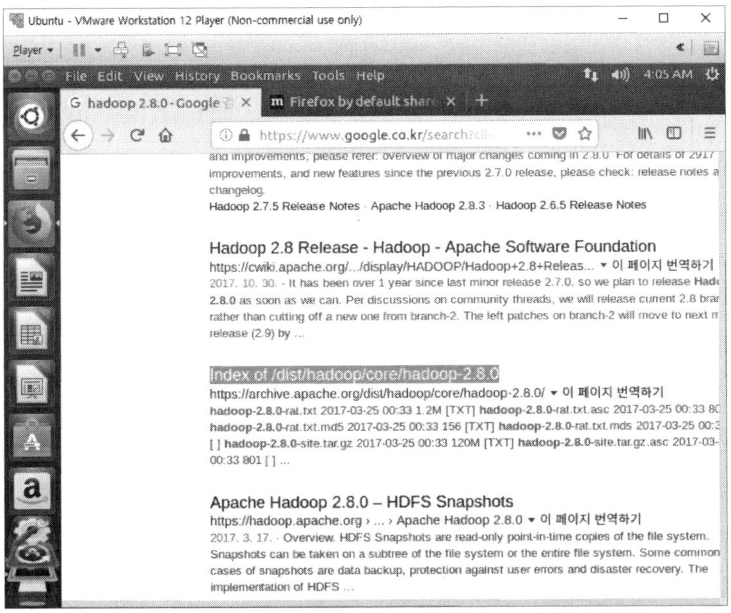

그림 4.18 Google 검색창에서 'hadoop 2.8.0' 검색 결과

그림 4.19와 같이 다음의 아파치 하둡 아카이브 사이트 archive.apache.org에 hadoop 2.8.0 버전이 있다.

https://archive.apache.org/dist/hadoop/core/hadoop-2.8.0/

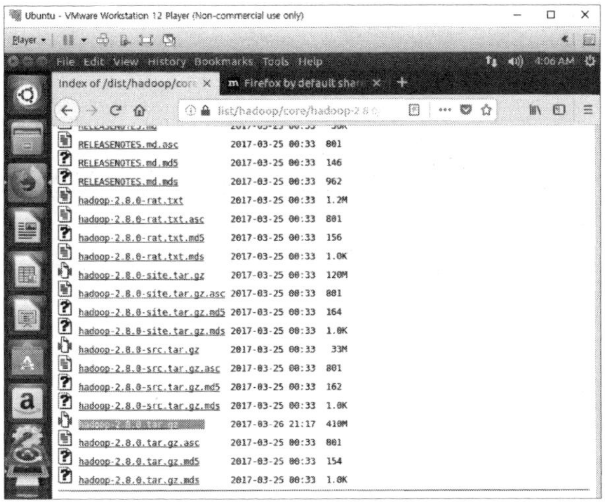

그림 4.19 하둡 아카이브 사이트

그림 4.19에서 우리가 다운로드할 파일은 'hadoop-2.8.0.tar.gz'이다. 파일 확장자 tar.gz은 tar 형식과 gz 형식의 혼합 형식인데 tar 형식으로 파일을 묶어주고 gz 형식으로 파일을 압축하는 형식이다.

② wget 명령 사용 다운로드

wget 명령을 사용하여 아파치 하둡 아카이브 사이트로부터 'hadoop-2.8.0.tar.gz' 파일을 Downloads 디렉토리에 다운로드받는다.

```
jejulim@ubuntu:~/Downloads$ wget
https://archive.apache.org/dist/hadoop/core/hadoop-2.8.0/hadoop -2.8.0.tar.gz
```

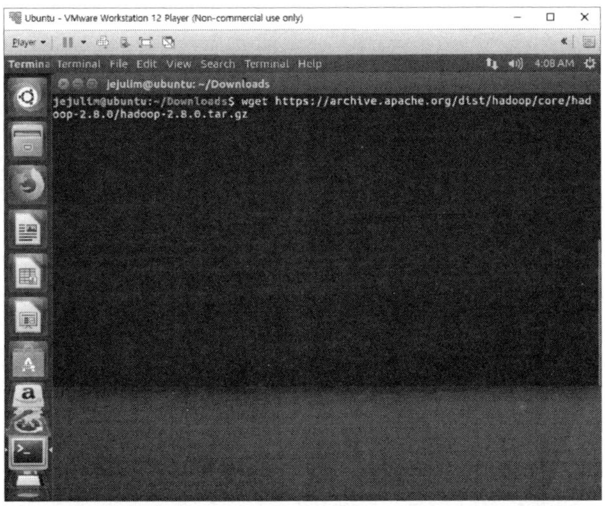

그림 4.20 wget 명령 사용 'hadoop-2.8.0.tar.gz' 다운로드

| 참고 | 파일 'hadoop-2.8.0.tar.gz' 다운로드는 위에서처럼 wget 명령어를 이용하지 않고 그림 4.19의 하둡 아카이브 사이트에서 해당 파일을 더블 클릭한 다음, 그림 4.21과 같이 "Save File"을 선택하여 다운로드할 수 있다.

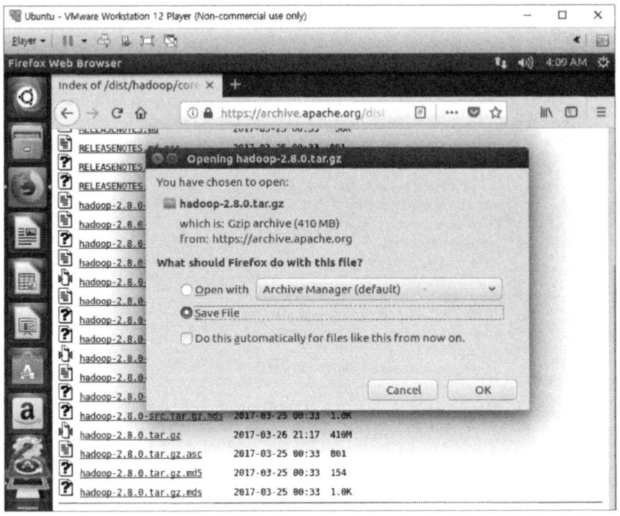

그림 4.21 파일 'hadoop-2.8.0.tar.gz' 저장

③ tar 명령 사용 압축 풀기

그림 4.19에서 다운로드받은 'hadoop-2.8.0.tar.gz' 파일은 압축파일이므로 압축을 풀어야 한다. 확장자 tar.gz 형식의 파일은 tar 명령을 이용하여 압축을 풀 수 있다.

```
jejulim@ubuntu:~/Downloads$ tar xvfz hadoop-2.8.0.tar.gz
```

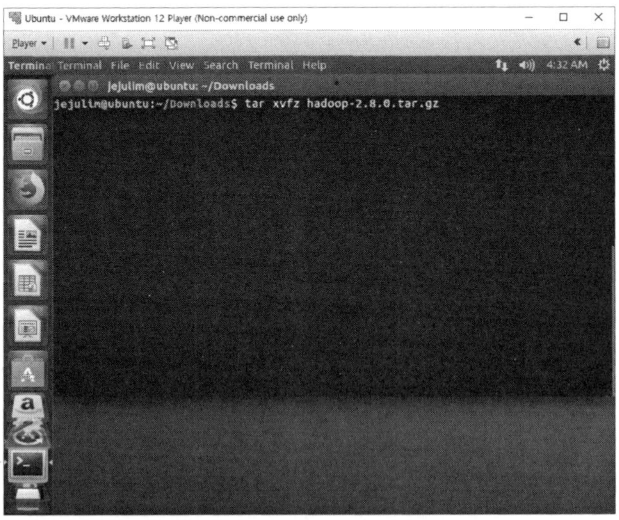

그림 4.22 tar 명령 사용 압축 풀기

여기서 옵션 xvfz는 하나의 단어가 아니고 각각의 알파벳 'x', 'v', 'f', 'z'의 조합이므로 순서에 상관없다. 그리고 xvfz 대신 -xvfz을 사용하기도 한다.

그림 4.22의 압축 풀기에서 의해 하둡이 설치된 위치는 jejulim@ubuntu:~/Downloads$ 밑에 hadoop-2.8.0 디렉토리이다.

④ 하둡 설치 디렉토리 이동

하둡이 설치된 디렉토리 hadoop-2.8.0을 /usr/local/hadoop로 이동하고자 한다.

```
jejulim@ubuntu:~/Downloads$ sudo mv hadoop-2.8.0 /usr/local/hadoop
```

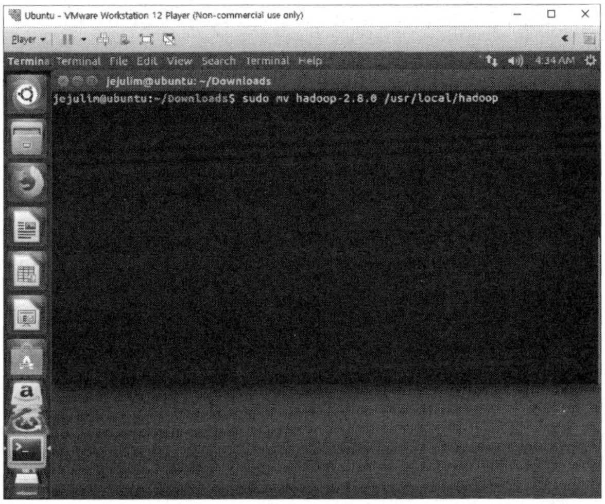

그림 4.23 하둡 설치 디렉토리 이동

그림 4.24는 하둡 디렉토리에 있는 여러 가지 파일들을 보여주고 있다.

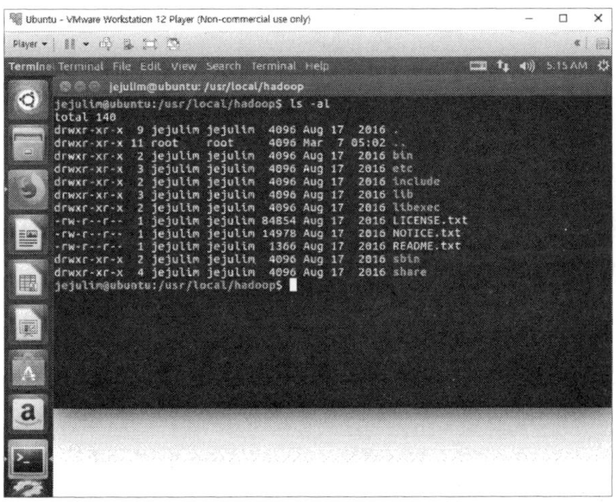

그림 4.24 하둡 디렉토리에 여러 가지 파일

⑤ 하둡 환경 설정 파일

그림 4.25의 /usr/local/hadoop/etc/hadoop 디렉토리에 하둡 환경 설정과 관련된 파일들이 있다.

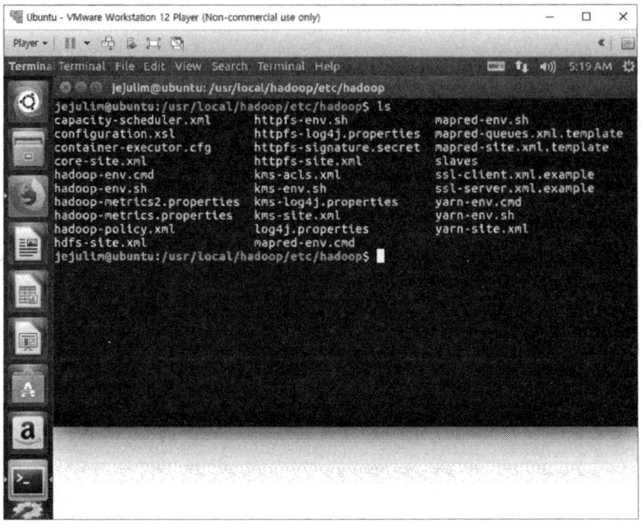

그림 4.25 /usr/local/hadoop/etc/hadoop 디렉토리에 하둡 환경 설정파일

⑥ 하둡에서 자바 경로 지정

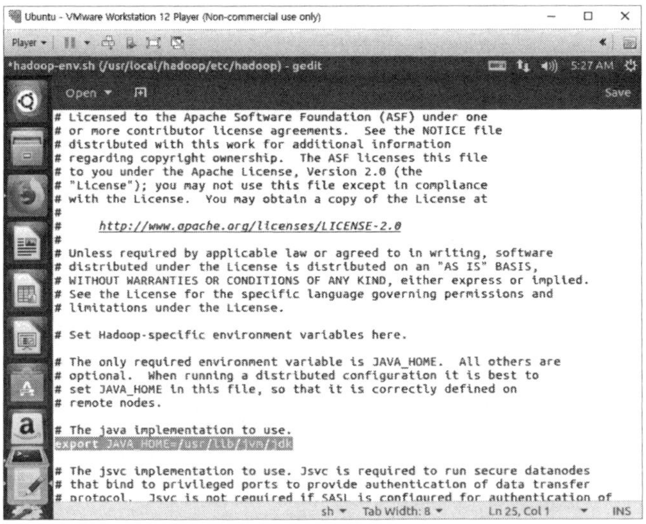

그림 4.26 하둡에서 자바 경로 지정

하둡은 자바 기반 프로그램이므로 하둡에서 자바를 연결해 주어야 한다. 이를 위해 먼저 편집기 gedit을 이용하여 파일 conf/hadoop-env.sh을 연다.

```
jejulim@ubuntu:/usr/local/hadoop/etc/hadoop$ gedit hadoop-env.sh
```

그리고 파일 중간 부분에서 아래의 부분을 찾는다.

```
# The java implementation to use.
export JAVA_HOME=${JAVA_HOME}
```

위 부분을 그림 4.26과 같이 자바 홈 디렉토리 JAVA_HOME에 대한 경로를 수정한다.

```
export JAVA_HOME=/usr/lib/jvm/jdk
```

⑦ 하둡 PATH 설정

우리는 사용자 홈 디렉토리 /home/jejulim에 있는 설정 파일 .bashrc 파일에 JAVA_HOME 디렉토리를 설정하였다. 하둡에 대해서도 HADOOP_HOME 디렉토리를 .bashrc 파일에 추가 설정한다. 이를 위해 사용자 홈 디렉토리 /home/jejulim로 이동한 후 다음을 추가한다.

```
jejulim@ubuntu:~$ gedit .bashrc
```

```
HADOOP_HOME=/usr/local/hadoop
PATH=$PATH:$HADOOP_HOME/bin
PATH=$PATH:$HADOOP_HOME/sbin
export PATH
```

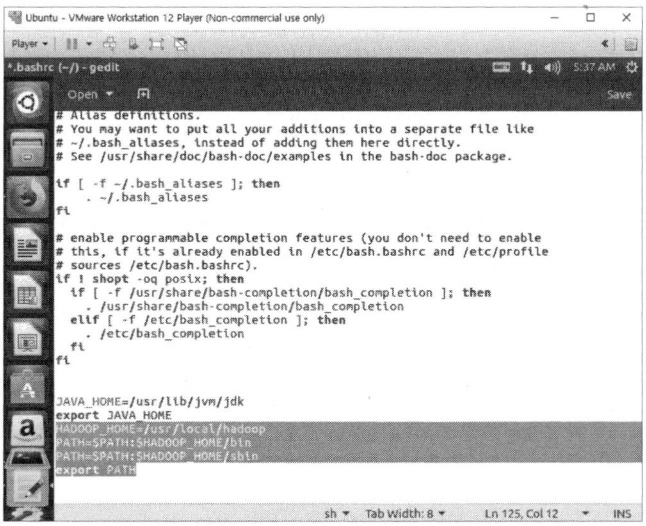

그림 4.27 하둡 PATH 설정 추가

그림 4.27에서 .bashrc 파일을 수정한 후 source 명령을 사용하여 업데이트하는 것을 잊지 말기 바란다.

```
jejulim@ubuntu:~$ source .bashrc
```

⑧ 하둡 버전 확인

```
hadoop version
```

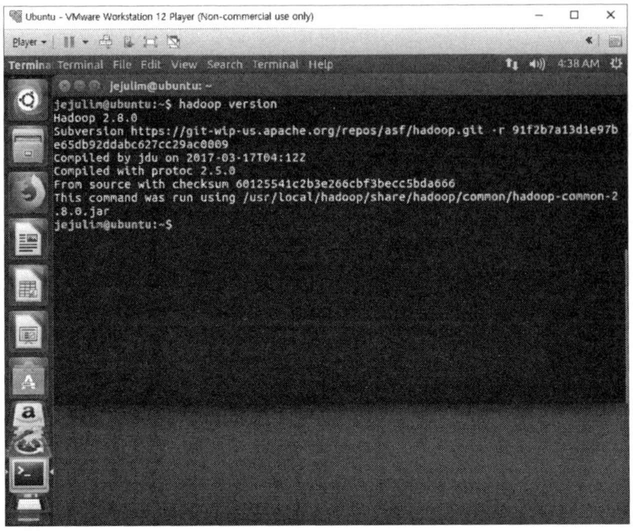

그림 4.28 하둡 버전 확인

그림 4.28로부터 설치된 하둡 버전은 2.8.0임을 알 수 있다.

(3) 가상분산 모드에서 하둡 환경설치

우리는 가상분산 모드(pseudo-distributed mode)에서 하둡을 설치하고자 한다. 이를 위해 /usr/local/hadoop/etc/hadoop 폴더의 각종 site 파일들 core-site.xml, hdfs-site.xml, mapred-site.xml 파일을 수정한다. 이들 파일은 네임노드 위치 설정, 데이터 복제본 수, 잡트래커의 위치 설정에 관한 파일들이다. 그리고 YARN에서 사용할 환경 설정에 관한 yarn-site.xml 파일을 수정한다.

① core-site.xml

core-site.xml 파일은 네임노드 위치 지정에 관한 파일이다. 데이터노드는 주기적으로 네임노드와 통신하기 위해서는 네임노드의 위치를 지정해주어야 한다.

```
jejulim@ubuntu:/usr/local/hadoop/etc/hadoop$ gedit core-site.xml
```

```
<configuration>
  <property>
    <name>fs.defaultFS</name>
    <value>hdfs://localhost:9000</value>
  </property>
</configuration>
```

네임노드의 이름은 fs.defaultFS이고 네임노드 위치는 hdfs://localhost:9000임을 나타낸다. 여기서 localhost는 내 컴퓨터를 가리키고 ip 주소는 127.0.0.1이고 9000은 컴퓨터의 포트 번호를 나타낸다.

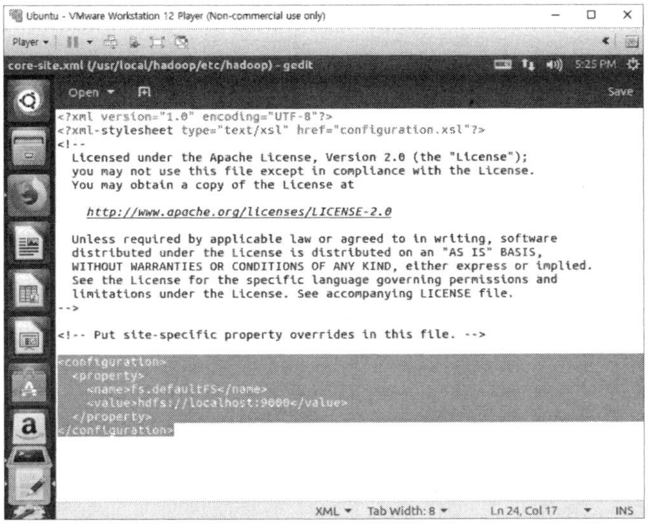

그림 4.29 core-site.xml 파일

② hdfs-site.xml

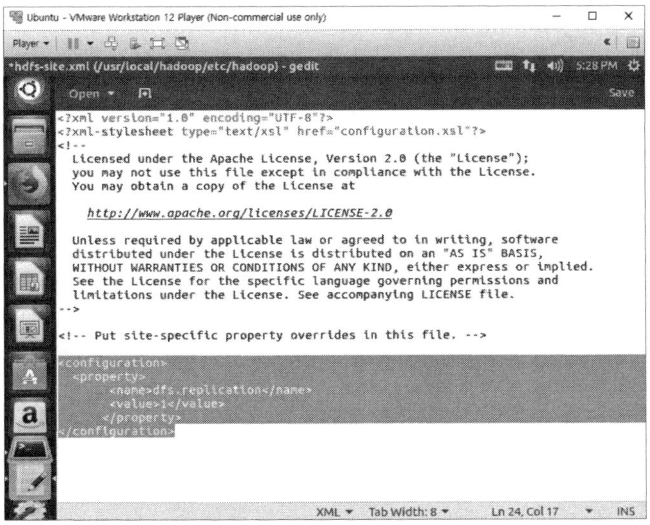

그림 4.30 hdfs-site.xml 파일

HDFS에 저장될 파일의 복제본 개수를 정의한다.

```
jejulim@ubuntu:/usr/local/hadoop/etc/hadoop$ gedit hdfs-site.xml
```

```
<configuration>
  <property>
       <name>dfs.replication</name>
       <value>1</value>
    </property>
</configuration>
```

dfs.replication는 데이터의 복제본을 나타내는 이름이고 복제본 개수는 1이다. 만약 완전분산 모드이면 보통 3으로 설정한다.

③ mapred-site.xml

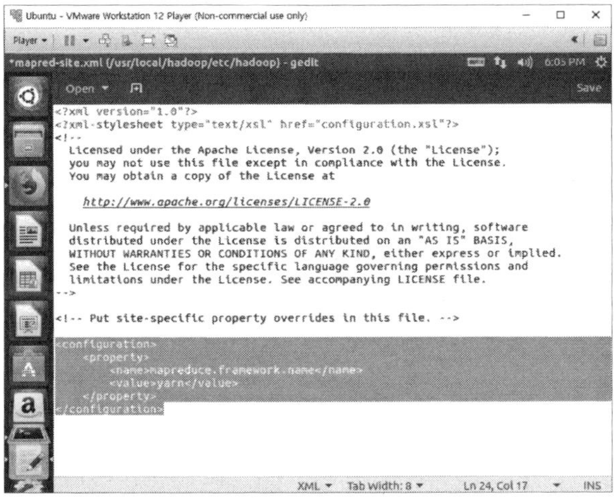

그림 4.31 mapred-site.xml 파일

mapred-site.xml 파일은 맵리듀스 프레임워크 관련 설정에 관한 파일이다.

그런데 기본적으로는 mapred-site.xml 파일은 없고 mapred-site.xml.template 파일이 존재한다. 따라서 mapred-site.xml.template를 복사하여 mapred-site.xml을 편집 수정한다.

```
jejulim@ubuntu:/usr/local/hadoop/etc/hadoop$ cp mapred-site.xml.template
mapred-site.xml
```

```
jejulim@ubuntu:/usr/local/hadoop/etc/hadoop$ gedit mapred-site.xml
```

```
<configuration>
    <property>
        <name>mapreduce.framework.name</name>
        <value>yarn</value>
    </property>
</configuration>
```

mapreduce.framework.name은 맵리듀스 프레임워크의 이름을 나타내고 이름은 yarn이다.

④ yarn-site.xml

yarn-site.xml 파일은 YARN에 대한 설정 파일이다. 즉, YARN의 리소스 매니저(resource manager)와 노드 매니저(node manager) 설정에 관한 파일이다.

```
jejulim@ubuntu:/usr/local/hadoop/etc/hadoop$ gedit yarn-site.xml
```

```
<configuration>
    <property>
        <name>yarn.nodemanager.aux-services</name>
        <value>mapreduce_shuffle</value>
    </property>
</configuration>
```

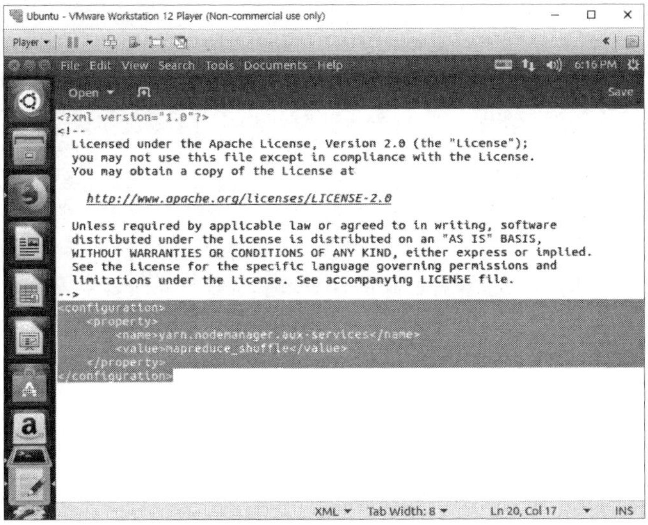

그림 4.32 yarn-site.xml 파일

그림 4.32는 노드 매니저(node manager) 간의 보조 서비스(auxiliary service), 여기서는 셔플 서비스(shuffle service)를 지정하고 있다. 셔플 서비스는 속성 yarn.nodemanager.aux-services에 대한 속성값으로 mapreduce_shuffle로 지정한다. 기본적으로 맵리듀스 잡에 대해 노드 매니저는 데이터를 셔플하기 않기 때문에 노드 매니저에게 보조 서비스를 설정할 필요가 있다.

(4) SSH 프로그램 설치

하둡을 완전분산 모드로 여러 대의 서버에 나누어 설치되어 있는 경우 서버들 간의 데이터 입출력을 위해 서로 통신을 한다. 본 책에서처럼 하둡을 의사분산 모드로 설치한 경우에도 비록 하나의 서버에 여러 노드가 존재하지만, 이들 노드 간에는 서로 통신을 한다. 여기에서 사용되는 통신 방식이 바로 SSH라는 암호화 방식이다. SSH는 리눅스에서 로그인하는 데 가장 많이 사용하는 프로토콜로 보안이 보장된 프로그램이다. 노드 간에 자유롭게 데이터 입출력을 위해 사전에 자동 로그인이 지원되기 위해서는 공개키 인증 방식에 의해 공개키(public key)와 비밀키(private key)를 등록하면 매번 통신할 때마다 비밀번호를 입력해야 하는 번거로운 문제가 해결된다.

① ssh-keygen 명령을 이용하여 공개키와 비밀키 생성

```
jejulim@ubuntu:~$ ssh-keygen -t rsa
```

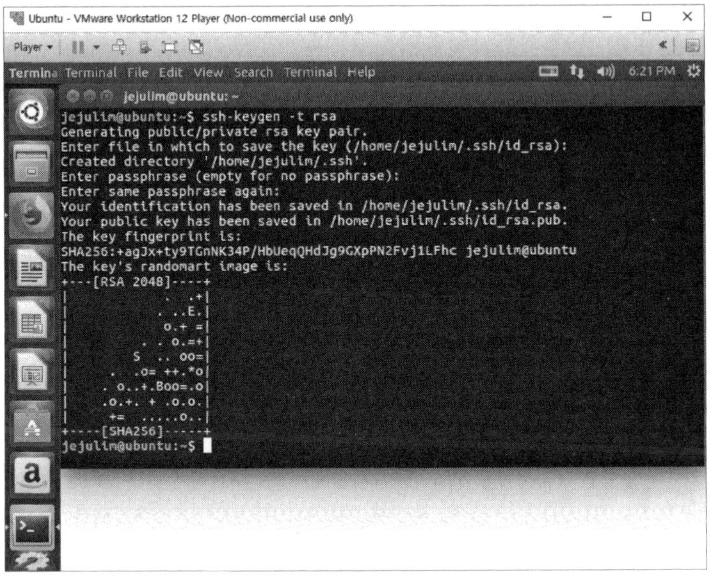

그림 4.33 공개키와 비밀키 생성

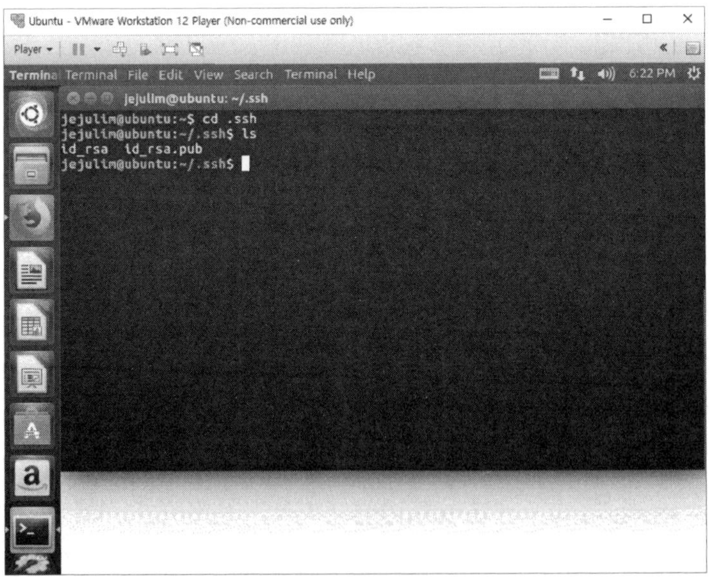

그림 4.34 .ssh 디렉토리 내용

그림 4.33의 수행 도중 몇 번에 걸쳐 엔터키를 친 결과 해당 계정의 HOME 디렉토리 여기서는 home/jejulim 하위 디렉토리에 ".ssh" 디렉토리가 새로 생성된다. 그림 4.34는 .ssh 디렉토리에 있는 파일을 보여주고 있다.

그림 4.34에서 id_rsa가 비밀키이고 id_rsa.pub는 공개키이다.

② 공개키를 인증키에 등록

cat 명령어를 이용하여 공개키 id_rsa.pub의 내용을 인증키 authorized_keys에 복사를 통해 등록한다.

```
jejulim@ubuntu:~/.ssh$ cat id_rsa.pub >> authorized_keys
```

참고로, cat 명령어는 텍스트 파일 내용을 표준 출력 장치로 출력하는 명령어이다. 따라서 cat 명령어는 주로 텍스트 파일을 읽는 데 사용한다. 또한, 위에서와같이 해당 텍스트의 내용을 다른 파일로 복사하는 경우 사용하기도 한다. 물론 다음과 같이 cp 명령을 이용하여 똑같은 결과를 얻을 수 있다.

```
jejulim@ubuntu:~/.ssh$ cp id_rsa.pub authorized_keys
```

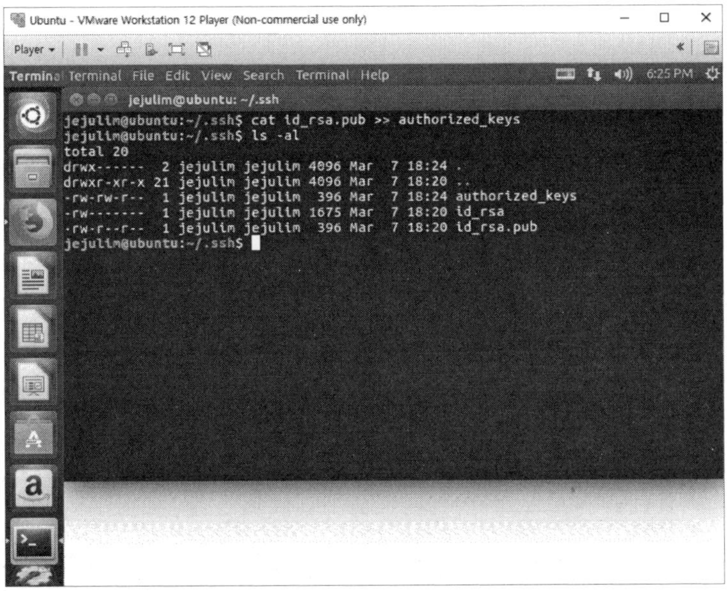

그림 4.35 인증키 authorized_keys에 등록

그림 4.35에서 공개키가 인증키 authorized_keys에 등록됨으로 데이터 입출력을 위해 노드 접근 시에 패스워드를 묻지 않고 자동으로 로그인될 수 있다.

③ apt-get install 명령 사용하여 SSH 설치

```
jejulim@ubuntu:~$ sudo apt-get install ssh
```

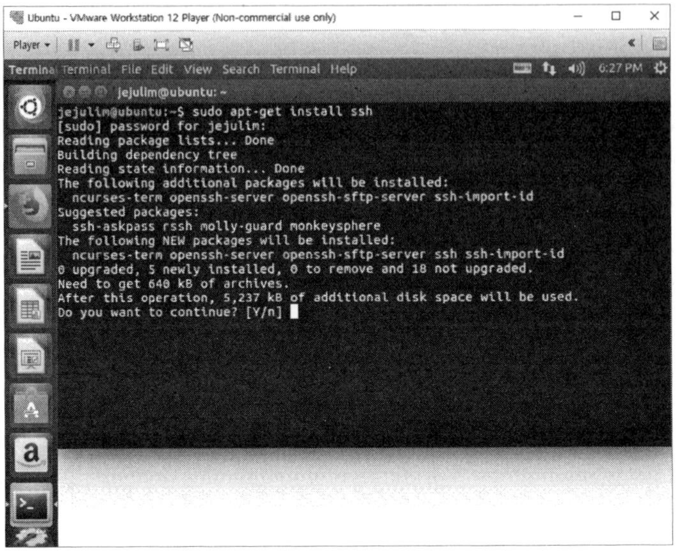

그림 4.36 SSH 설치

④ SSH 설치 확인

```
ssh localhost
```

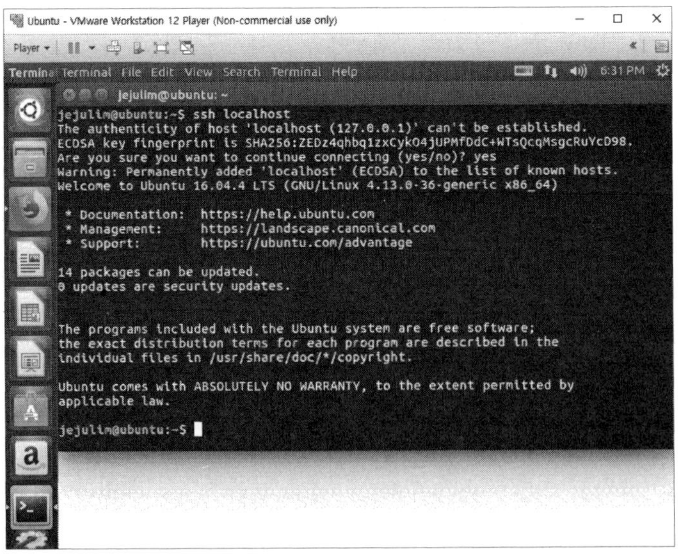

그림 4.37 SSH 설치 확인

그림 4.37의 SSH 설치 확인에서 localhost를 연결할 것인가에 대한 물음에 "yes"를 입력하면 된다. 그림 4.37은 SSH가 제대로 설치가 되었을 때 화면이다. 만약 패스워드 입력을 요구하는 경우는 SSH가 제대로 설치가 안 된 경우이다.

4.3 하둡 실행

① 네임노드 초기화 → 네임노드 포맷

하둡의 환경 설정이 완료되면 하둡 데몬을 실행시킬 수 있다. 이를 위해 먼저 hadoop 명령을 이용하여 네임노드를 초기화한다. 여기서 네임노드를 초기화한다는 것은 포맷하는 것이다. 즉, HDFS에 파일을 저장하려면 네임노드를 미리 포맷해야 한다.

```
jejulim@ubuntu:~$ hadoop namenode -format
```

여기서 hadoop 명령은 HADOOP_HOME/bin 폴더에 있는 명령인데 .bashrc 파일에서 이미 PATH로 등록되어 있으므로 실행 위치에 상관없이 사용할 수 있다.

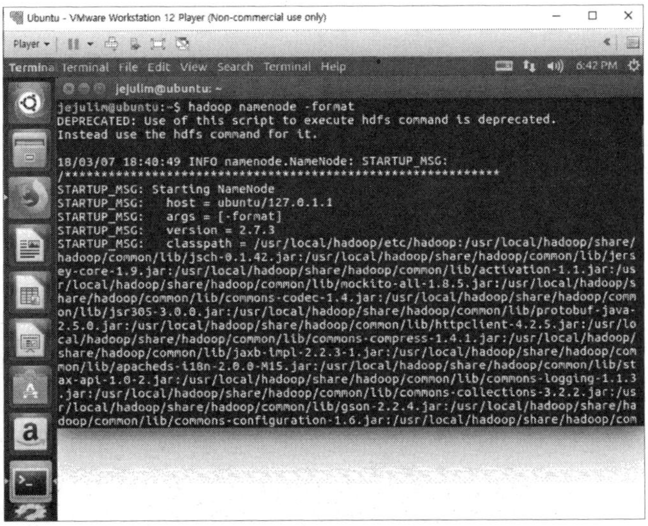

그림 4.38 네임노드 포맷

② 하둡 데몬 실행

네임노드의 초기화 작업이 완료되면 다음 쉘 명령을 이용하여 하둡과 관련된 모든 데몬을 실행시킨다.

```
jejulim@ubuntu:~$ start-all.sh
```

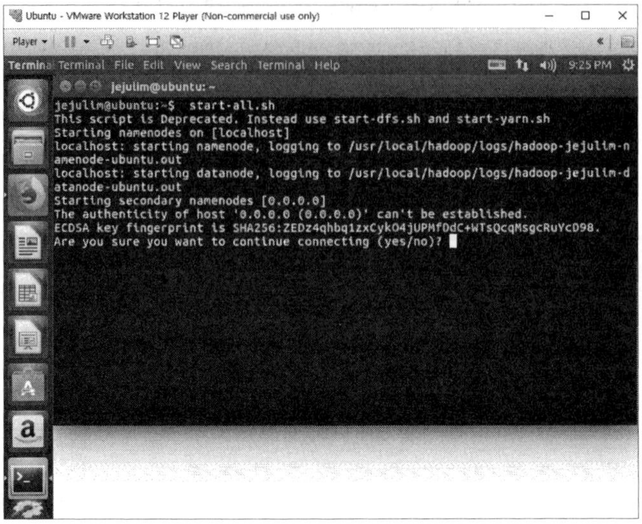

그림 4.39 하둡 데몬 실행화면

그림 4.39의 하둡 데몬 실행화면에서 노드 간의 연결을 위해 “yes”를 입력하면 된다.

③ 하둡 데몬 실행 확인

하둡의 데몬 실행 여부는 “jps”라는 명령어를 사용하여 확인할 수 있다. 여기서 jps는 자바 가상 머신 프로세스 상태 도구를 나타내는 Java virtual machine Process Status tool의 약자로 시스템에서 실행 중인 자바 프로세스의 목록을 보여준다.

```
jejulim@ubuntu:~$ jps
```

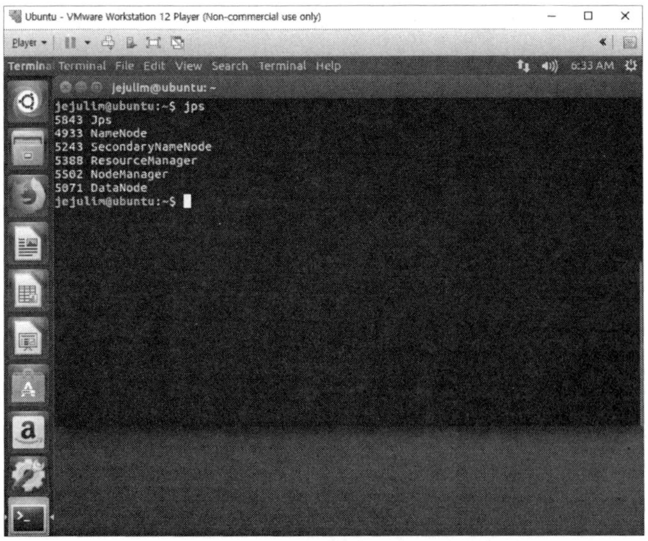

그림 4.40 하둡 데몬 실행 확인

그림 4.40로부터 네임노드, 보조네임노드, 데이터노드, 리소스 매니저, 노드 매니저들이 실행 중임을 알 수 있다.

그림 4.40의 실행 중인 데몬을 모두 종료하고자 하는 경우 다음과 같다.

```
jejulim@ubuntu:~$ stop-all.sh
```

④ 하둡의 웹 인터페이스 제공

하둡은 사용자 편의를 위해 웹 인터페이스를 제공하고 있다. 따라서 웹 인터페이스를 이용하여 하둡의 동작을 확인할 수 있다. 하둡에 접근하기 위한 디폴트 포트는 50070이다. 따라서 웹 브라우저에서 다음과 같이 컴퓨터의 호스트(마스터 서버) 이름을 이용하여 하둡에 접근할 수 있다.

```
http://컴퓨터의 호스트 이름:50070
```

• HDFS의 네임노드의 웹 인터페이스

네임노드는 50070 포트를 이용하여 HDFS의 네임노드 정보를 전달한다. 그림 4.40에서처럼 웹 브라우저의 URL에 네임노드의 호스트이름을 입력하여 네임노드의 웹 인터페이스를 제공받는다.

http://localhost:50070

혹은

http://127.0.0.1:50070

여기서 localhost 혹은 127.0.0.1은 호스트 이름에 해당된다.

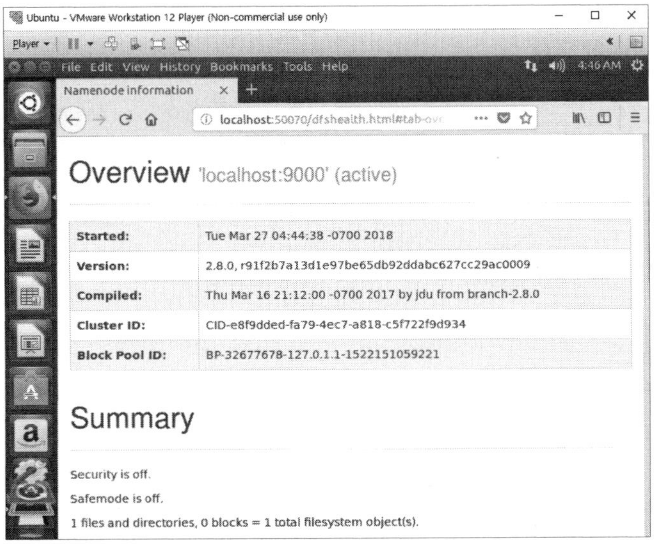

그림 4.41 네임노드의 웹 인터페이스

그림 4.41과 같이 http://localhost:50070을 입력하면 YARN 기반의 HDFS상태에 관한 웹 서비스를 확인할 수 있다. 그림 4.41의 [Summary] 항목에서 Live Nodes가 몇 개인지 확인할 수 있다. 가상분산모드에서는 Live Nodes는 1개이다. 만약에 Live Nodes가 0개이면 데이터노드가 동작하지 않는 것을 의미한다.

- YARN의 노드 매니저의 웹 인터페이스

http://localhost:8042/ 혹은 http://127.0.0.1:8042/

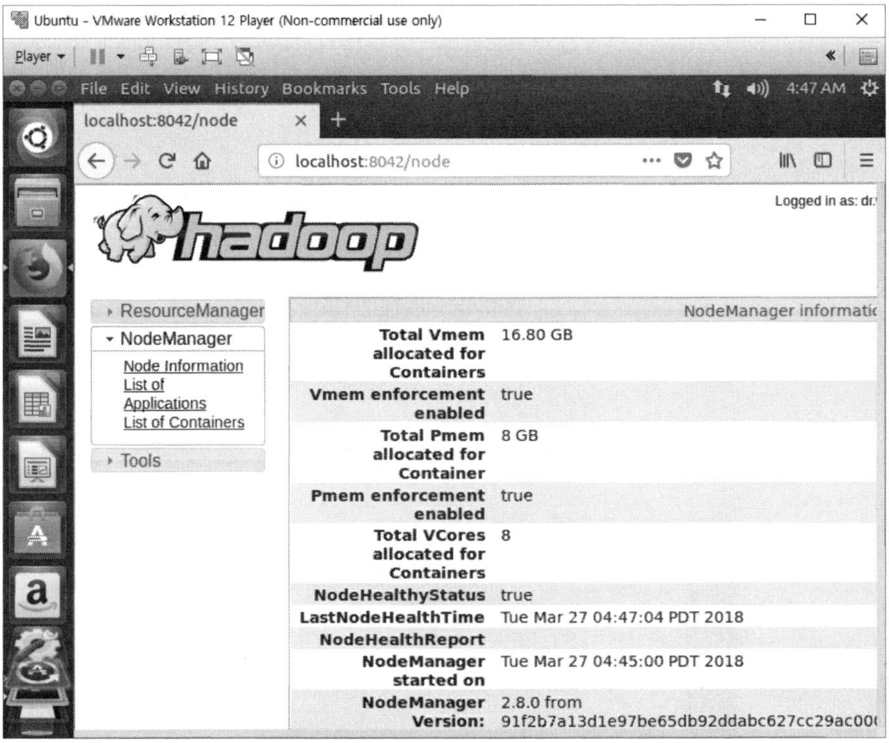

그림 4.42 노드 매니저의 웹 인터페이스

- YARN의 리소스 매니저의 웹 인터페이스

http://localhost:8088/ 혹은 http://127.0.0.1:8088/

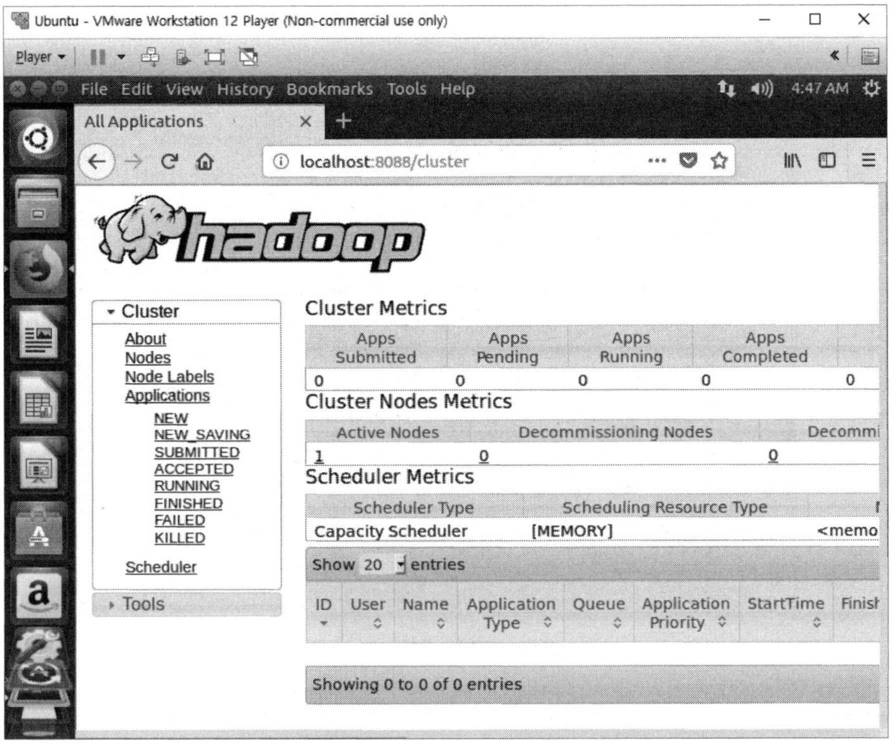

그림 4.43 리소스 매니저의 웹 인터페이스

그림 4.43과 같이 http://localhost:8088을 입력하면 YARN에서 실행되는 모든 애플리케이션 상태에 대한 웹 서비스를 확인할 수 있다.

4.4 하둡 맛보기

하둡을 이용하여 파일에 있는 단어를 세는 wordcount 프로그램을 실행하고자 한다. 여기서는 하둡 설치 폴더 /usr/local/hadoop/에 있는 README.txt 파일에 대해 wordcount 프로그램을 실행하고자 한다. 하둡 HDFS 상에서 프로그램을 실행하기 위해서는 HDFS를 다루기 위한 HDFS 명령어를 알고 있어야 한다.

① 하둡 설치 폴더로 이동

```
cd $HADOOP_HOME
```

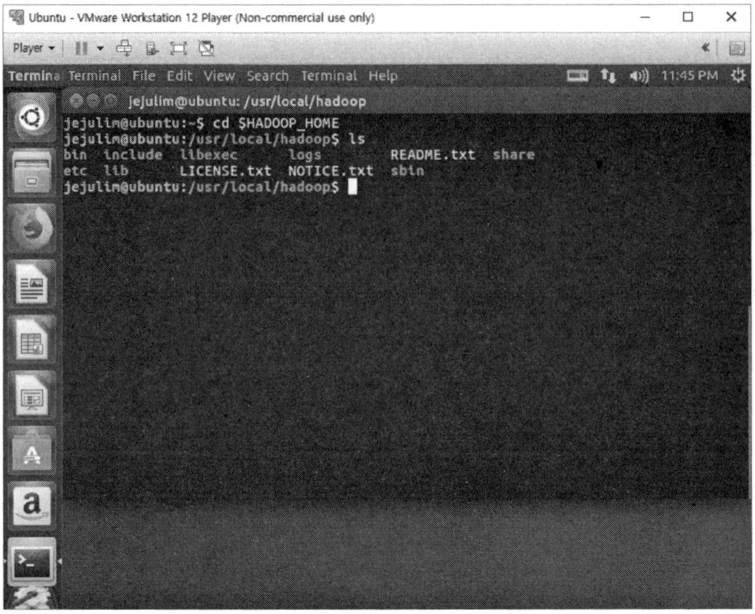

그림 4.44 하둡 설치 폴더

그림 4.44로부터 하둡은 “cd $HADOOP_HOME” 명령어 의해 “/usr/local/hadoop/” 폴더에 설치된 것을 알 수 있다.

우리는 하둡 설치 폴더에 있는 README.txt 파일에 대해 wordcount 프로그램을 실행시킬 것이다.

② HDFS에 폴더 생성하고 예제파일 복사

HDFS에 example 디렉토리를 만들고 로컬 시스템에 있는 README.txt을 example 디렉토리에 복사하고자 한다.

```
hadoop fs -mkdir /example
hadoop fs -copyFromLocal README.txt /example
hadoop fs -ls /example
```

- mkdir : HDFS에 디렉토리 생성을 위한 명령어이다. HDFS에 이미 디렉토리가 존재하는 경우 에러를 발생한다. 참고로 rm -r은 파일과 디렉토리를 삭제하는 명령어이다.
- copyFromLocal : 로컬 파일 시스템에 있는 파일 혹은 디렉토리를 HDFS에 복사하기 위한 명령이다. put과 같이 많이 사용한다. 참고로, copyToLocal 명령어는 HDFS 상의 파일을 로컬 파일 시스템으로 복사하기 위한 명령이다.

```
hadoop fs -copyFromLocal README.txt /example
```

• ls : 파일 목록 보기를 위한 명령어이다.

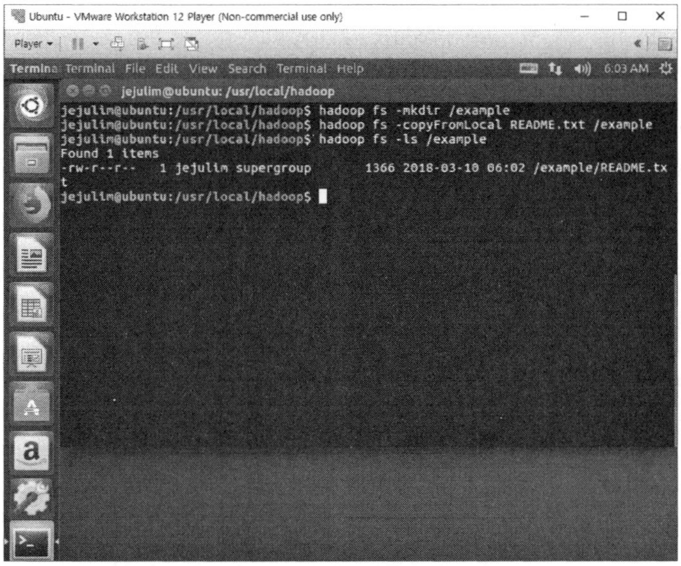

그림 4.45 HDFS상에 디렉토리 생성 및 파일 존재

만약에 example 폴더를 삭제하고자 하는 경우 다음과 같다.

```
hadoop fs -rm -r /example
```

③ wordcount 프로그램 실행

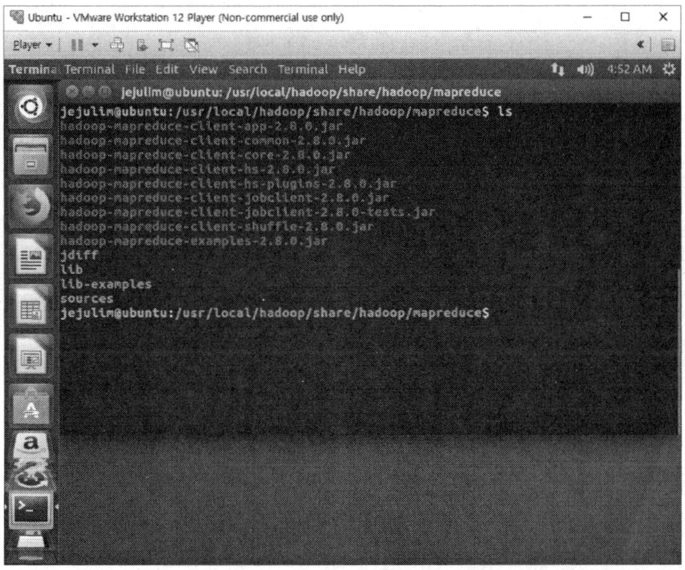

그림 4.46 hadoop-mapreduce-examples-2.8.0.jar 파일의 위치

▶ 자바로 작성된 하둡의 맵리듀스 프로그램

> 하둡의 맵리듀스 프로그램, 즉 map과 reduce 작업을 위한 프로그램은 자바 언어를 사용하여 구현한다. 그러나 문자열의 검색 등 전형적인 처리는 하둡이 표준 기능으로 하둡 설치 시에 내포하고 있어 프로그래머가 별도로 구현하지 않아도 된다. 자바로 작성된 하둡 프로그램은 jar 파일 형태로 실제 ZIP 파일 포맷으로 이루어진 압축파일로서 대표적인 예가 hadoop-mapreduce-examples-2.8.0.jar이다. 확장자가 jar 파일 실행은 hadoop jar이라는 스크립트 명령어를 사용한다.

wordcount 자바 프로그램 hadoop-mapreduce-examples-2.8.0.jar은 그림 4.46에서 보는 것처럼 /usr/local/hadoop/share/hadoop/mapreduce 디렉토리에 있다.

따라서 jar 파일이 있는 "/usr/local/hadoop/share/hadoop/mapreduce" 폴더로 이동한 후 hadoop jar 명령을 이용하여 실행시키면 된다.

```
cd $HADOOP_HOME/share/hadoop/mapreduce
hadoop jar hadoop-mapreduce-examples-2.8.0.jar wordcount /example/README.txt /output
```

그림 4.47은 wordcount 프로그램 실행을 위한 화면이다.

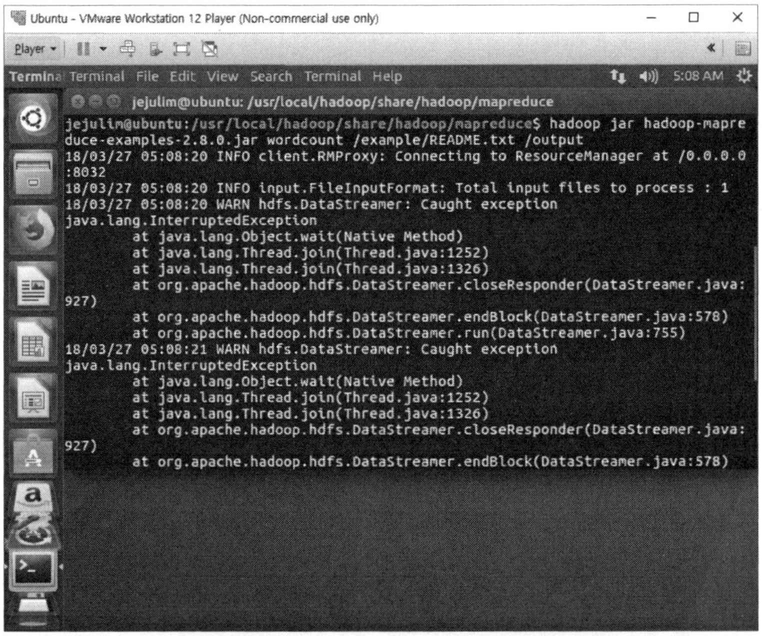

그림 4.47 wordcount 프로그램 실행

그림 4.47에서 위의 프로그램을 실행시키면 output 디렉토리에 실행결과가 저장된다. 이 경우 기존의 output 디렉토리가 존재하는 경우 오류가 발생한다. 따라서 반복해서 위의 프로그램을 실행시키고자 하는 경우 output 디렉토리를 변경하던지 혹은 디렉토리 이름을 제거하면 된다.

▶ hadoop-mapreduce-examples-2.8.0.jar 파일

hadoop-mapreduce-examples-2.8.0.jar 파일에 wordcount 클래스가 있다.

wordcount 클래스의 사용법은 다음과 같다.

wordcount <in 인수> <out 인수>

여기서 <in 인수>는 단어 세기를 수행할 텍스트 문서나 입력 디렉터리이고 <out 인수>은 결과값을 저장할 출력 디렉터리이다. 예를 들면,

wordcount /example/README.txt /output

여기서 <in 인수>는 /example/README.txt이고 <out 인수>는 /output이다.

따라서 이 파일은 /example/ README.txt 파일을 분석하여 /output 디렉토리에 수행결과를 넣는다.

그림 4.48은 wordcount 프로그램에 대한 출력결과 화면이다.

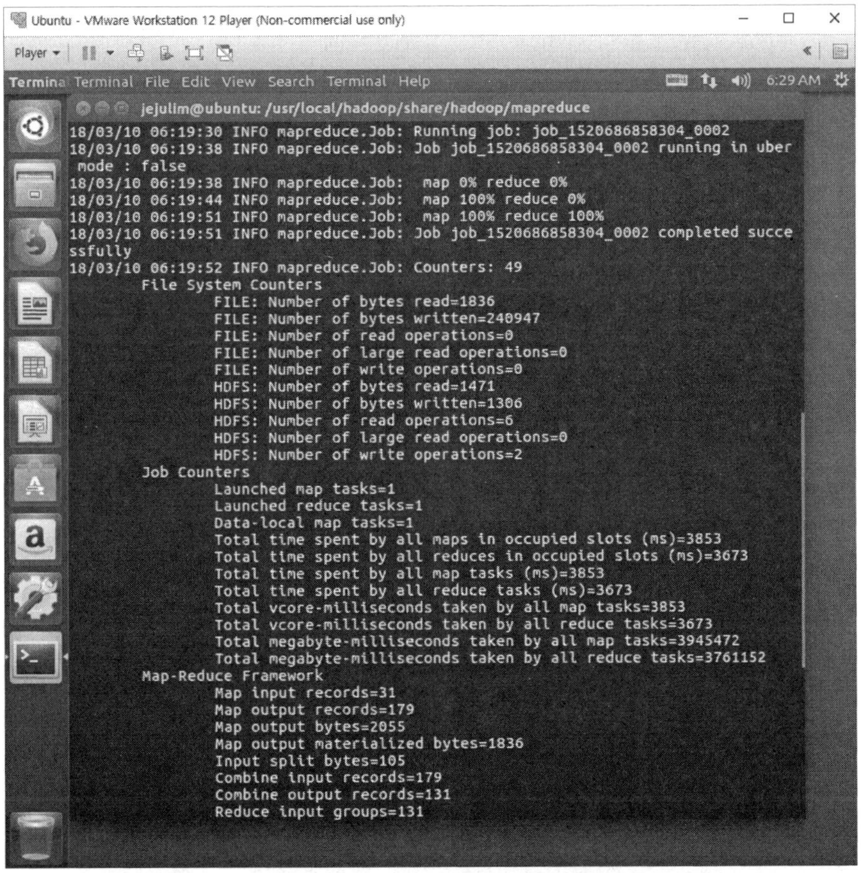

그림 4.48 wordcount 실행결과

그림 4.48의 프로그램 실행결과에서 보면 맵리듀스 작업에서 map과 reduce의 작업이 각각 100% 수행되었을 알 수 있다.

```
18/03/10 06:19:30 INFO mapreduce.Job : map 0% reduce 0%
18/03/10 06:19:30 INFO mapreduce.Job : map 100% reduce 0%
18/03/10 06:19:30 INFO mapreduce.Job : map 100% reduce 100%
```

그리고 그림 4.48의 프로그램 출력결과 중에서 핵심은 "Job Counters"에서 "Launched map tasks", "Launched reduce tasks"이고 "Map-Reduce Framework"에서 "Map input records", "Map output records", "Reduce input records", "Reduce output records", "CPU time spent (ms)" 등이다.

먼저, "Job Counters"에서 "Launched map tasks", "Launched reduce tasks"는 맵태스크와 리듀스 태스크의 수를 나타낸다. 여기서는 간단한 문서이기 때문에 전부 1개이다. 그리고 "Map-Reduce Framework"에서 "Map input records"와 "Map output records"는 맵 입력 레코드 수와 맵 출력 레코드 수로 각각 31개와 179개이다. 그리고 "Reduce input records"와 "Reduce output records"는 리듀스 입력 레코드 수와 리듀스 출력 레코드 수로 모두 131개이다. 그리고 "CPU time spent (ms)"는 CPU 처리 속도를 1020 밀리초(ms)이다. 여기서 밀리초(ms)는 10^{-3}초를 의미한다.

④ wordcount 결과 파일

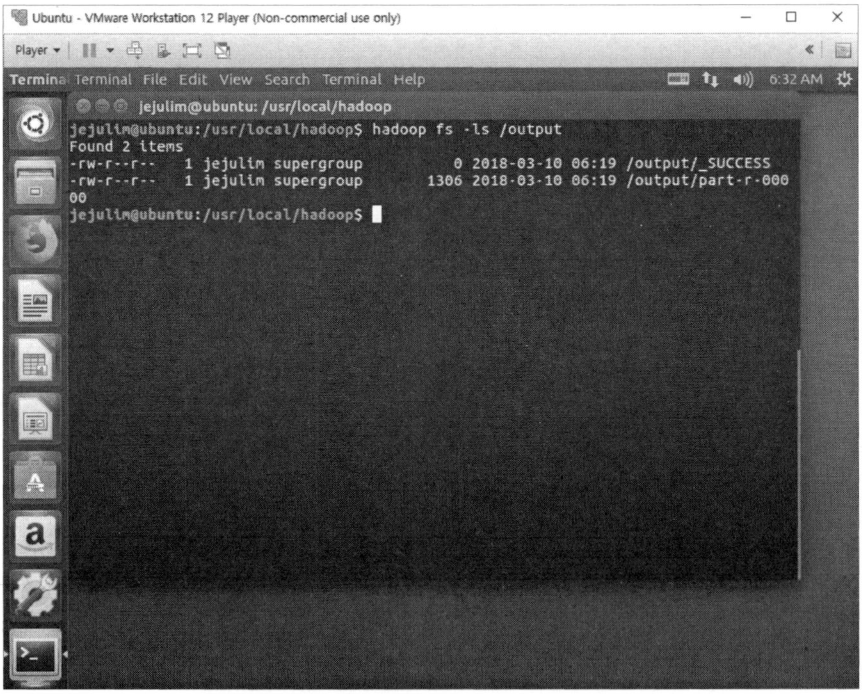

그림 4.49 wordcount 결과 파일

그림 4.49에서 wordcount 실행결과 파일은 /output/part-r-00000이다.

⑤ wordcount 결과

```
hadoop fs -cat /output/part-r-00000 | more
```

• cat : 파일의 내용을 보기 위해 사용하는 명령어이다. 이 명령은 파일 내용 전체를 보여준다. 따라서 문서의 내용이 긴 경우 마지막 페이지만 보여주기 때문에 앞의 내용을 보기 위해서는 스크롤로 올려야 하는 단점이 있다. 이 경우 more 명령어와 함께 사용하면 문서를 화면 단위로 잘라서 보여준다. 사용 형식은 다음과 같다.

```
cat [파일명] | more
```

여기서 [Enter] 키는 한 줄씩 출력되고, [Spacebar] 키는 한 화면씩 출력된다. 그리고 q를 입력하면 종료한다.

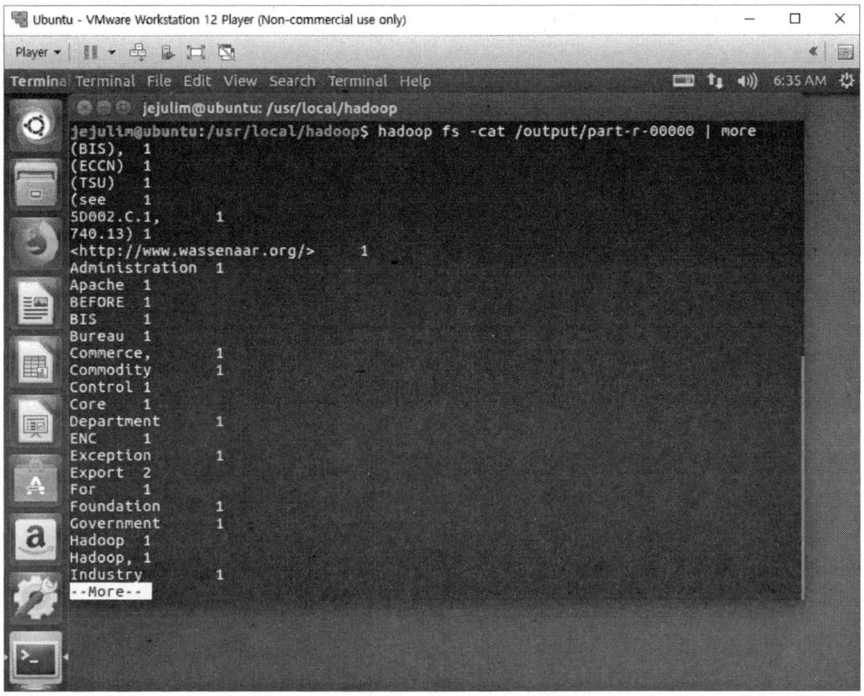

그림 4.50 wordcount 결과

⑥ HDFS 파일 가져오기

그림 4.50에 있는 HDFS 상의 wordcount 결과 파일을 로컬 시스템상의 사용자 홈 디렉토리로 가져오고자 한다.

```
hadoop fs -get <HDFS 상의 파일> <로컬 시스템상의 디렉토리/파일>
```

```
hadoop fs -get /output/part-r-00000 /home/jejulim/Test
```

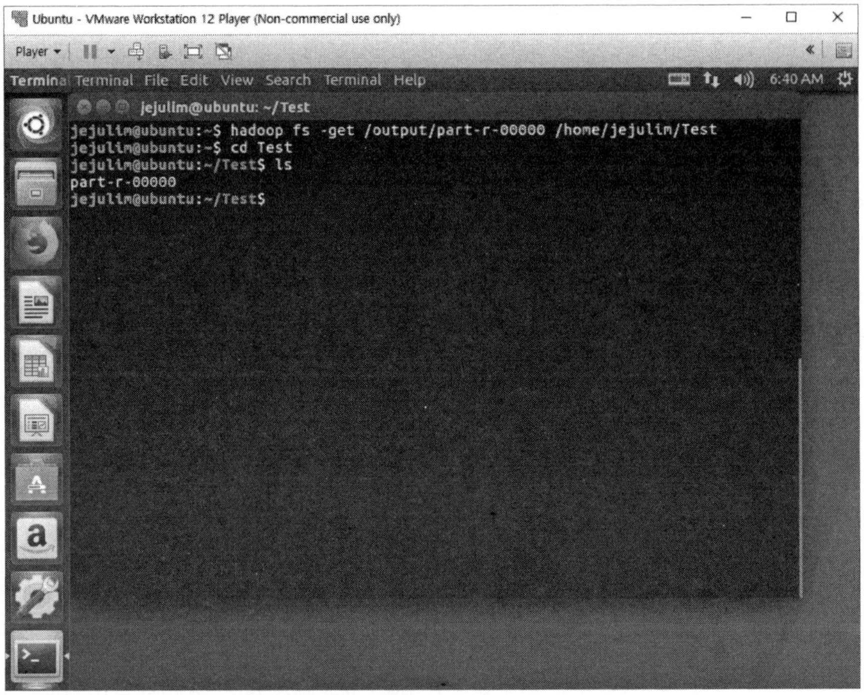

그림 4.51 HDFS 파일 가져오기

그림 4.51에서 로컬 시스템상의 저장할 파일 이름을 다음과 같이 지정할 수도 있다.

```
hadoop fs -get /output/part-r-00000 /home/jejulim/Test/test.txt
```

제 5 장

리눅스에 R과 RStudio 설치

5.1 R 설치

(1) 우분투의 저장소 이용 최신 버전 설치

리눅스는 저장소(repository, 레퍼지토리)를 통해 패키지를 업데이트한다. 여기서 저장소란 리눅스에서 배포하는 파일들이 저장되어 있는 곳을 말한다. 리눅스 업데이트는 현재 실행 중인 버전과 저장소에 등록한 업데이트 버전과 비교하여 저장소에 등록한 버전이 최신일 경우 업데이트한다.

"sources.list" 파일은 우분투에서 패키지 설치 시 관련 패키지에 대한 저장소 주소를 저장하는 파일이다. 이 파일은 "/etc/apt" 디렉토리에 있다. 우리가 설치하고자 하는 R 패키지의 저장소 주소를 "sources.list" 파일에 추가한 후 업데이트를 통해 최신 R 버전을 설치한다.

① "sources.list" 파일 열기

우분투에서 업데이트를 위해 apt-get update 명령어를 실행하면 "sources.list" 파일이 실행된다. 즉, 이 파일에 있는 각각의 패키지들이 최신 버전으로 업데이트된다. 그림 5.1과 같이 "sudo" 권한으로 이 파일을 연다.

```
jejulim@ubuntu:~$ sudo gedit /etc/apt/sources.list
```

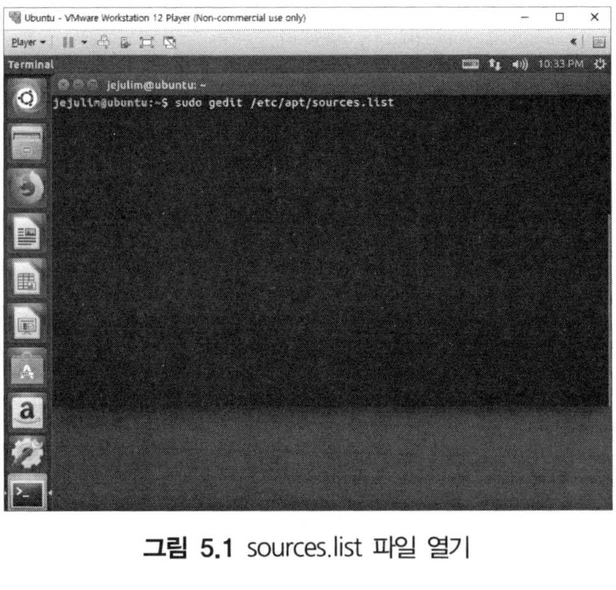

그림 5.1 sources.list 파일 열기

② "sources.list" 파일에 R 패키지의 미러사이트 추가

다음은 우분투 16.04 LTS에서 사용하는 R 패키지 저장소 주소이다.

```
deb <my.favorite.cran.mirror>/bin/linux/ubuntu xenial/
```

여기서 <my.favorite.cran.mirror>은 R 사이트의 미러사이트에 대한 URL이고 "xenial"은 우분투 16.04버전의 코드명인 지니얼 제루스(xenial xerus)를 의미한다.

참고로, 설치된 리눅스의 버전을 확인하기 위해서는 다음과 같다.

```
jejulim@ubuntu:~$ cat /etc/os-release
```

```
jejulim@ubuntu:~$ cat /etc/os-release
NAME="Ubuntu"
VERSION="16.04.4 LTS (Xenial Xerus)"
ID=ubuntu
ID_LIKE=debian
PRETTY_NAME="Ubuntu 16.04.4 LTS"
VERSION_ID="16.04"
HOME_URL="http://www.ubuntu.com/"
SUPPORT_URL="http://help.ubuntu.com/"
BUG_REPORT_URL="http://bugs.launchpad.net/ubuntu/"
VERSION_CODENAME=xenial
UBUNTU_CODENAME=xenial
```

다음은 한국에서 운영하는 R 사이트의 미러사이트이다.

http://cran.nexr.com/
http://healthstat.snu.ac.kr/CRAN/
http://cran.biodisk.org/

우리는 위의 3개의 R 사이트 중에서 첫 번째 사이트를 다음과 같이 sources.list 파일에 추가한다.

```
deb http://cran.nexr.com/bin/linux/ubuntu xenial/
```

그림 5.2는 "sources.list" 파일에 R 패키지 저장소 주소를 추가한 그림이다.

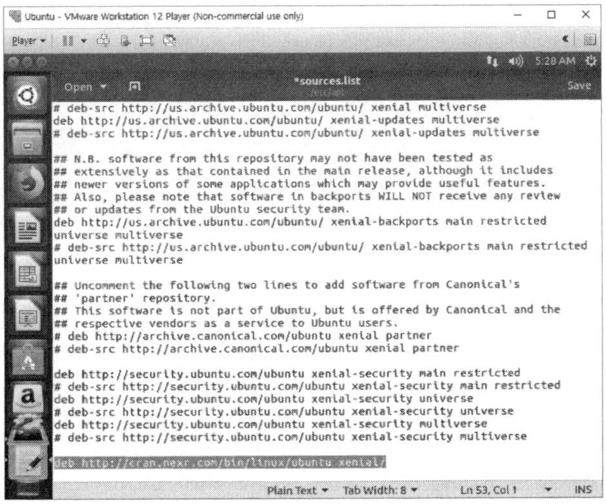

그림 5.2 "sources.list" 파일에 R 패키지 저장소 주소 추가

③ sources.list 파일 업데이트

그림 5.3과 같이 apt-get update 명령어를 사용하여 sources.list 파일을 업데이트한다.

참고로, apt-get은 우분투를 포함한 데비안(Debian) 계열의 리눅스에서 쓰이는 패키지 관리 명령어 도구이다.

```
jejulim@ubuntu:~$ sudo apt-get update
```

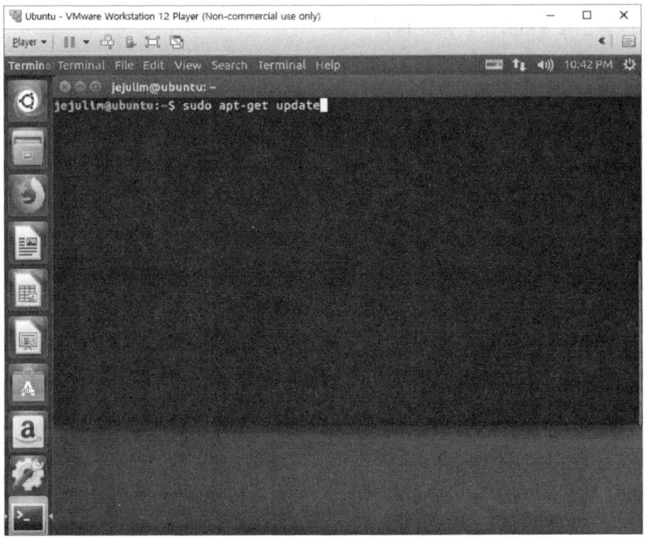

그림 5.3 저장소 업데이트

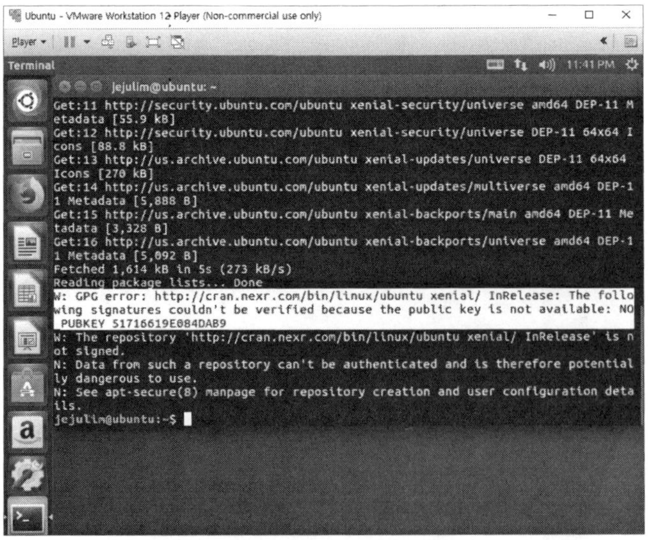

그림 5.4 GPG 공개키 오류 발생

그림 5.4는 apt-get update 명령어 실행 중 GPG 공개키 인증 오류를 나타내고 있다. GPG는 GNU Privacy Guard (GnuPG)의 줄임말로써 소프트웨어 패키지의 인증을 확인하는 데 사용되는 프로그램을 말한다.

그림 5.4의 오류는 GPG 공개키가 서버에 등록되지 않음으로 발생하는 오류이다. GPG 공개키는 NO_PUBKEY 다음에 나오는 글자들이고 다음과 같다.

51716619E084DAB9

④ 공개키 서버 등록

apt-key 명령을 이용하여 공개키를 우분투 키 서버(ubuntu keyserver)에 등록한다.

```
jejulim@ubuntu:~$ sudo apt-key adv --keyserver keyserver.ubuntu.com --recv-keys
51716619E084DAB9
```

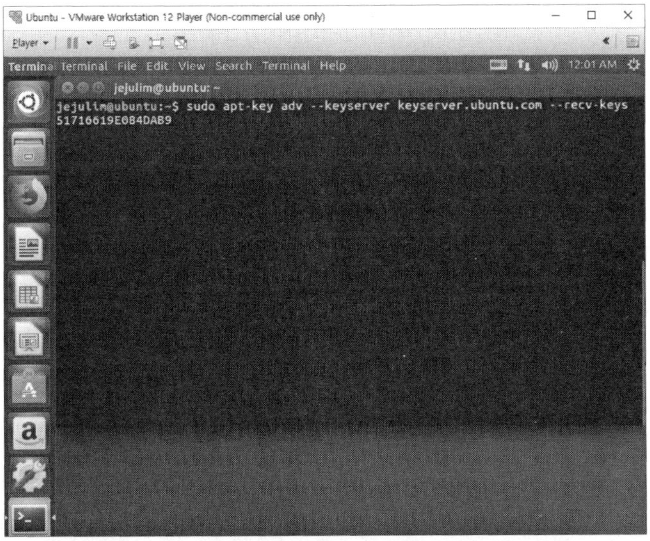

그림 5.5 apt-key 명령으로 우분투 키 서버 등록

그림 5.5와 같이 공개키 등록 후 다시 업데이트하면 오류 없이 진행된다.

```
jejulim@ubuntu:~$ sudo apt-get update
```

⑤ r-base 설치

apt-get install 명령어를 이용하여 R의 기본적인 패키지를 설치한다.

```
jejulim@ubuntu:~$ sudo apt-get install r-base
```

그림 5.6 r-base 설치

⑥ R 실행

일반 사용자 권한으로 R을 실행한다.

```
jejulim@ubuntu:~$ R
```

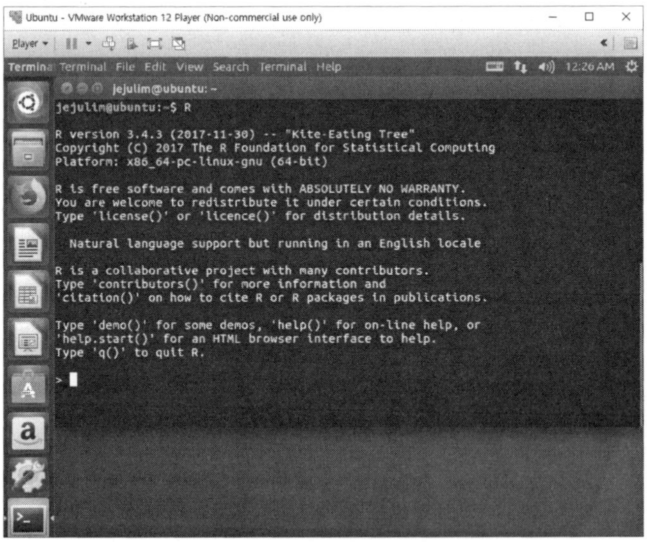

그림 5.7 R 화면

R을 실행시킬 때는 관리자 권한으로 실행시키는 경우와 일반 사용자 권한으로 실행시키는 경우가 있다. rJava와 같은 다른 패키지 없이 단지 R만을 이용하여 프로그래밍하는 경우에는 일반 사

용자 권한으로도 충분하고 6장에서처럼 RHadoop을 이용하고자 하는 경우 관리자 권한으로 실행한다.

(2) 공유 라이브러리로 특정 R 버전 설치

R의 특정 버전을 공유 라이브러리(shared library)로 설치하고자 한다. 여기서는 R 3.1.0 버전을 설치한다. 이를 위해 먼저 R 웹사이트에서 다운로드한 후 압축을 풀고 생성된 소스 파일을 configure 과정, make 과정, make install 과정을 걸쳐 설치한다. 여기서 configure 과정은 소스 파일에 대한 환경 설정을 해주는 과정으로 설치할 서버의 환경에 맞추어 Makefile을 생성해 주는 과정이다. make 과정은 소스 파일을 컴파일하는 과정, 즉 소스 파일을 configure 과정에서 만들어진 Makefile을 이용하여 사용자가 실행 가능한 파일로 만드는 과정이고, make install 과정은 make 과정을 통해 컴파일이 완료된 실행파일을 해당 디렉토리에 설치하는 과정이다.

① R 웹사이트로부터 다운로드

wget 명령어를 사용하여 웹사이트로부터 R-3.1.0 버전을 다운로드한다.

```
jejulim@ubuntu:~/Downloads$ wget
http://cran.r-project.org/src/base/R-3/R-3.1.0.tar.gz
```

그림 5.8 R 웹사이트로부터 다운로드

그림 5.8에서 압축 파일 R-3.1.0.tar.gz을 다운로드받는다.

② 압축 파일 풀기

tar 명령어를 이용하여 확장자 tar.gz을 가진 압축 파일 R-3.1.0.tar.gz을 푼다.

```
jejulim@ubuntu:~/Downloads$ tar xvfz R-3.1.0.tar.gz
```

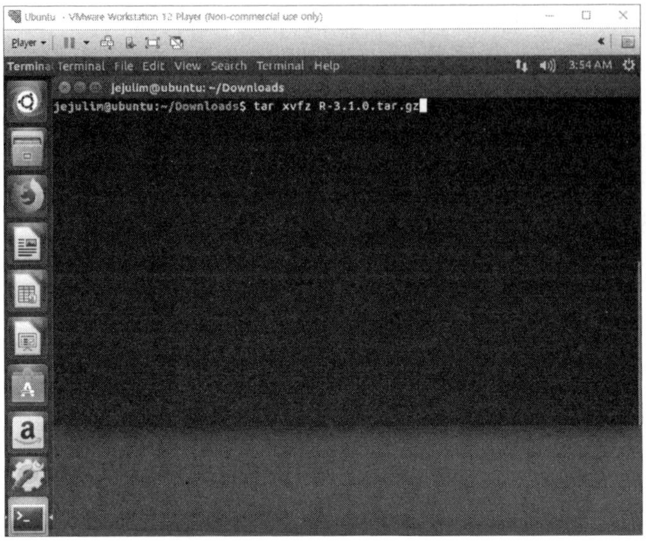

그림 5.9 압축 파일 풀기

③ 디렉토리 R-3.1.0의 파일 목록보기

그림 5.10은 압축을 풀어서 생긴 디렉토리 R-3.1.0의 파일 목록을 보여주고 있다.

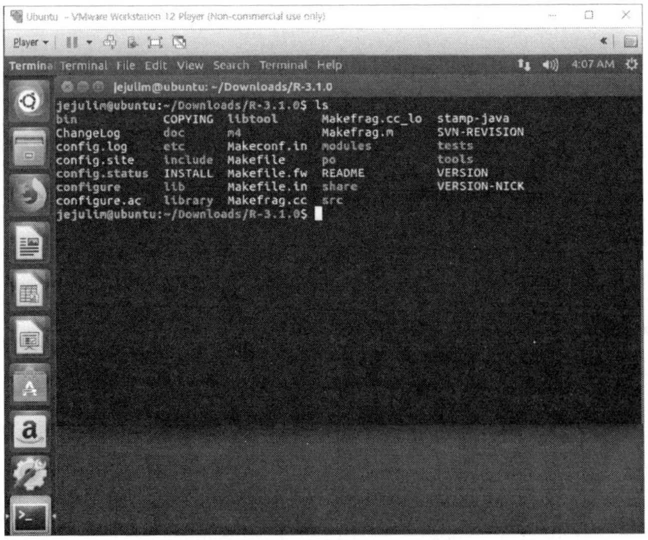

그림 5.10 디렉토리 R-3.1.0의 파일 목록보기

④ R 설치하기 - configure 과정

"./configure" 명령어를 사용하여 소스 파일에 대해 환경 설정을 한다. 여기서는 R을 공유 라이브러리로 설치하기 위해 다음과 같이 지정한다.

```
jejulim@ubuntu:~/Downloads/R-3.1.0$ sudo ./configure --enable-R-shlib
```

여기서 "--enable-R-shlib" 옵션을 사용하여 lib를 공유할 수 있도록 해준다.

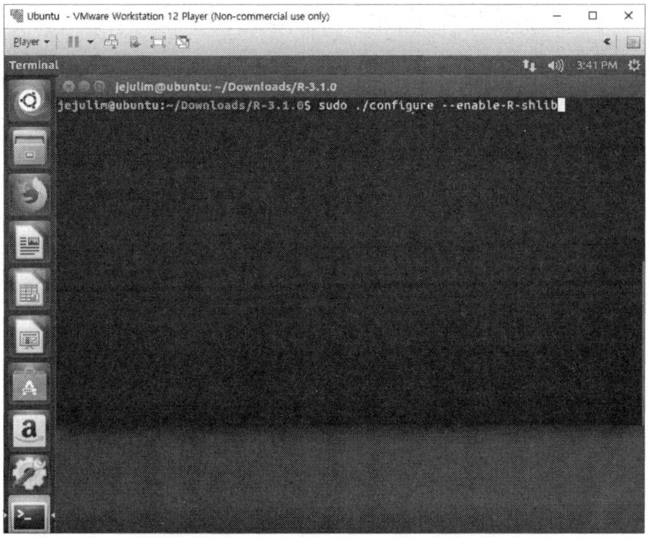

그림 5.11 R 설치 - configure 과정

참고 그림 5.11의 configure 과정에서 많은 오류가 발생할 수 있다. 다음은 발생하는 오류에 대한 해결 방법이다.

ⓐ F77 compiler 오류가 발생하는 경우

```
jejulim@ubuntu:~/Downloads/R-3.1.0$ sudo apt-get install gfortran
```

ⓑ C++ preprocessor 오류가 발생하는 경우

```
jejulim@ubuntu:~/Downloads/R-3.1.0$ sudo apt-get install g++
```

ⓒ --with-readline=yes (default) and headers/libs 오류가 발생하는 경우

```
jejulim@ubuntu:~/Downloads/R-3.1.0$ sudo apt-get install libreadline-dev
```

ⓓ --with-x=yes (default) and X11 headers/libs 오류가 발생하는 경우

```
jejulim@ubuntu:~/Downloads/R-3.1.0$ sudo apt-get install libx11-dev libxt-dev
```

여기서 주의할 사항은 위 오류가 발생하는 경우 지정된 프로그램을 설치 후 그림 5.11의 configure 과정을 다시 실행하여야 한다.

⑤ R 설치하기 - make 과정

make 명령어를 사용하여 소스 파일을 컴파일한다.

```
jejulim@ubuntu:~/Downloads/R-3.1.0$ sudo make
```

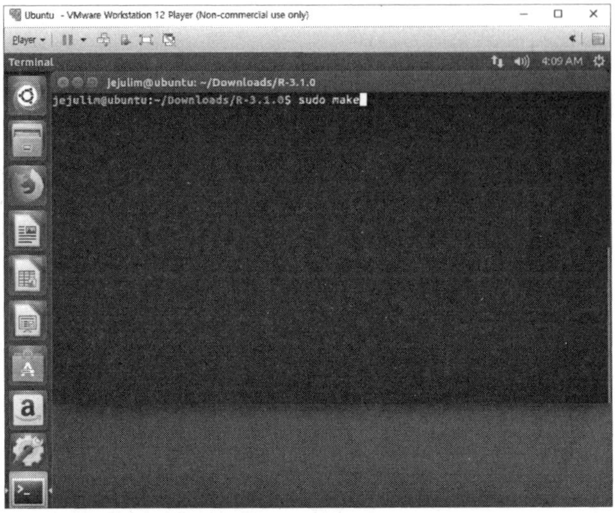

그림 5.12 R 설치 - make 과정

⑥ R 설치하기 - make install 과정

make install 명령어를 사용하여 make 과정을 통해 만들어진 실행 파일을 설치한다.

```
jejulim@ubuntu:~/Downloads/R-3.1.0$ sudo make install
```

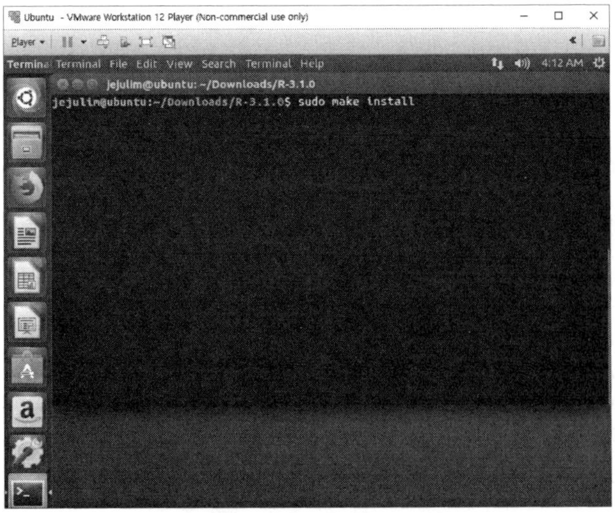

그림 5.13 R 설치 - make install 과정

⑦ R 실행

일반 사용자 권한으로 R을 실행한다.

```
jejulim@ubuntu:~/Downloads/R-3.1.0$ R
```

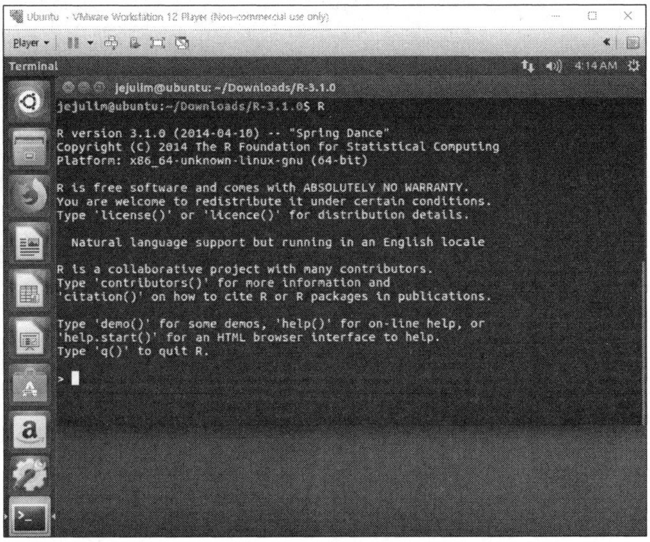

그림 5.14 R 화면

5.2 RStudio 설치

RStudio는 R 프로그래밍의 통합 개발 환경(Integrated Development Environment, IDE)으로서 사용자가 R 프로그래밍을 쉽게 할 수 있도록 도와주는 프로그램이다. RStudio에는 Server(서버) 버전과 Desktop(데스크탑) 버전이 있다. RStudio 서버 버전은 데스크탑 버전보다 설치가 쉽고 한글 입력 지원되고 또한 웹 브라우저를 이용하여 R 사용이 가능하도록 만든 프로그램이다. 여기서는 64-bit 운영체제를 기준으로 설명하고자 한다.

(1) RStudio 서버 버전 설치

① gdebi 패키지 설치

우리가 설치할 RStudio 파일은 확장자가 deb인 파일이다. 따라서 deb 파일을 설치하기 위해 gdebi 패키지를 설치해야 한다.

```
jejulim@ubuntu:~$ sudo apt-get install gdebi-core
```

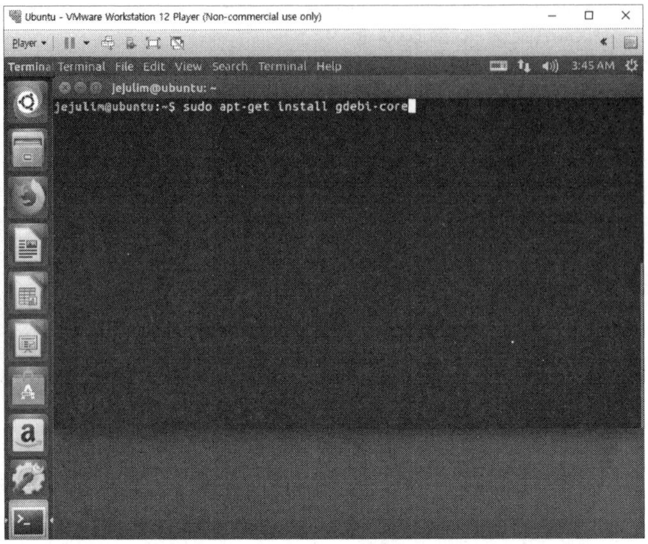

그림 5.15 gdebi 패키지 설치

② wget 명령어를 이용하여 사이트로부터 RStudio 서버 버전 다운로드

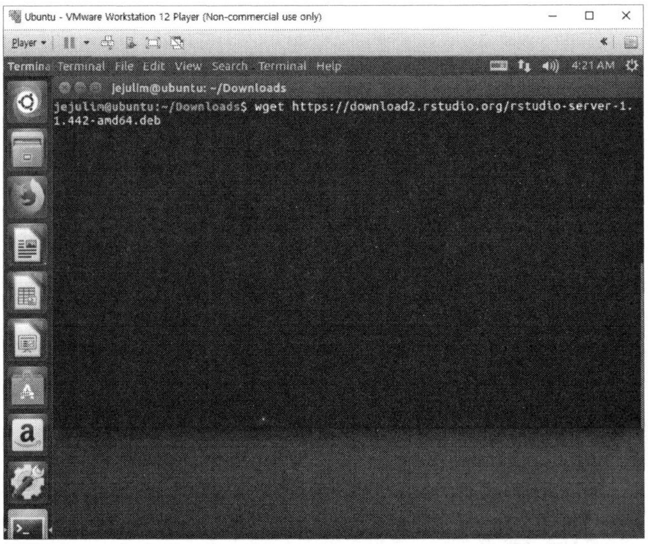

그림 5.16 wget 명령어 이용 deb 파일 다운로드

우리가 다운로드할 RStudio 서버 버전은 rstudio-server-1.1.442이다.

```
jejulim@ubuntu:~/Downloads$  wget
https://download2.rstudio.org/rstudio-server-1.1.442-amd64.deb
```

32-bit 운영체제라면 그림 5.14의 "amd64"를 다음과 같이 "i386"으로 고치면 된다.

```
jejulim@ubuntu:~/Downloads$  wget
https://download2.rstudio.org/rstudio-server-1.1.442-i386.deb
```

③ gdebi 명령어 이용 deb 파일 설치

gdebi 명령어를 이용하여 다운로드한 rstudio-server-1.1.442-amd64.deb을 설치한다.

```
jejulim@ubuntu:~/Downloads$  sudo gdebi rstudio-server-1.1.442-amd64.deb
```

32-bit 운영체제라면 위에서 "amd64"를 다음과 같이 "i386"으로 고치면 된다.

```
jejulim@ubuntu:~/Downloads$  sudo gdebi rstudio-server-1.1.442-i386.deb
```

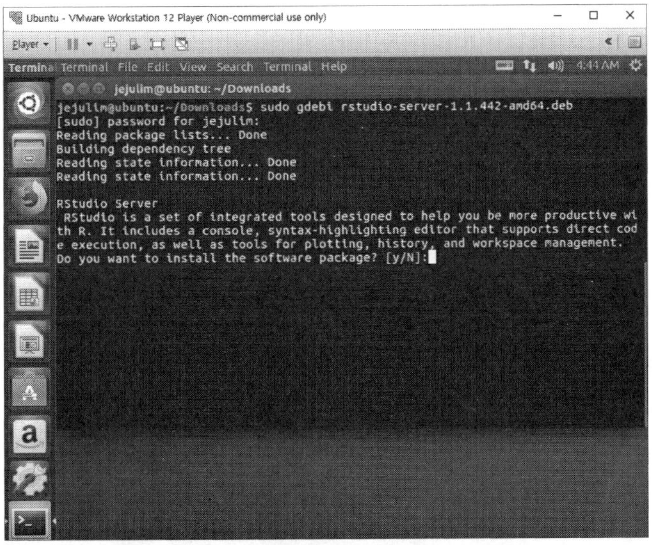

그림 5.17 gdebi 명령어 이용 deb 파일 설치

④ RStudio 서버 접속

RStudio 서버에 접속하는 방법은 웹브라우저 주소창에 다음의 서버 IP주소를 입력한다.

http://서버 IP주소:8787 혹은 http://127.0.0.1:8787

여기서 http://127.0.0.1은 로컬 컴퓨터의 IP주소이다. 참고로, RStudio 서버의 IP주소는 런처에 있는 [System Settings] → [Network]에서 IPv4 주소를 알 수 있다. 위와 같이 8787 포트로 접속하면 그림 5.18과 같은 로그인 화면이 나타난다.

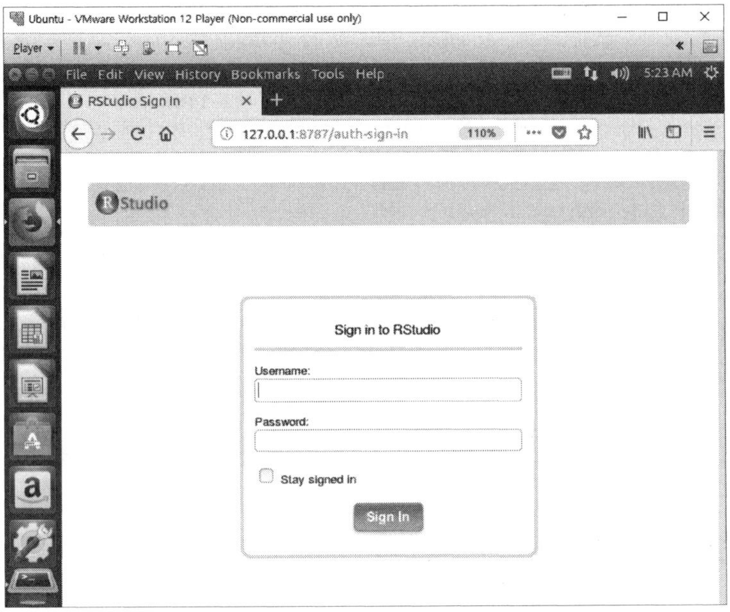

그림 5.18 RStudio 서버 로그인 화면

그림 5.18에서 Username와 Password는 우분투 계정과 같다. 여기서는

Username : jejulim Password : 1111

이다. 그리고 정상적으로 RStudio 서버 로그인이 되었다면 그림 5.19와 같은 RStudio 화면이 웹 브라우저상에 나타난다.

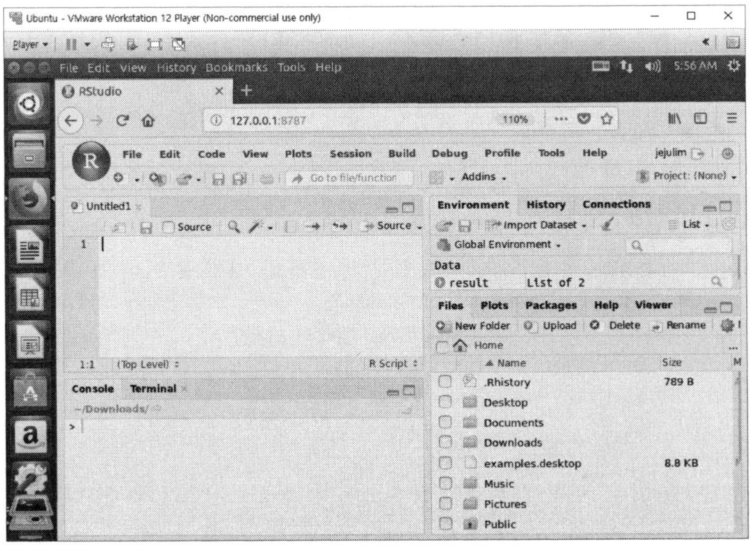

그림 5.19 RStudio 화면

(2) RStudio 데스크탑 버전 설치

① RStudio 사이트로부터 다운로드

우분투의 Firefox 웹브라우저에서 다음의 RStudio 사이트에 접속한다.

https://www.rstudio.com

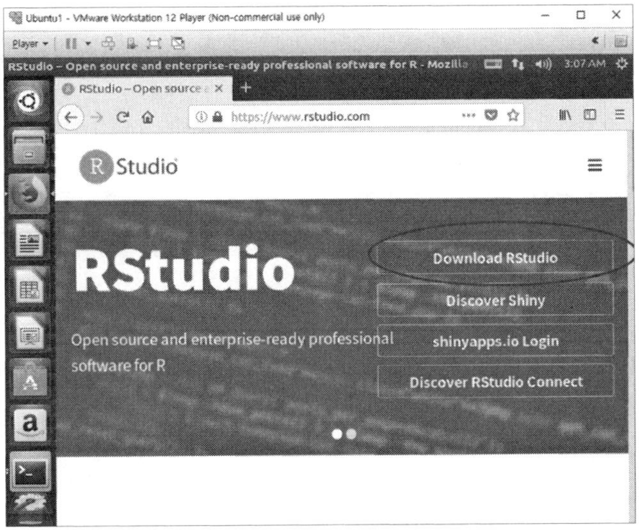

그림 5.20 RStudio 사이트에서 다운로드

그림 5.20의 RStudio 사이트에서 [Download RStudio]를 선택한다.

② RStudio 데스크탑 버전 선택

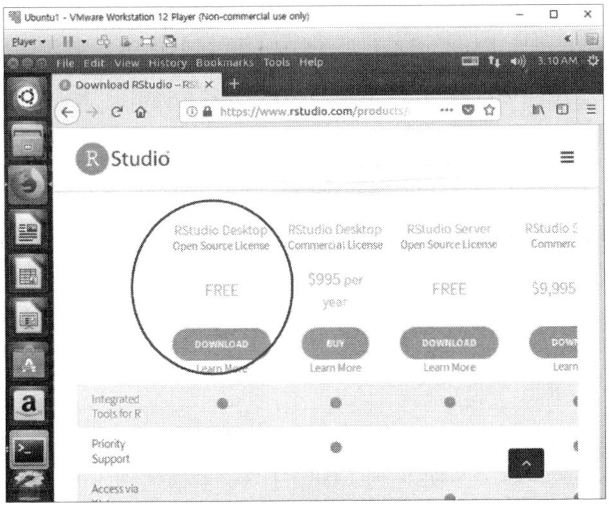

그림 5.21 RStudio 데스크탑 선택

RStudio는 그림 5.21에서 보는 것처럼 무료인 RStudio 데스크탑 버전을 선택한다.
아래의 사이트를 입력하면 한 번에 해당 페이지에 접속할 수 있다.

https://www.rstudio.com/products/rstudio/download/

③ 우분투 16.04용 RStudio 선택

그림 5.22에서 [Installers for Supported Platforms]에서 RStudio 1.1.442 - Ubuntu 16.04+/Debian 9+ (64-bit)를 선택한다.

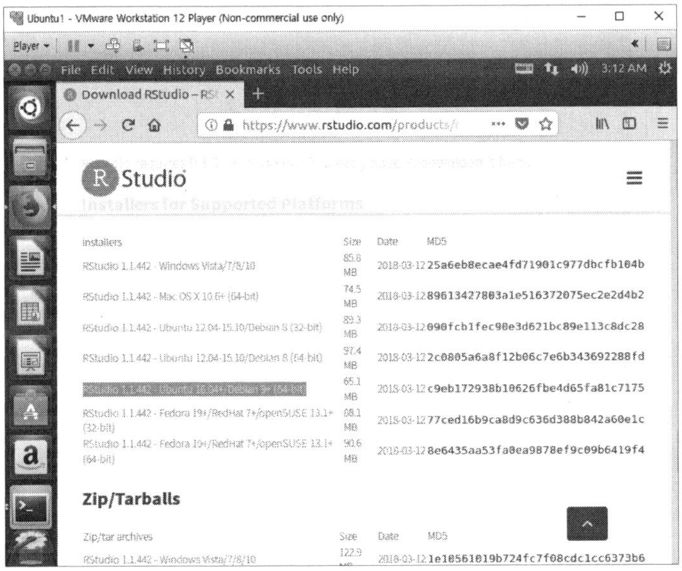

그림 5.22 우분투 16.04+/Debian9+(64비트) 선택

그림 5.22에서 보면 우분투 12.04 버전용과 16.04+ 버전용이 있고 우분투 12.04 버전용에는 32비트와 64비트 2가지가 있다. 여기서는 우분투 16.04+ 버전(64비트)을 선택한다.

④ 우분투 16.04+ 버전(64비트) 다운로드

그림 5.22에서 해당 파일을 더블 클릭하면 그림 5.23과 같이 해당 파일이 열린다.

그림 5.23에서 [SaveFile]을 선택하여 [OK] 버튼을 클릭하면 "rstudio-xenial-1.1.442-amd64.deb" 파일이 [Downloads] 디렉토리에 다운로드된다.

참고로, wget 명령어를 이용하여 직접 웹사이트로부터 다운로드할 수 있다.

```
jejulim@ubuntu:~/Downloads$ wget
https://download1.rstudio.org/rstudio-xenial-1.1.442-amd64.deb
```

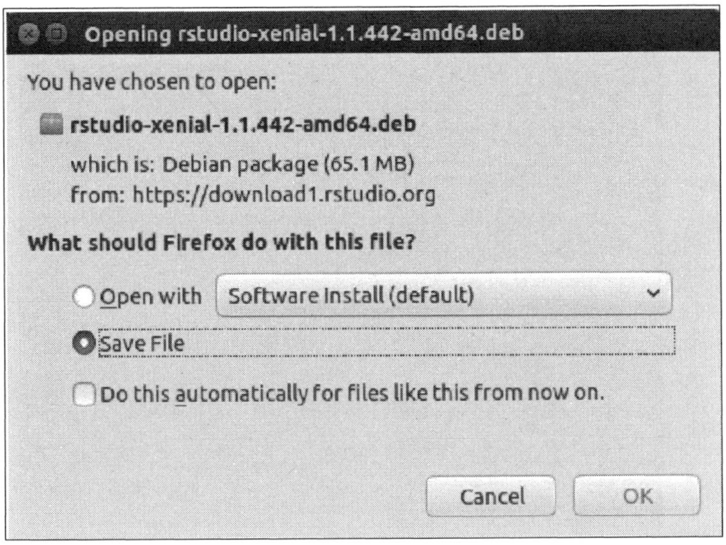

그림 5.23 rstudio-xenial-1.1.442-amd64.deb 파일 열기

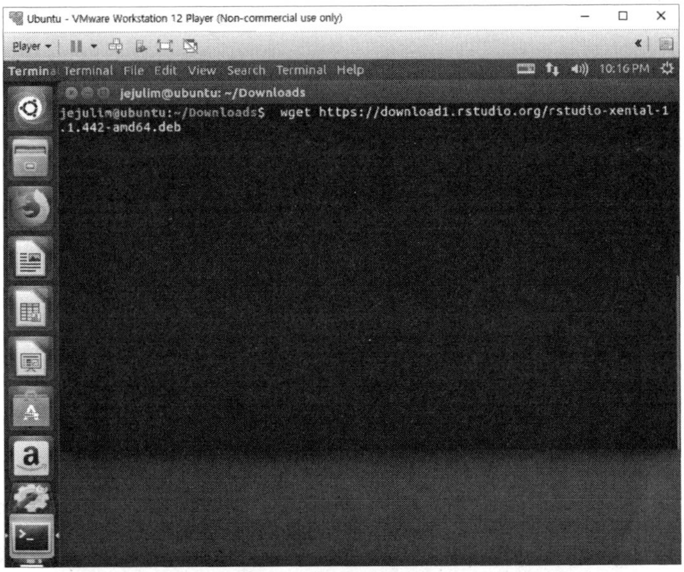

그림 5.24 wget 명령어를 이용하여 RStudio 다운로드

⑤ 다운로드된 rstudio-xenial-1.1.442-amd64.deb 파일 설치

그림 5.25와 같이 gdebi를 이용하여 확장자가 deb 파일인 rstudio-xenial-1.1.442-amd64.deb 파일을 설치한다.

```
jejulim@ubuntu:~/Downloads$  sudo gdebi rstudio-xenial-1.1.442-amd64.deb
```

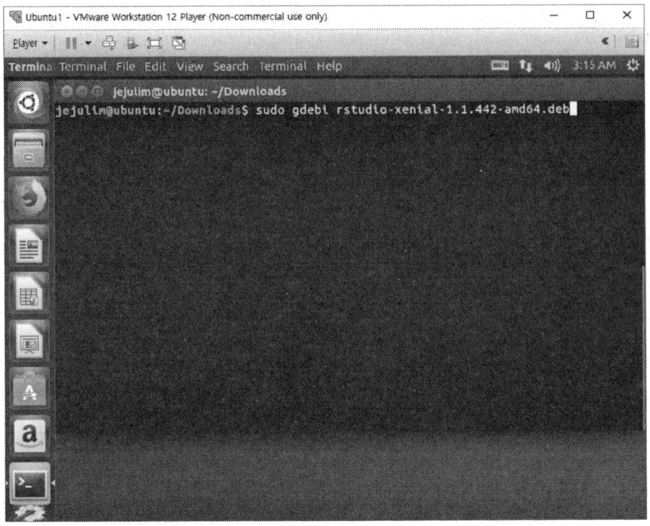

그림 5.25 gdebi를 이용한 deb 파일 설치

⑥ RStudio 실행

일반 사용자 권한으로 RStudio를 실행한다.

```
jejulim@ubuntu:~$ rstudio
```

RStudio를 실행시키는 경우 관리자 권한으로 실행시키는 경우와 일반 사용자 권한으로 실행시키는 경우가 있다. 단지 rJava와 같은 다른 패키지 없이 단지 R만을 이용하여 프로그램하는 경우에는 일반 사용자 권한으로도 충분하고 6장에서처럼 RHadoop을 이용하고자 하는 경우 관리자 권한으로 실행하면 된다.

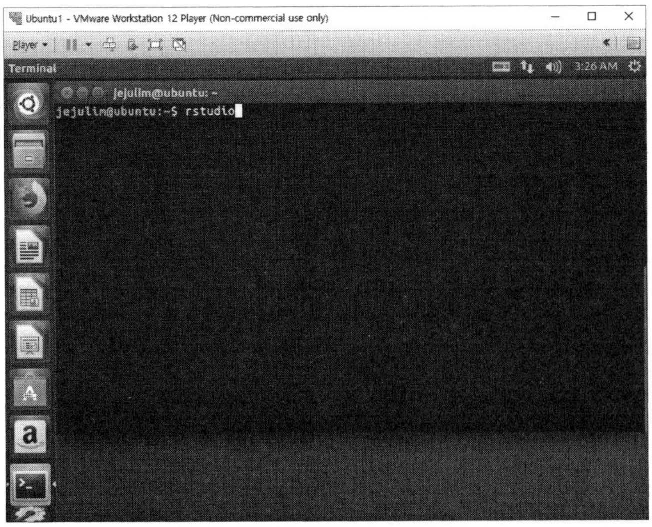

그림 5.26 RStudio 실행

그림 5.27은 그림 5.26에서 RStudio을 실행시켰을 때 나타나는 실행화면이다.

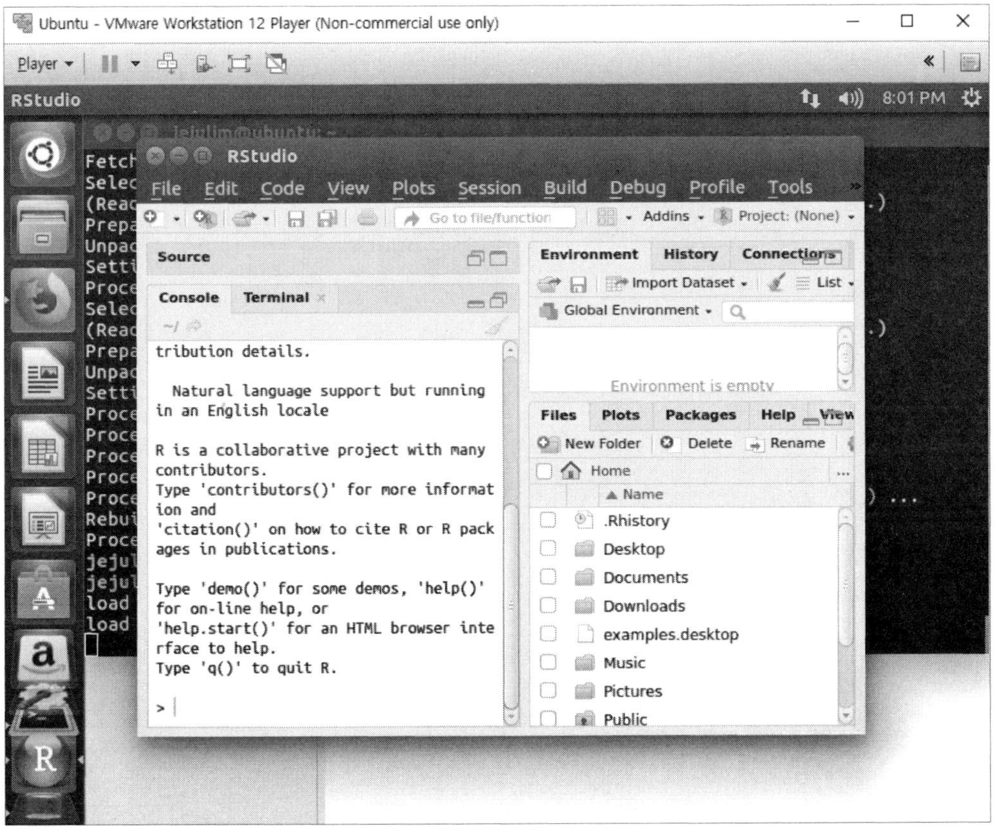

그림 5.27 RStudio 화면

제 6 장

RHadoop 빅데이터 처리 분석 도구

6.1 RHadoop 개요

R은 통계분석가들을 위한 전문적인 도구이지만 빅데이터 처리를 하는 데 몇 가지 문제점을 갖고 있다. 첫째, R은 인-메모리(in-memory) 기반의 프로그래밍 언어이므로 모든 데이터를 메모리에 로딩하여 처리한다. 따라서 분석해야 할 데이터의 용량이 커지면 커질수록 속도가 느려진다. 둘째, R은 싱글 코어/싱글 스레드(single core/single thread)에서 실행된다. 즉, 멀티 프로세싱을 지원하지 않음으로 데이터 처리하는 데 한계를 갖고 있다.

RHadoop은 그림 6.1과 같이 R과 Hadoop를 묶어주는 통합환경으로 Revolution Analytics 사에서 개발한 오픈 소스 패키지이다.

그림 6.1 RHadoop: R과 Hadoop의 통합환경

RHadoop은 Hadoop의 분산처리 환경하에서 R의 분석 도구를 이용하여 빅데이터 처리 및 분석이 가능하다. 다시 말하면, R에 익숙한 일반 통계 개발자들이 Hadoop 환경하에서 빅데이터 처리 및 분석할 수 있는 유용한 프로그램이다.

RHadoop은 하둡의 MapReduce 작업을 R을 이용하여 구현한다. RHadoop은 그림 6.2와 같이 다음의 3가지 주요 패키지로 구성되어 있다.

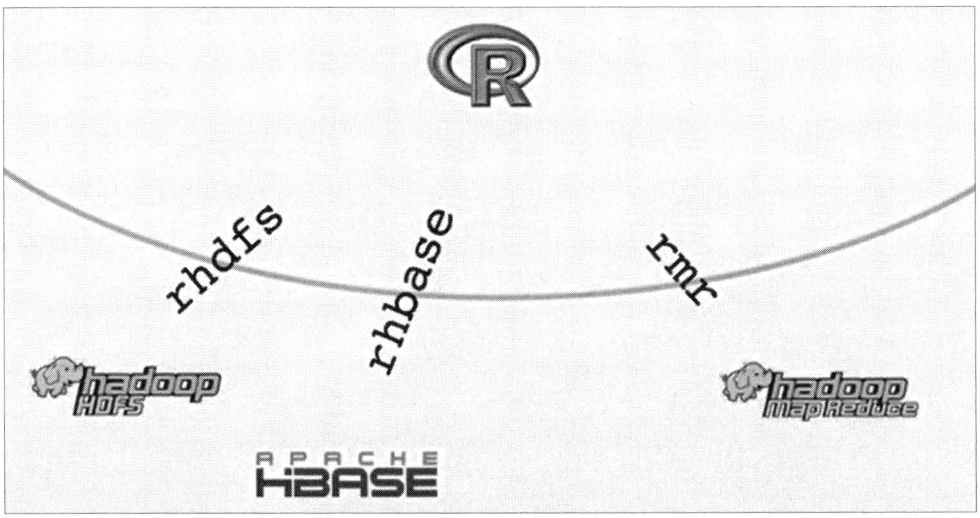

그림 6.2 RHadoop의 주요 패키지

- rhdfs : R과 하둡 HDFS의 인터페이스로서 HDFS에 저장된 데이터에 액세스하기 위한 HDFS API를 호출한다. rhdfs 사용은 사용자가 R 콘솔로부터 HDFS를 쉽게 다룰 수 있는 하둡 쉘(Hadoop shell)을 사용하는 것과 아주 유사하다.
- rmr : R과 하둡 MapReduce의 인터페이스로서 하둡 클러스터에서 MapReduce 잡을 수행하기 위해 MapReduce API를 호출한다.
- rhbase : R과 하둡 HBASE의 인터페이스로서 HBASE에 저장된 데이터를 읽기/쓰기 그리고 테이블을 다루는 데 사용한다.

6.2 RHadoop 설치

RHadoop를 구성하는 주요 패키지, 즉 rmr, rhdfs, rhbase 중에서 현재 데이터베이스와 연동은 필요 없으므로 여기서는 rmr과 rhdfs 패키지만 설치하고자 한다.

① rmr 패키지 다운로드

Revolution Analytics 사의 깃허브(GitHub) 사이트로부터 rmr 패키지를 다운로드하고자 한다. 여기서 설치할 rmr 버전은 rmr2의 3.3.1 버전이다. wget 명령을 이용하여 다음과 같이 다운로드한다.

```
jejulim@ubuntu:~/Downloads$ wget
https://github.com/RevolutionAnalytics/rmr2/releases/download/3.3.1/rmr2_3.3.1.tar.gz
```

그림 6.3 rmr 패키지 다운로드

② rhdfs 패키지 다운로드

여기서 설치할 rhdfs 패키지는 rhdfs 1.0.8 버전이다. wget 명령을 이용하여 다음과 같이 다운로드 한다.

```
jejulim@ubuntu:~/Downloads$ wget
https://raw.github.com/RevolutionAnalytics/rhdfs/master/build/rhdfs_1.0.8.tar.gz
```

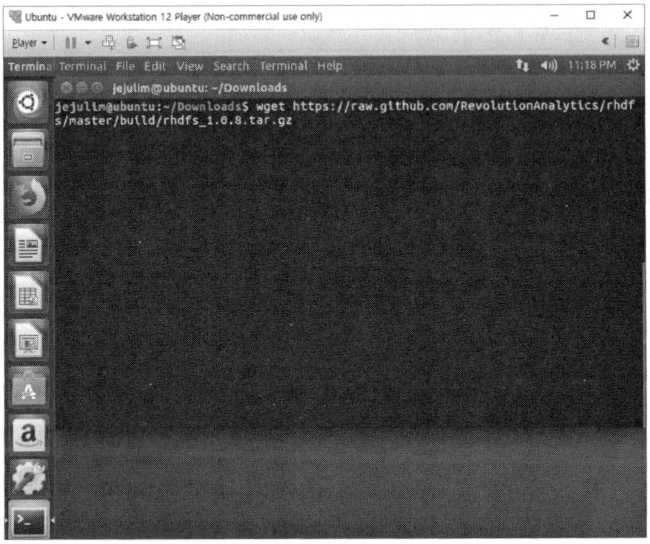

그림 6.4 rhdfs 패키지 다운로드

③ R에서 Java 지원을 위한 환경 설정

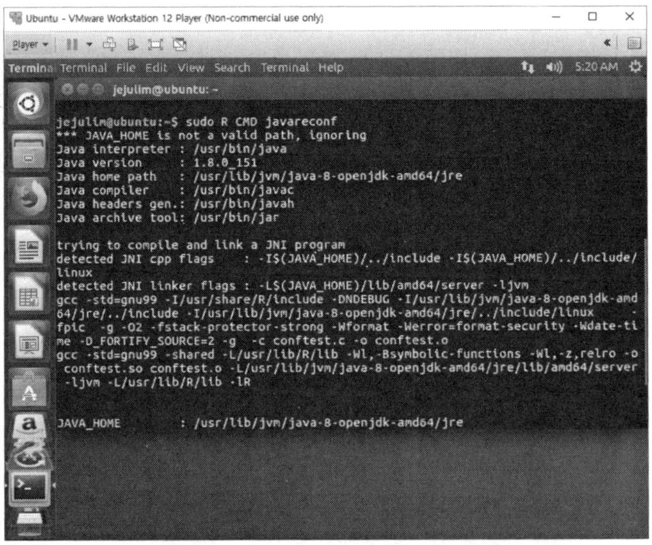

그림 6.5 R에서 Java 지원을 위한 환경 설정

커맨드 라인(command line)에서 R CMD 명령어를 통해 현재의 Java 설치 환경을 인식하여 R에서 업데이트시켜준다. 이를 위한 명령문은 다음과 같다.

```
jejulim@ubuntu:~$ sudo R CMD javareconf
```

위 문장은 R과 Java 언어를 연결해 주는 rJava 패키지 설치를 위해 필요하다.

④ 관리자 권한으로 R 실행

위에서 다운받은 rmr 패키지와 rhdfs 패키지 설치를 위해 관리자 권한으로 R을 실행한다.

```
jejulim@ubuntu:~$ sudo R
```

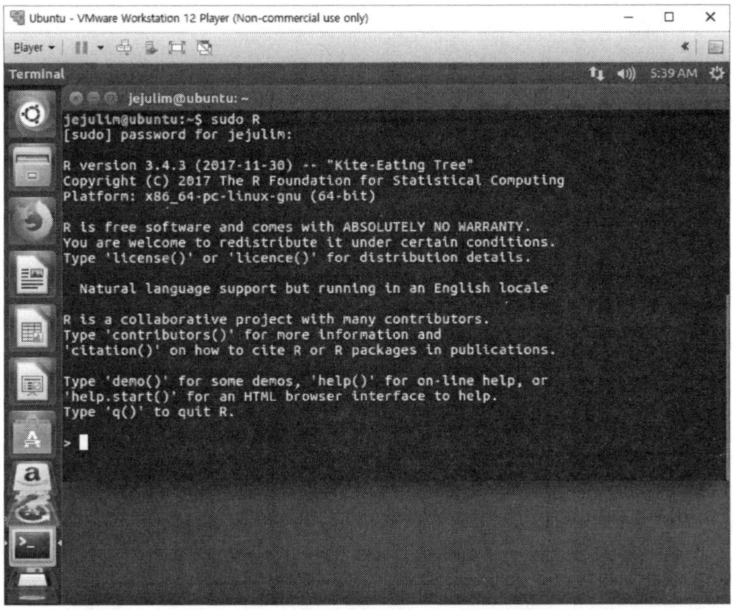

그림 6.6 관리자 권한으로 R 실행

⑤ rmr2가 의존하는 패키지 설치

RHadoop 설치에 필요한 rmr2 패키지를 설치하기 전에 먼저 다음의 패키지들을 설치한다.
“Rcpp”, “RJSONIO”, “digest”, “functional”, “reshape2”, “stringr”, “plyr”, “caTools”

```
> install.packages(c("Rcpp","RJSONIO","digest","functional","reshape2","stringr",
"plyr","caTools"))
```

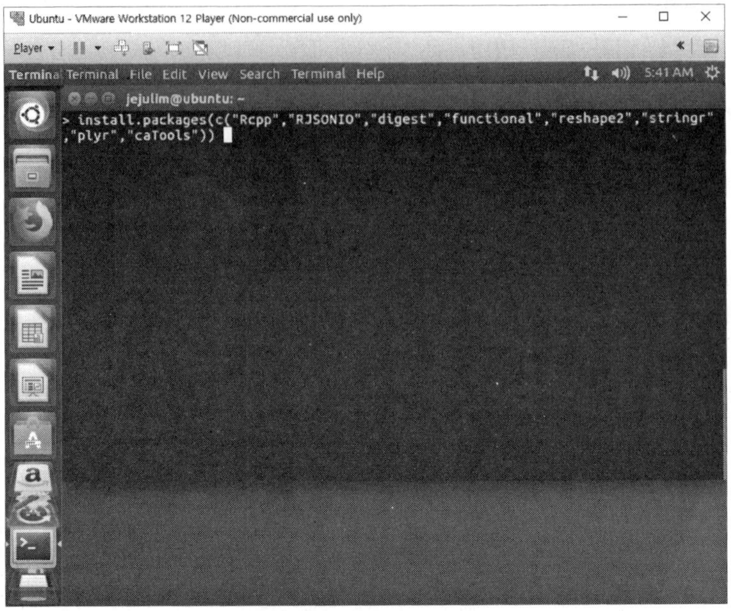

그림 6.7 rmr2가 의존하는 패키지 설치

⑥ rmr2 설치

커맨드 라인(command line)에서 R CMD INSTALL 명령어를 이용하여 rmr2 패키지를 설치한다.

```
jejulim@ubuntu:~/Downloads$ sudo R CMD INSTALL rmr2_3.3.1.tar.gz
```

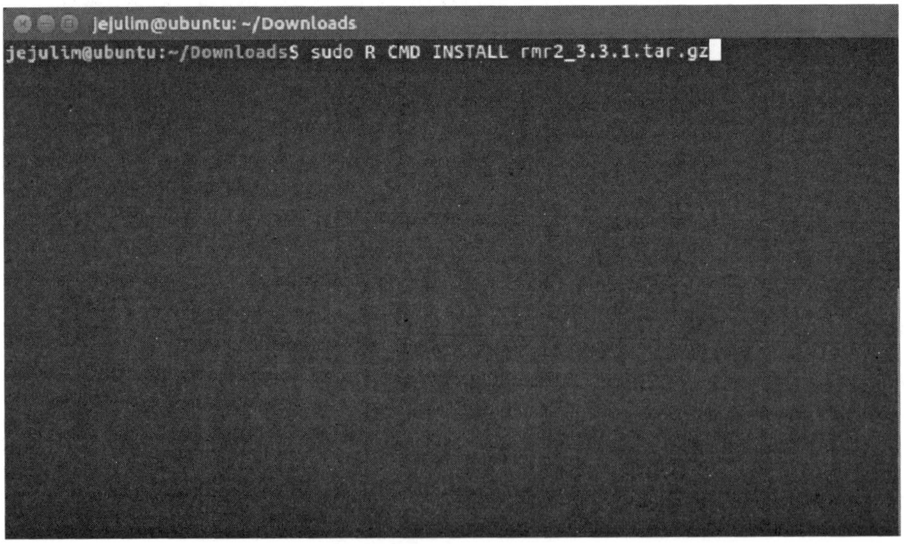

그림 6.8 rmr2 설치

⑦ rhdfs가 의존하는 rJava 패키지 설치

rhdfs 패키지가 설치하기 전에 사전에 rJava 패키지를 설치한다.

```
> install.packages("rJava")
> library(rJava)
```

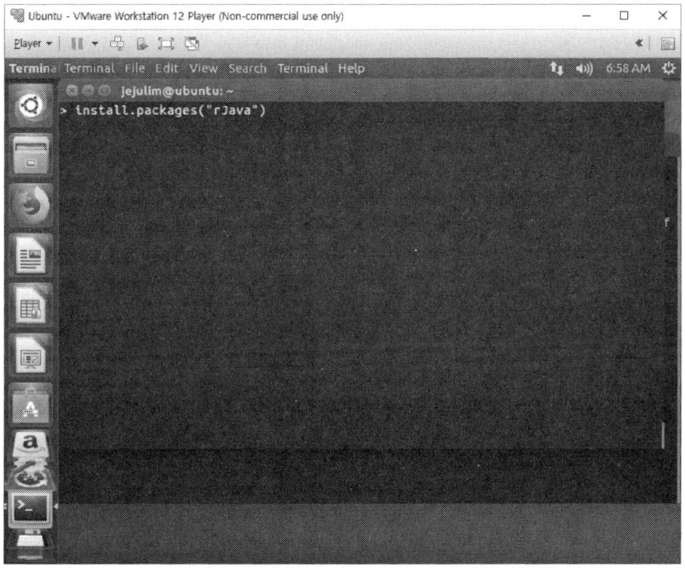

그림 6.9 rJava 패키지 설치

⑧ rhdfs 설치

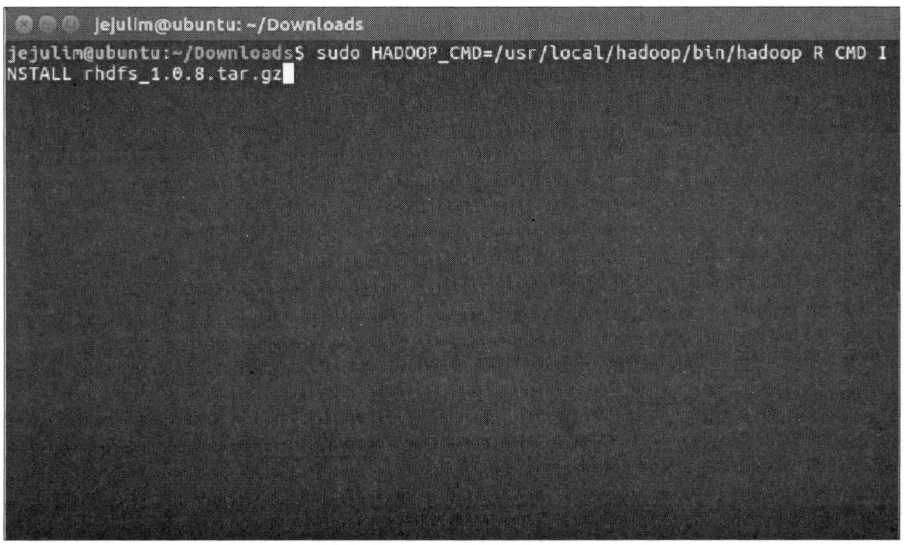

그림 6.10 rhdfs 패키지 설치

rhdfs 패키지 설치는 rmr2 패키지와 마찬가지로 커맨드 라인에서 R CMD INSTALL 명령어를 이용하여 설치한다. 단, rhdfs 패키지 설치하기 전에 다음의 명령을 수행한다.

HADOOP_CMD=/usr/local/hadoop/bin/hadoop

```
jejulim@ubuntu:~/Downloads$ sudo HADOOP_CMD=/usr/local/hadoop/bin/hadoop R CMD
INSTALL rhdfs_1.0.8.tar.gz
```

⑨ R 종료

q() 혹은 quit() 함수를 이용하여 R을 종료한다.

6.3 RHadoop 맛보기

[예제 6.1] 1부터 10까지 제곱을 계산하는 RHadoop 프로그램을 작성하고자 한다.

[R 코드 6.1]

```
Sys.setenv(HADOOP_CMD="/usr/local/hadoop/bin/hadoop")
Sys.setenv(HADOOP_STREAMING="/usr/local/hadoop/share/hadoop/tools/lib/hadoop-stream
ing-2.8.0.jar")

library(rhdfs)
hdfs.init()
library(rmr2)

small.ints <- to.dfs(1:10)
map.fn <- function(k,v) {
  val= cbind(v, v^2)
  return(keyval(k, val))
  }
result <- mapreduce(input = small.ints, map = map.fn)
out <- from.dfs(result)
out
```

① R에서 하둡 관련 환경 변수 설정

관리자 권한으로 R을 실행한 후 하둡 관련 환경 변수를 설정한다.

R에서 Sys.setenv() 함수를 이용하여 환경 변수 HADOOP_CMD와 HADOOP_STREAMING에 대해 설정한다.

```
> Sys.setenv(HADOOP_CMD="/usr/local/hadoop/bin/hadoop")
>
Sys.setenv(HADOOP_STREAMING="/usr/local/hadoop/share/hadoop/tools/lib/hadoop-stream
ing-2.8.0.jar")
```

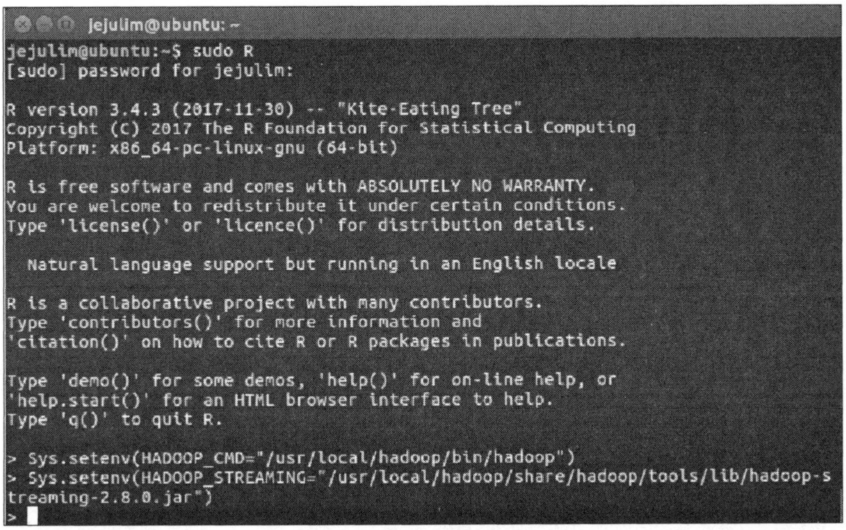

그림 6.11 환경 변수 설정

② rhdfs, rmr2 패키지 불러오기 및 hdfs 초기화

```
> library(rhdfs)
> hdfs.init()
> library(rmr2)
```

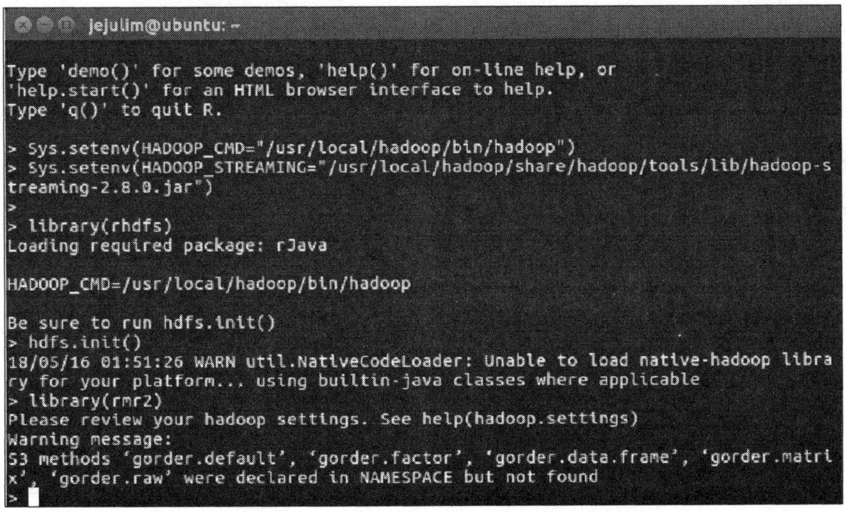

그림 6.12 rhdfs, rmr2 패키지 불러오기 및 hdfs 초기화

③ 맵리듀스(MapReduce) 프로그램

여기서는 맵(Map)함수만으로 이루어진 맵리듀스 프로그램을 작성한다.

```
small.ints <- to.dfs(1:10)
map.fn <- function(k,v) {
 val= cbind(v, v^2)
 return(keyval(k, val))
}
result <- mapreduce(input = small.ints, map = map.fn)
out <- from.dfs(result)
out
```

위 프로그램 중 첫 번째 문장, 즉 다음의 문장 수행 중 그림 6.13과 같은 오류가 발생하였다.

```
small.ints <- to.dfs(1:10)
```

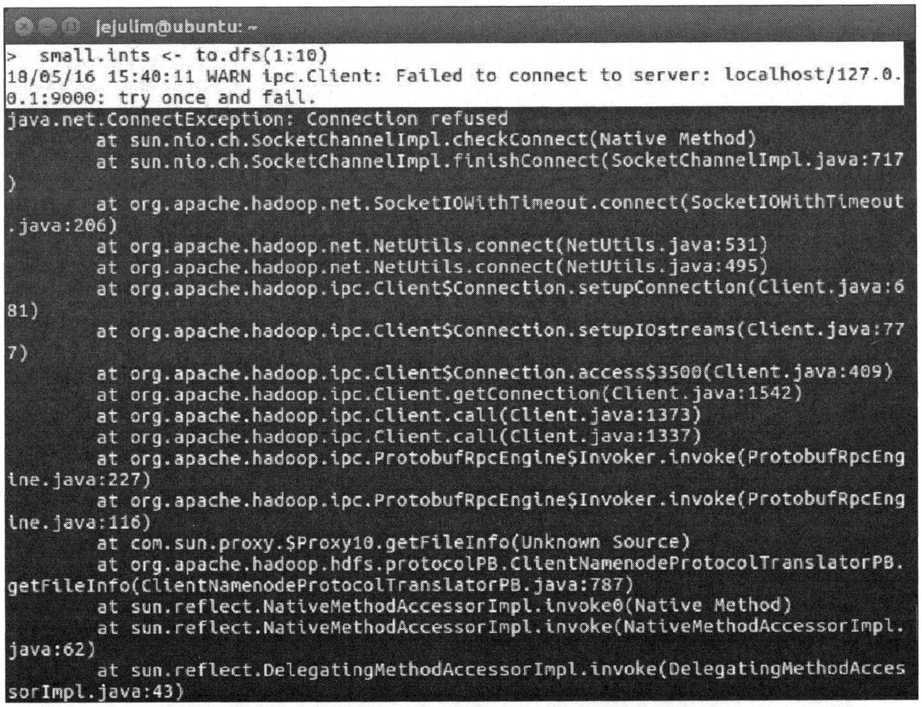

```
jejulim@ubuntu: ~
>  small.ints <- to.dfs(1:10)
18/05/16 15:40:11 WARN ipc.Client: Failed to connect to server: localhost/127.0.
0.1:9000: try once and fail.
java.net.ConnectException: Connection refused
        at sun.nio.ch.SocketChannelImpl.checkConnect(Native Method)
        at sun.nio.ch.SocketChannelImpl.finishConnect(SocketChannelImpl.java:717
)
        at org.apache.hadoop.net.SocketIOWithTimeout.connect(SocketIOWithTimeout
.java:206)
        at org.apache.hadoop.net.NetUtils.connect(NetUtils.java:531)
        at org.apache.hadoop.net.NetUtils.connect(NetUtils.java:495)
        at org.apache.hadoop.ipc.Client$Connection.setupConnection(Client.java:6
81)
        at org.apache.hadoop.ipc.Client$Connection.setupIOstreams(Client.java:77
7)
        at org.apache.hadoop.ipc.Client$Connection.access$3500(Client.java:409)
        at org.apache.hadoop.ipc.Client.getConnection(Client.java:1542)
        at org.apache.hadoop.ipc.Client.call(Client.java:1373)
        at org.apache.hadoop.ipc.Client.call(Client.java:1337)
        at org.apache.hadoop.ipc.ProtobufRpcEngine$Invoker.invoke(ProtobufRpcEng
ine.java:227)
        at org.apache.hadoop.ipc.ProtobufRpcEngine$Invoker.invoke(ProtobufRpcEng
ine.java:116)
        at com.sun.proxy.$Proxy10.getFileInfo(Unknown Source)
        at org.apache.hadoop.hdfs.protocolPB.ClientNamenodeProtocolTranslatorPB.
getFileInfo(ClientNamenodeProtocolTranslatorPB.java:787)
        at sun.reflect.NativeMethodAccessorImpl.invoke0(Native Method)
        at sun.reflect.NativeMethodAccessorImpl.invoke(NativeMethodAccessorImpl.
java:62)
        at sun.reflect.DelegatingMethodAccessorImpl.invoke(DelegatingMethodAcces
sorImpl.java:43)
```

그림 6.13 하둡이 실행되지 않아서 발생한 오류

그림 6.13의 오류는 "Failed to connect to server : localhost/127.0.0.1:9000"으로 하둡 시스템에 접속하지 못함으로써 발생한 오류이다. 이것은 하둡이 실행되지 않아서 발생한 오류이다. 따라서 다음과 같이 하둡을 실행시킨다.

```
jejulim@ubuntu:~$ hadoop namenode -format
jejulim@ubuntu:~$ start-all.sh
jejulim@ubuntu:~$ jps
```

그림 6.14와 같이 하둡 실행시킨 후 다시 아래 문장을 시켰을 때 오류가 발생하였다.

```
small.ints <- to.dfs(1:10)
```

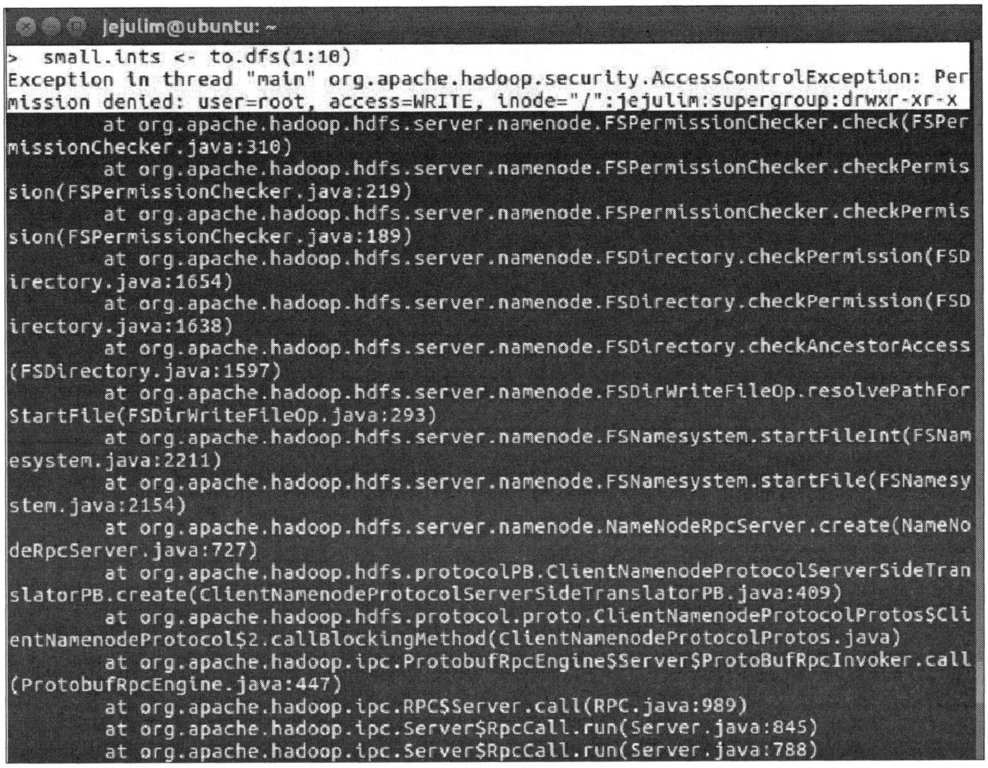

그림 6.14 hdfs 권한으로 인한 오류

그림 6.14의 오류는 "Permission denied" 오류로 "/"인 루트 디렉토리의 접근(permission) 권한으로 인한 오류이다. 즉, "/" 디렉토리에 대한 쓰기(WRITE) 권한이 없으므로 인해 발생한 오류이다. sudo R 명령에 따라 사용자는 user=root이고 jejulim:supergroup:drwxr-xr-x에 의해 소유권을 보면 파일 소유자는 jejulim이고, 소유자 그룹은 supergroup이다. 그리고 허가권을 보면 drwxr-xr-x이므로 jejulim에게는 모든 권한을 갖고 있으나 supergroup과 기타 사용자에게는 읽기, 실행 권한이 있으나 쓰기 권한을 갖고 있지 않다. 따라서 위 오류의 해결 방법은 다음과 같다.

```
jejulim@ubuntu:~$ hadoop fs -mkdir /tmp
jejulim@ubuntu:~$ hadoop fs -chmod -R 777 /tmp
```

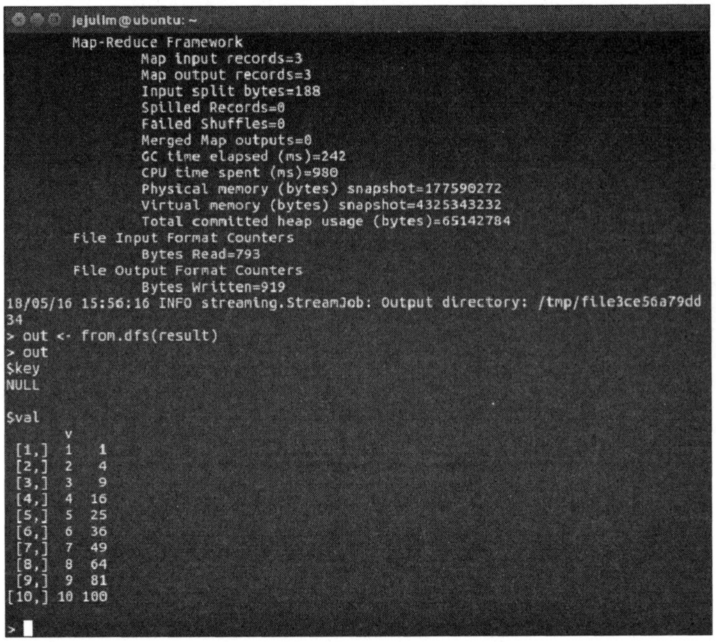

그림 6.15 [R 코드 6.1]의 실행결과

그림 6.15로부터 1부터 10까지 수에 대해 각각의 제곱이 계산되었음을 알 수 있다.

다음은 RStudio 서버에서 [R 코드 6.1]를 실행하고자 한다. 이를 위해 http://127.0.0.1:8787로 접속한다.

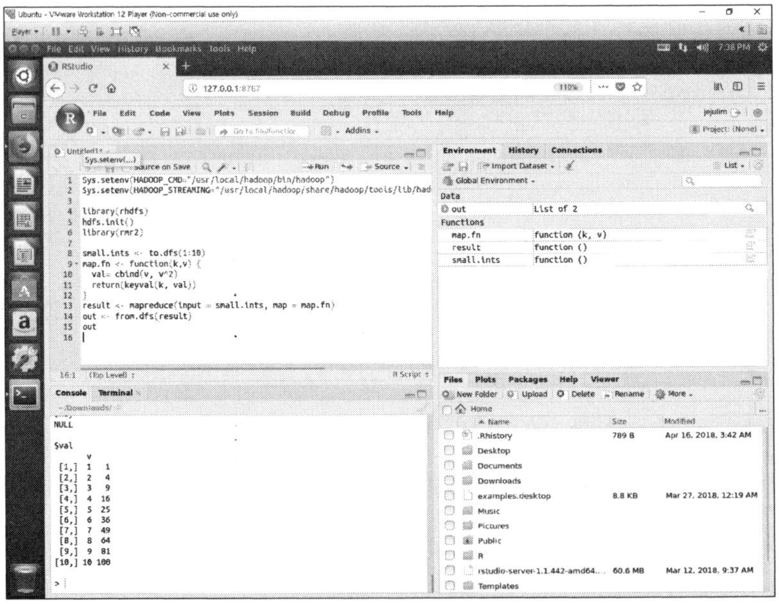

그림 6.16 RStudio 서버에서 [R 코드 6.1]의 실행결과

그림 6.16은 RStudio 서버에서 [R 코드 6.1]의 실행결과이다.

다음은 RStudio 데스크탑에서 [R 코드 6.1]를 실행하고자 한다. 이를 위해 관리자 권한으로 rstudio을 실행한다.

```
jejulim@ubuntu:~$ sudo rstudio
```

그림 6.17은 RStudio 데스크탑에서 [R 코드 6.1]의 실행결과이다.

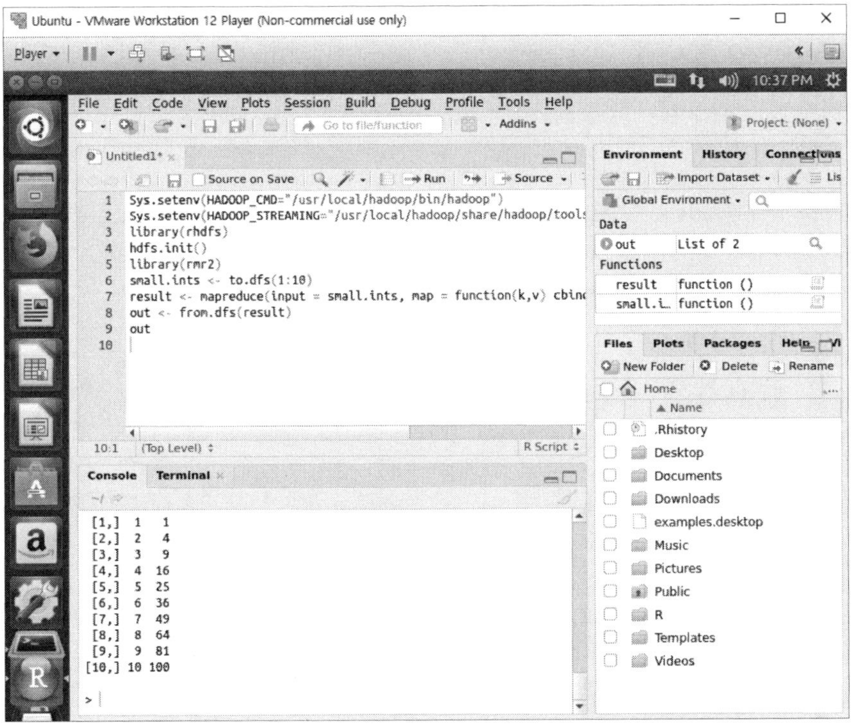

그림 6.17 RStudio 데스크탑에서 [R 코드 6.1]의 실행결과

제 7 장

RHadoop 빅데이터 처리 분석 예제

7.1 RHadoop 함수

(1) hdfs 패키지

① 초기화(initialization)

- hdfs.init() : HDFS을 초기화한다.

② 파일 다루기(file manipulations)

- hdfs.put() : 로컬 시스템에 있는 파일을 HDFS로 복사한다.

  예 hdfs.put("/usr/local/hadoop/README.txt", "/tmp/README.txt")

  → 로컬 시스템에 있는 파일 "/usr/local/hadoop/README.txt"를 HDFS 상의 파일 "/tmp/README.txt"로 복사한다.

- hdfs.get() : HDFS에 있는 파일을 로컬 시스템으로 복사한다. hdfs.get()는 hdfs.put의 반대개념이다.

  예 hdfs.get("/tmp/README.txt", "/home/jejulim/Downloads/")

  → HDFS 상의 파일 "/tmp/README.txt"을 로컬 시스템에 있는 파일 "/home/jejulim/Downloads/"로 복사한다.

- hdfs.copy() : HDFS에 있는 파일을 HDFS에 있는 다른 파일로 복사한다.

  예 hdfs.copy("/tmp/README.txt", "/tmp/README1.txt")

  → HDFS 상의 파일 "/tmp/README.txt"를 HDFS 상의 다른 파일 "/tmp/README1.txt"로 복사한다.

- hdfs.rm() : HDFS에 있는 파일을 제거한다. hdfs.delete() 함수와 같은 기능을 갖고 있다.

  예 hdfs.rm("/tmp/README.txt")

  → HDFS 상의 파일 "/tmp/README.txt"를 삭제한다.

③ 파일 읽기/쓰기(file read/write)

- hdfs.file() : HDFS 파일 시스템상의 파일 읽기/쓰기를 위해 파일을 여는 데 사용한다. hdfs.file() 함수의 사용 형식은 다음과 같다.

```
hdfs.file(filename, mode)
```

  여기서 mode는 읽기/쓰기를 위해서는 "r"/"w"를 지정한다.

- hdfs.read() : HDFS 파일 시스템상의 파일 읽기를 위해 사용한다.
- hdfs.write() : HDFS 파일 시스템상의 파일 쓰기를 위해 사용한다.

- hdfs.close() : HDFS 파일 시스템상의 파일 닫기를 위해 사용한다.
  → hdfs.read() 혹은 hdfs.write() 후에 파일을 닫아준다.

④ 디렉토리 다루기(directory manipulations)

- hdfs.mkdir() : HDFS 상의 디렉토리를 만드는 데 사용한다.
- hdfs.rm() : HDFS 파일 시스템으로 디렉토리를 제거하는 데 사용한다. hdfs.delete() 함수와 같은 기능을 갖고 있다.

⑤ 유틸리티(utility)

- hdfs.ls() : HDFS 상의 파일 목록을 보는 데 사용한다.
  예 hdfs.ls("/")
  → HDFS 상의 루트 디렉토리("/")의 목록을 보는 데 사용한다.

(2) rmr 패키지

① HDFS에 데이터 저장과 가져오기

- to.dfs() : HDFS 상에 R 객체(R object)를 저장하는 데 사용한다.
  예 to.dfs(1:10)
  → HDFS 상에 1부터 10까지 데이터를 저장한다.
- from.dfs() : HDFS 상의 R 객체(R object)를 가져오는 데(읽는 데) 사용한다.
  예 from.dfs(to.dfs(1:10))
  → HDFS 상의 1부터 10까지 데이터를 로컬 시스템으로 가져온다.

② 맵리듀스

- mapreduce() : 맵(map)과 리듀스(reduce)를 실행시키는 역할을 수행한다.
  다음은 mapreduce() 함수의 사용 형식이다.

```
mapreduce(input, map, reduce)
```

  여기서 input 인자는 HDFS에 있는 처리할 데이터 셋을 지정하고 map 인자와 reduce 인자는 맵 함수와 리듀스 함수를 지정한다.
- keyval() : 키(key), 값(value)을 생성한 후 <키(key), 값(value)> 쌍으로 출력한다.
  다음은 keyval() 함수의 사용 형식이다.

```
keyval(key, value)
```

  여기서 key는 키이고, value은 값이다.

7.2 여러 가지 RHadoop 예제

(1) 짝수, 홀수 개수 세기

[예제 7.1] 주어진 10개의 수에 대해 짝수, 홀수가 몇 개인지 RHadoop 프로그램을 작성하고자 한다. 맵 함수에서는 주어진 데이터에 대해 짝수, 홀수 구분하고, 리듀스 함수에서는 맵 함수에서 구한 짝수, 홀수에 대해 집계하여 짝수, 홀수의 개수를 구한다. 여기서 주어진 10개의 수는 다음과 같다.

2, 6, 67, 85, 7, 9, 4, 21, 78, 45

▶ [R 코드 7.1]

```
Sys.setenv(HADOOP_CMD="/usr/local/hadoop/bin/hadoop")
Sys.setenv(HADOOP_STREAMING="/usr/local/hadoop/share/hadoop/tools/lib/hadoop-stream
ing-2.8.0.jar")

library(rhdfs)
hdfs.init()
library(rmr2)

x <- c(2,6,67,85,7,9,4,21,78,45)
hadoop.dfs <- to.dfs(x)

 mapper <- function(., v){
  #calculate the key
  key <- ifelse (v %% 2 == 0, 2, 1)
  #return the key and the value
  return(keyval(key, v))
}
reducer <- function(k, v){
  #length of value
  value <- length(v)
  #return key and value
  return(keyval(k, value))
}
#output <- mapreduce(input = hadoop.dfs, map = mapper)
output <- mapreduce(input = hadoop.dfs, map = mapper, reduce = reducer)
result <- from.dfs(output)
result
```

```
> result
$key
[1] 1 2
$val
[1] 6 4
```

▶ [실행결과 해석]

[R 코드 7.1]의 실행결과는 <key, value> 쌍으로 출력됨을 알 수 있다. 즉, 위의 결과는 다음을 나타낸다.

<1,6>,   <2,4>

따라서 홀수, 여기서 1인 개수가 6개이고, 짝수, 여기서 2인 개수가 4개임을 나타낸다.

▶ [R 코드 7.1 설명]

- 시스템 환경 설정 및 rhdfs와 rmr2 로딩

```
Sys.setenv(HADOOP_CMD="/usr/local/hadoop/bin/hadoop")
Sys.setenv(HADOOP_STREAMING="/usr/local/hadoop/share/hadoop/tools/lib/hadoop-stream
ing-2.8.0.jar")

library(rhdfs)
hdfs.init()
library(rmr2)
```

- 맵 함수(map function)

```
mapper <- function(., v){
  #calculate the key
  key <- ifelse (v %% 2 == 0, 2, 1)
  #return the key and the value
  return(keyval(key, v))
}
```

맵 함수는 2개의 인자, key와 value를 input 인자로 취한다. 여기서 key에 해당되는 "."는 임의의 값을 나타내므로 무시될 수 있고, value에 해당되는 "v"는 입력 데이터를 받는 인자이다. 맵 함수는 ifelse() 함수에 의해 입력 데이터가 짝수, 홀수인지 %% 연산자를 이용하여 구분하고 짝수이면 key=2, 홀수이면 key=1로 할당한 다음 keyval() 함수를 이용하여 <key, value> 쌍으로 출력한다. 여기서 return(keyval(key, v))에서 return 함수명을 생략하여 keyval(key, v)을 사용해도 된다.

- 리듀스 함수(reduce function)

```
reducer <- function(k, v){
  #length of value
  value <- length(v)
  #return key and value
  return(keyval(k, value))
}
```

리듀스 함수도 맵 함수와 같이 두 개의 인자, key와 value를 input 인자로 취한다. 리듀스 함수에서 key와 value은 맵 함수의 return 함수에 의해 반환된 key와 value을 취한다. 따라서 리듀스 함수에서는 반환된 key에 따라 아래와 같이 여러 개의 value 값들을 집계(aggregation)한다.

<1, 67, 85, 7, 9, 21, 45>
<2, 2, 6, 4, 78>

위에서 value 값들의 길이는 length() 함수에 의해 key=1인 경우는 6, key=2인 경우는 4가 된다. 이 결과를 keyval() 함수를 이용하여 <key, value> 쌍으로 출력한다.

참고로, 맵 함수만의 실행결과를 보고자 한다.

```
mapper <- function(., v){
  #calculate the key
  key <- ifelse (v %% 2 == 0, 2, 1)
  #return the key and the value
  return(keyval(key, v))
}
output <- mapreduce(input = hadoop.dfs, map = mapper)
result <- from.dfs(output)
result
```

```
> result
$key
 [1] 2 2 2 2 1 1 1 1 1 1
$val
 [1]  2  6  4 78 67 85  7  9 21 45
```

▶ [실행결과 해석]

맵 함수의 실행결과는 <key, value> 쌍으로 출력됨을 알 수 있다. 즉, 위의 결과는 다음을 나타낸다.

<2,2>, <2,6>, <2,4> ... <1,9>, <1,21>, <1,45>

(2) 정규 난수로부터 개수 계산

[예제 7.2] 평균 100, 표준편차 10인 정규분포로부터 난수를 발생하여 100 미만인 난수의 개수와 100 이상인 난수의 개수를 세는 RHadoop 프로그램을 작성하고자 한다. 맵 함수에서는 난수를 100 미만, 100 이상으로 구분하고, 리듀스 함수에서 100 미만이 몇 개인지 100 이상이 몇 개인지 집계하고자 한다.

▶ [R 코드 7.2]

```
Sys.setenv(HADOOP_CMD="/usr/local/hadoop/bin/hadoop")
Sys.setenv(HADOOP_STREAMING="/usr/local/hadoop/share/hadoop/tools/lib/hadoop-stream
ing-2.8.0.jar")

library(rhdfs)
hdfs.init()
library(rmr2)

x <- rnorm(100,100,10)
hadoop.dfs <- to.dfs(x)

mapper <- function(., v){
  #calculate the key
  key <- ifelse(v < 100, "less", "greater")
  #return the key and the value
  return(keyval(key, 1))
}

reducer <- function(k, v){
  #length of value
  value <- length(v)
  #return key and value
  return(keyval(k, value))
}

#output <- mapreduce(input = hadoop.dfs, map = mapper)
output <- mapreduce(input = hadoop.dfs, map = mapper, reduce = reducer)
result <- from.dfs(output)
result
```

```
> result
$key
[1] "less"    "greater"

$val
[1] 54 46
```

▶ [실행결과 해석]

[R 코드 7.2]의 실행결과는 <key, value> 쌍으로 출력됨을 알 수 있다. 즉, 위의 결과는 다음을 나타낸다.

<"less", 54>, <"greater", 46>

따라서 발생된 100개의 난수 중에 100 미만이 54개, 100 이상이 46개임을 나타내고 있다.

참고로, 맵 함수만의 실행결과를 보고자 한다.

```
mapper <- function(., v){
  #calculate the key
  key <- ifelse(v < 100, "less", "greater")
  #return the key and the value
   return(keyval(key, 1))
}
output <- mapreduce(input = hadoop.dfs, map = mapper)
result <- from.dfs(output)
result
```

```
> result
$key
  [1] "greater" "greater" "greater" "greater" "greater" "greater" "greater"
"greater" "greater"
 [10] "greater" "greater" "greater" "greater" "greater" "greater" "greater"
"greater" "greater"
 [19] "greater" "greater" "greater" "greater" "greater" "greater" "greater"
"greater" "greater"
 [28] "greater" "greater" "greater" "greater" "greater" "greater" "greater"
"greater" "greater"
 [37] "greater" "greater" "greater" "greater" "greater" "greater" "greater"
"greater" "greater"
 [46] "greater" "less"    "less"    "less"    "less"    "less"    "less"    "less"
"less"
 [55] "less"    "less"    "less"    "less"    "less"    "less"    "less"    "less"
"less"
 [64] "less"    "less"    "less"    "less"    "less"    "less"    "less"    "less"
"less"
 [73] "less"    "less"    "less"    "less"    "less"    "less"    "less"    "less"
"less"
 [82] "less"    "less"    "less"    "less"    "less"    "less"    "less"    "less"
"less"
 [91] "less"    "less"    "less"    "less"    "less"    "less"    "less"    "less"
"less"
[100] "less"

$val
  [1] 1 1 1 1 1 1 1 1 1 1 1 1 1 1 1 1 1 1 1 1 1 1 1 1 1 1 1 1 1 1 1 1 1 1 1 1 1 1 1 1 1
1 1 1 1 1 1
 [48] 1 1 1 1 1 1 1 1 1 1 1 1 1 1 1 1 1 1 1 1 1 1 1 1 1 1 1 1 1 1 1 1 1 1 1 1 1 1 1 1 1
1 1 1 1 1 1
 [95] 1 1 1 1 1 1
```

▶ [실행결과 해석]

맵 함수의 실행결과는 <key, value> 쌍으로 출력됨을 알 수 있다. 즉, 위의 결과는 다음을 나타낸다.

<"greater",1>, <"greater",1>, <"greater",1> ... <"less",1>, <"less",1>, <"less",1>

(3) 정규 난수로부터 평균 계산

[예제 7.3] 평균 100, 표준편차 10인 정규분포로부터 난수를 발생하여 100 미만인 난수의 평균과 100 이상인 난수의 평균을 계산하는 RHadoop 프로그램을 작성하고자 한다. 맵 함수에서는 난수를 100 미만, 100 이상으로 구분하고, 리듀스 함수에서 100 미만과 100 이상의 난수들의 평균을 계산하고자 한다.

▶ [R 코드 7.3]

```
Sys.setenv(HADOOP_CMD="/usr/local/hadoop/bin/hadoop")
Sys.setenv(HADOOP_STREAMING="/usr/local/hadoop/share/hadoop/tools/lib/hadoop-stream
ing-2.8.0.jar")

library(rhdfs)
hdfs.init()
library(rmr2)

x <- rnorm(100,100,10)
hadoop.dfs <- to.dfs(x)

mapper <- function(., v){
  #calculate the key
  key <- ifelse(v < 100, "less", "greater")
  #return the key and the value
  return(keyval(key, v))
}

reducer <- function(k, v){
  #compute the mean
  value <- mean(v)
  #return key and value
  return(keyval(k, value))
}

#output <- mapreduce(input = hadoop.dfs, map = mapper)
output <- mapreduce(input = hadoop.dfs, map = mapper, reduce = reducer)
result <- from.dfs(output)
result
```

```
> result
$key
[1] "less"    "greater"

$val
[1]  91.01088 106.91094
```

▶ [실행결과 해석]

[R 코드 7.3]의 실행결과는 <key, value> 쌍으로 출력됨을 알 수 있다. 즉, 위의 결과는 다음을 나타낸다.

<“less”, 91.01088>, <“greater”, 106.91094>

따라서 100 미만의 난수의 평균은 91.01088, 100 이상의 난수의 평균은 106.91094임을 나타내고 있다.

(4) GDP기준 부유한 나라와 가난한 나라 분류

[예제 7.4] 각국의 GDP에 따라 부유한 나라와 가난한 나라로 분류하기 위한 RHadoop 프로그램을 작성하고자 한다. 이때 기준은 2014년 Apple사의 매출액(약 183,000, 단위 : 백만 달러)보다 많으면 부유한 나라, 작으면 가난한 나라로 분류한다.

그림 7.1은 2014년 194 국가의 GDP를 나타내는 CSV 파일이다.

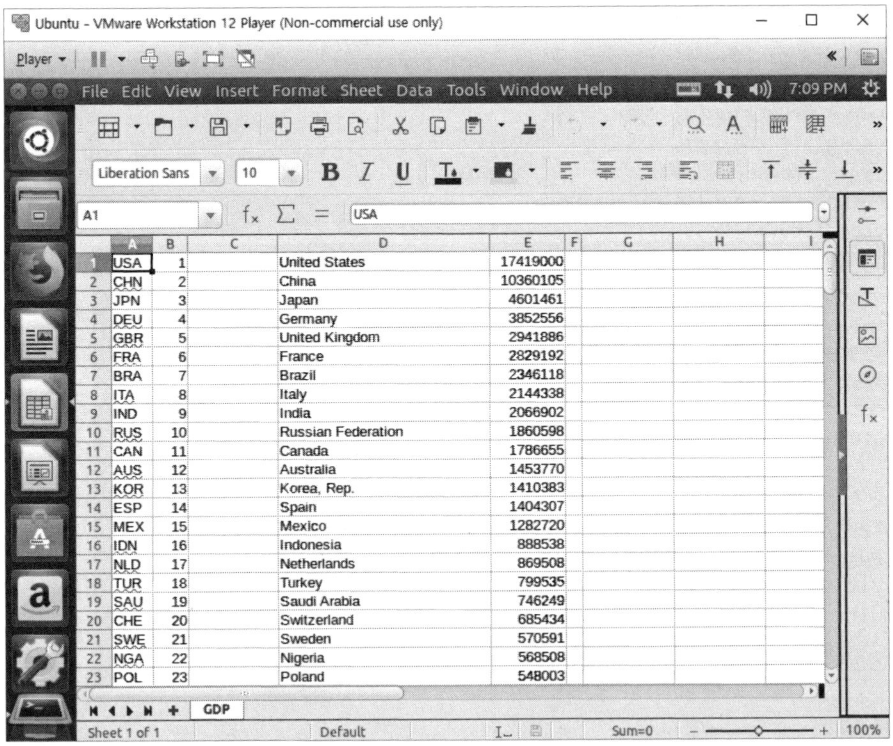

	A	B	C	D	E
1	USA	1		United States	17419000
2	CHN	2		China	10360105
3	JPN	3		Japan	4601461
4	DEU	4		Germany	3852556
5	GBR	5		United Kingdom	2941886
6	FRA	6		France	2829192
7	BRA	7		Brazil	2346118
8	ITA	8		Italy	2144338
9	IND	9		India	2066902
10	RUS	10		Russian Federation	1860598
11	CAN	11		Canada	1786655
12	AUS	12		Australia	1453770
13	KOR	13		Korea, Rep.	1410383
14	ESP	14		Spain	1404307
15	MEX	15		Mexico	1282720
16	IDN	16		Indonesia	888538
17	NLD	17		Netherlands	869508
18	TUR	18		Turkey	799535
19	SAU	19		Saudi Arabia	746249
20	CHE	20		Switzerland	685434
21	SWE	21		Sweden	570591
22	NGA	22		Nigeria	568508
23	POL	23		Poland	548003

그림 7.1 [LibreOffice Calc]에서 GDP.csv 파일 열기

참고로, 저자는 GDP.csv를 구글 드라이브에 저장하였고 우분투에서 다운로드하여 사용한다.

그림 7.1의 GDP.csv 파일은 5개의 열로 이루어져 있고 3번째 열이 비어 있고 우리가 분석할 데이터는 GDP에 해당되는 5번째 열 데이터이다. 이 데이터는 숫자 데이터임을 알 수 있다.

그림 7.2는 그림 7.1에서 3번째 비어 있는 열을 삭제한 후 얻어진 새로운 데이터이고 파일 이름은 GDP1.csv이다.

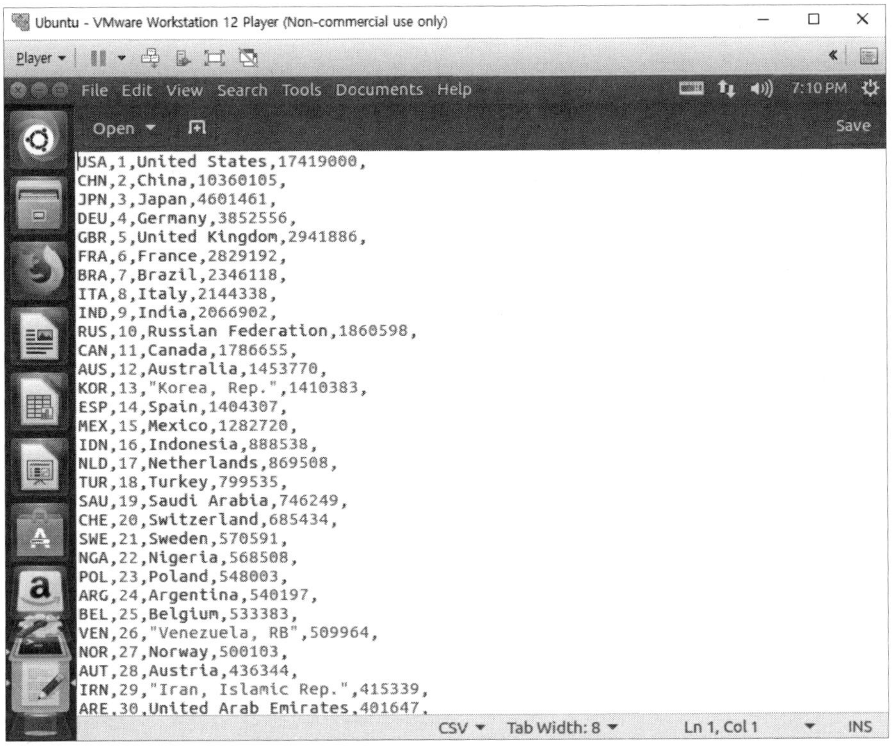

그림 7.2 gedit에서 GDP1.csv 열기

▶ [R 코드 7.4]

```
Sys.setenv(HADOOP_CMD="/usr/local/hadoop/bin/hadoop")
Sys.setenv(HADOOP_STREAMING="/usr/local/hadoop/share/hadoop/tools/lib/hadoop-stream
ing-2.8.0.jar")

library(rhdfs)
hdfs.init()
library(rmr2)

setwd("/home/jejulim/Downloads")
#getwd()
gdp <- read.csv("GDP1.csv", header=FALSE)
names(gdp) <-c("Country Code", "Number", "Country Name","GDP")
gdp.dfs = to.dfs(gdp)

# Apple revenue in 2014 in millions USD
appleRevenue = 183000
mapper <- function(., v) {
  key <- ifelse(v$GDP < appleRevenue, "poor", "rich")
  return(keyval(key, 1))
}

reducer <- function(k, v) {
```

```
  value <- length(v)
  #return key and value
  return(keyval(k, value))
}
#output <- mapreduce(input = gdp.dfs, map = mapper)
output <- mapreduce(input = gdp.dfs, map = mapper, reduce = reducer)
result <- from.dfs(output)
result
```

```
> result
$key
[1] "poor" "rich"

$val
[1] 139  55
```

▶ [실행결과 해석]

[R 코드 7.4]의 실행결과는 <key, value> 쌍으로 출력됨을 알 수 있다. 즉, 위의 결과는 다음을 나타낸다.

<"poor", 139>, <"rich", 55>

따라서 194개 국가 중에 가난한 나라가 139개 국가, 부유한 나라가 55개 국가임을 나타내고 있다.

참고로, 맵 함수만의 실행결과를 보고자 한다.

```
mapper <- function(., v) {
  key <- ifelse(v$GDP < appleRevenue, "poor", "rich")
  return(keyval(key, 1))
}
output <- mapreduce(input = hadoop.dfs, map = mapper)
result <- from.dfs(output)
result
```

```
> result
$key
  [1] "rich" "rich" "rich" "rich" "rich" "rich" "rich" "rich" "rich" "rich" "rich"
"rich" "rich" "rich"
 [15] "rich" "rich" "rich" "rich" "rich" "rich" "rich" "rich" "rich" "rich" "rich"
"rich" "rich" "rich"
 ................................................
 [71] "poor" "poor" "poor" "poor" "poor" "poor" "poor" "poor" "poor" "poor" "poor"
"poor" "poor" "poor"
 [169] "poor" "poor" "poor" "poor" "poor" "poor" "poor" "poor" "poor" "poor" "poor"
"poor" "poor"
```

```
[183] "poor" "poor" "poor" "poor" "poor" "poor" "poor" "poor" "poor" "poor" "poor"
"poor"

$val
  [1] 1 1 1 1 1 1 1 1 1 1 1 1 1 1 1 1 1 1 1 1 1 1 1 1 1 1 1 1 1 1 1 1 1 1 1 1 1 1 1 1 1
1 1 1 1 1 1 1 1
 [50] 1 1 1 1 1 1 1 1 1 1 1 1 1 1 1 1 1 1 1 1 1 1 1 1 1 1 1 1 1 1 1 1 1 1 1 1 1 1 1 1 1
1 1 1 1 1 1 1 1
 [99] 1 1 1 1 1 1 1 1 1 1 1 1 1 1 1 1 1 1 1 1 1 1 1 1 1 1 1 1 1 1 1 1 1 1 1 1 1 1 1 1 1
1 1 1 1 1 1 1 1
[148] 1 1 1 1 1 1 1 1 1 1 1 1 1 1 1 1 1 1 1 1 1 1 1 1 1 1 1 1 1 1 1 1 1 1 1 1 1 1 1 1 1
1 1 1 1 1 1
```

▶ [실행결과 해석]

맵 함수의 실행결과는 <key, value> 쌍으로 출력됨을 알 수 있다. 즉, 위의 결과는 다음을 나타낸다.

<"rich",1>, <"rich",1>, <"rich",1> ... <"poor",1>, <"poor",1>, <"poor",1>

(5) iris 데이터

[예제 7.5] 그림 7.3의 iris 데이터는 4개의 독립변수 - 꽃받침의 길이(sepal.length), 꽃받침의 넓이(sepal.width), 꽃잎의 길이(petal.length), 꽃잎의 넓이(petal.width)와 1개의 분류변수 - 종(Species), 그리고 150개의 표본으로 구성된 데이터이다. 여기서 종에는 Setosa, Versicolor, Virginica 3가지 종류가 있다.

3가지 종에 대해 꽃받침의 길이(sepal.length)의 평균을 구하는 RHadoop 프로그램을 작성하고자 한다.

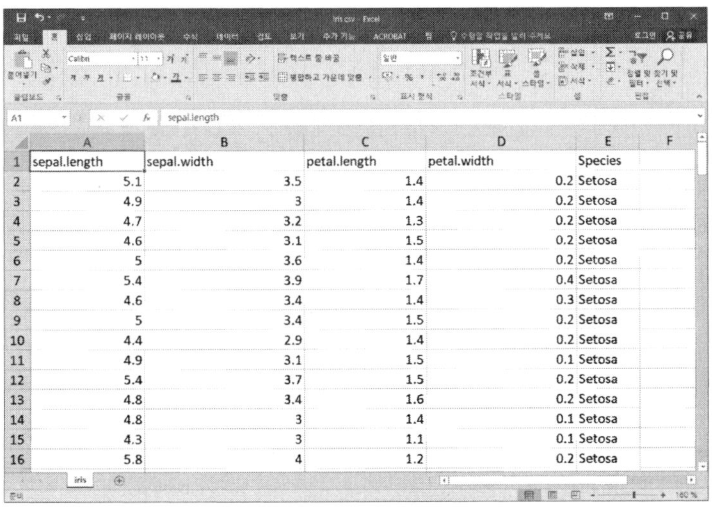

	A	B	C	D	E
1	sepal.length	sepal.width	petal.length	petal.width	Species
2	5.1	3.5	1.4	0.2	Setosa
3	4.9	3	1.4	0.2	Setosa
4	4.7	3.2	1.3	0.2	Setosa
5	4.6	3.1	1.5	0.2	Setosa
6	5	3.6	1.4	0.2	Setosa
7	5.4	3.9	1.7	0.4	Setosa
8	4.6	3.4	1.4	0.3	Setosa
9	5	3.4	1.5	0.2	Setosa
10	4.4	2.9	1.4	0.2	Setosa
11	4.9	3.1	1.5	0.1	Setosa
12	5.4	3.7	1.5	0.2	Setosa
13	4.8	3.4	1.6	0.2	Setosa
14	4.8	3	1.4	0.1	Setosa
15	4.3	3	1.1	0.1	Setosa
16	5.8	4	1.2	0.2	Setosa

그림 7.3 iris 데이터(iris.csv)

▶ [R 코드 7.5]

```
Sys.setenv(HADOOP_CMD="/usr/local/hadoop/bin/hadoop")
Sys.setenv(HADOOP_STREAMING="/usr/local/hadoop/share/hadoop/tools/lib/hadoop-stream
ing-2.8.0.jar")

library(rhdfs)
hdfs.init()
library(rmr2)

setwd("/home/jejulim/Downloads")
#getwd()
iris <- read.csv("iris.csv", header=T)
iris.hdfs = to.dfs(iris)

mapper <- function(k,v) {
  key <- v$Species
  value <- v$sepal.length
  return(keyval(key, value))
}

reducer <- function(k,v) {
    value=mean(v)
    return(keyval(k, value))
}
#output <- mapreduce(input = iris.hdfs, map = mapper)
output <- mapreduce(input = iris.hdfs, map = mapper, reduce = reducer)
result <-  from.dfs(output)
result
```

```
> result
$key
[1] Setosa     Virginica  Versicolor
Levels : Setosa Versicolor Virginica

$val
[1] 5.006 6.588 5.936
```

▶ [실행결과 해석]

[R 코드 7.5]의 실행결과는 <key, value> 쌍으로 출력됨을 알 수 있다. 즉, 위의 결과는 다음을 나타낸다.

<Setosa, 5.006>, <Virginica, 6.588>, <Versicolor, 5.936>

따라서 Setosa는 꽃받침의 평균 길이는 5.006, Virginica는 꽃받침의 평균 길이는 6.588, Versicolor는 꽃받침의 평균 길이는 5.936임을 나타내고 있다.

(6) iris 데이터

[예제 7.6] iris 데이터에서 3가지 종 Setosa, Versicolor, Virginica에 대해 4개의 독립변수 - 꽃받침의 길이(sepal.length), 꽃받침의 넓이(sepal.width), 꽃잎의 길이(petal.length), 꽃잎의 넓이(petal.width)의 평균을 구하는 RHadoop 프로그램을 작성하고자 한다.

▶ [R 코드 7.6]

```
Sys.setenv(HADOOP_CMD="/usr/local/hadoop/bin/hadoop")
Sys.setenv(HADOOP_STREAMING="/usr/local/hadoop/share/hadoop/tools/lib/hadoop-stream
ing-2.8.0.jar")

library(rhdfs)
hdfs.init()
library(rmr2)

setwd("/home/jejulim/Downloads")
#getwd()
iris <- read.csv("iris.csv", header=T)
iris.hdfs = to.dfs(iris)

mapper <- function(k,v) {
  key <- v$Species
  value <- iris[-5]
  return(keyval(key, value))
}

reducer <- function(k,v) {
  value=apply(v,2, mean)
  return(keyval(k, value))
}
#output <- mapreduce(input = iris.hdfs, map = mapper)
output <- mapreduce(input = iris.hdfs, map = mapper, reduce = reducer)
result <-  from.dfs(output)
result
```

```
> result
$key
 [1] Setosa     Setosa     Setosa     Setosa     Virginica  Virginica
 [7] Virginica  Virginica  Versicolor Versicolor Versicolor Versicolor
Levels : Setosa Versicolor Virginica

$val
sepal.length sepal.width petal.length petal.width sepal.length
       5.006        3.428        1.462        0.246        6.588
sepal.width petal.length petal.width sepal.length sepal.width
       2.974        5.552        2.026        5.936        2.770
petal.length petal.width
       4.260        1.326
```

▶ [실행결과 해석]

[R 코드 7.6]의 실행결과는 <key, value> 쌍으로 출력됨을 알 수 있다. 즉, Setosa에 대한 sepal.length, sepal.width, petal.length, petal.width, sepal.length의 평균은 다음과 같다.

<Setosa, 5.006>, <Setosa, 3.428>, <Setosa, 1.462>, <Setosa, 0.246>

그리고 Virginica에 대한 sepal.length, sepal.width, petal.length, petal.width, sepal.length의 평균은 다음과 같다.

<Virginica, 6.588>, <Virginica, 2.974>, <Virginica, 5.552>, <Virginica, 2.026>

그리고 Versicolor에 대한 sepal.length, sepal.width, petal.length, petal.width, sepal.length의 평균은 다음과 같다.

<Versicolor, 5.936>, <Versicolor, 2.770>, <Versicolor, 4.260>, <Versicolor, 1.326>

위 [R 코드 7.6]의 실행결과는 <key, value> 쌍으로 출력되어 해석하는 데 어려움이 있다. 다음 [R 코드 7.6.1]에서는 [R 코드 7.6]을 수정하여 실행결과 해석을 용이하게 하였다.

▶ [R 코드 7.6.1]

```
Sys.setenv(HADOOP_CMD="/usr/local/hadoop/bin/hadoop")
Sys.setenv(HADOOP_STREAMING="/usr/local/hadoop/share/hadoop/tools/lib/hadoop-stream
ing-2.8.0.jar")

library(rhdfs)
hdfs.init()
library(rmr2)

#output <- mapreduce(input = iris.hdfs, map = mapper)
output <- mapreduce(input = iris.hdfs, map = mapper, reduce = reducer)
result <-  from.dfs(output)
print(result)


mapper <- function(k,v) {
  key <- v$Species
  keyval(key, iris)
}

reducer <- function(k,v) {
  value=cbind(mean(v$sepal.length),
                mean(v$sepal.width),
                mean(v$petal.length),
                mean(v$petal.width) )
  return(keyval(k, value))
```

```
}
#output <- mapreduce(input = iris.hdfs, map = mapper)
output <- mapreduce(input = iris.hdfs, map = mapper, reduce = reducer)
result <-  from.dfs(output)
result <-data.frame(matrix(result$val, nrow=3, ncol=4, byrow = F))
rownames(result) <-c("Setosa",  "Virginica",  "Versicolor")
colnames(result) <-c("sepal.length",  "sepal.width", "petal.length",  "petal.width")
result
```

```
> result
           sepal.length sepal.width petal.length petal.width
Setosa            5.006       3.428        1.462       0.246
Virginica         6.588       2.974        5.552       2.026
Versicolor        5.936       2.770        4.260       1.326
```

▶ [실행결과 해석]

3 가지 종 Setosa, Virginica, Versicolor에 대해 4개의 독립변수 - 꽃받침의 길이(sepal.length), 꽃받침의 넓이(sepal.width), 꽃잎의 길이(petal.length), 꽃잎의 넓이(petal.width)의 평균을 구하였다.

(7) word count 문제

[예제 7.7] "README.txt" 파일에 있는 단어세기(wordcount)에 대한 RHadoop 프로그램을 작성하고자 한다. 맵 함수에서 문장을 분리자 " "를 사용하여 분리하고 리듀스 함수에서 단어별로 집계하고자 한다.

▶ [R 코드 7.7]

```
Sys.setenv(HADOOP_CMD="/usr/local/hadoop/bin/hadoop")
Sys.setenv(HADOOP_STREAMING="/usr/local/hadoop/share/hadoop/tools/lib/hadoop-stream
ing-2.8.0.jar")

library(rhdfs)
hdfs.init()
library(rmr2)

hdfs.put("/home/jejulim/Downloads/README.txt", "/tmp/")
hdfs.ls("/tmp/")
outfile <- "/tmp/test"
if(hdfs.exists(outfile)) hdfs.rm(outfile)

txt = "/tmp/README.txt"
mapper <- function(k,v){
  words.list <- strsplit(v, split=" ")
  words <- unlist(words.list)
  keyval(words, 1)
}

reducer <- function(k,v) {
```

```
  keyval(k, sum(v))
}
output <- mapreduce(input = txt, input.format="text", output=outfile, map = mapper,
reduce = reducer)
result <- from.dfs(output)
result

result.df = as.data.frame(result)
colnames(result.df)=c("word", "count")
head(result.df, 10)
```

```
> result
$key
  [1] ""                              "as"
  [3] "by"                            "if"
  [5] "in"                            "is"
  [7] "it"                            "of"
  [9] "on"                            "or"
 [11] "to"                            "BIS"
 [13] "ENC"                           "For"
 [15] "SSL"                           "See"
 ............................................

[111] "Technology"                    "asymmetric"
[113] "classified"                    "concerning"
[115] "encryption"                    "performing"
[117] "permitted."                    "algorithms."
[119] "information"                   "possession,"
[121] "regulations"                   "Regulations,"

$val
  [1] 12  1  1  1  1  1  1  5  2  2  2  1  1  1  1  1  4  6  1  2  3  1  1  2  1  8  1
1  1  1  1
 [32]  1  1  1  1  1  2  3  2  1  1  1  1  1  1  1  1  1  1  1  2  1  2  1  1  1  1  1
1  2  1  1
 [63]  1  1  1  1  1  2  1  1  1  1  1  1  1  1  1  1  2  1  1  1  1  1  2  1  1  1  2
1  1  1  2
 [94]  1  1  1  1  1  1  1  1  1  2  2  2  1  1  1  1  1  1  1  1  1  3  1  1  1  2  2
1  1  1  2
[125]  1  1  1  3  1  1  1  1
```

▶ [실행결과 해석]

[R 코드 7.7]의 실행결과는 <key, value> 쌍으로 출력됨을 알 수 있다. 여기서 key는 단어, value는 단어 세기를 나타내고 있다.

```
> head(result.df, 10)
   word count
1          12
2    as     1
```

```
3   by    1
4   if    1
5   in    1
6   is    1
7   it    1
8   of    5
9   on    2
10  or    2
```

▶ [실행결과 해석]

맵리듀스의 key와 value에 대한 결과를 가지고 데이터 프레임을 사용하여 단어별 빈도를 나타내고 있다.

▶ [R 코드 7.7 설명]

- 맵 함수(map function)

```
mapper <- function(k,v){
  words.list <- strsplit(v, split=" ")
  words <- unlist(words.list)
  keyval(words, 1)
}
```

위 맵 함수는 HDFS에 저장된 <key, value> 형태의 데이터를 리스트 형태로 읽어서 처리한다. 이때 데이터는 strsplit() 함수를 사용하여 공백을 기준으로 단어별로 쪼개어 변수에 저장한다. 그리고 단어별로 쪼개진 데이터는 unlist() 함수에 의해 벡터 형태로 변환되고 keyval() 함수를 이용하여 <key, value> 형태로 HDFS에 보내진다. 여기서 <key>는 단어, <value>은 단어의 개수를 나타낸다.

- 리듀스 함수(reduce function)

```
reducer <- function(k,v) {
  keyval(k, sum(v))
}
```

위 reduce 함수는 map 함수에 의해 생성된 <key, value>에 대해 단어의 개수를 알기 위해 <key>를 기준으로 <value>들에 대해 합산하고 그 결과를 keyval() 함수를 통해 HDFS로 보내진다.

- 맵리듀스 함수(mapreduce function)

```
output <- mapreduce(input = txt, input.format="text", output=outfile, map = mapper,
reduce = reducer)
```

여기서 input 인자는 HDFS 상의 입력 파일을 지정하고 output 인자는 HDFS 상의 출력 파일을 지정한다.

제 8 장

RHadoop 빅데이터 처리 분석 활용

8.1 구글 Ngram 데이터

구글 Ngram 데이터는 구글 북스 라이브러리(google books library) 프로젝트에 의해 1520년부터 2012년까지 출간된 책을 디지털화한 3,000만 권의 책 중에서 추려낸 800만 권의 책을 대상으로 얻어진 데이터로서, 그림 8.1의 구글 Ngram 뷰어의 사이트에서 검색창에 검색어를 입력하면 지난 500년간 사용된 출현빈도 추이를 그래프로 보여준다.

https://books.google.com/ngrams

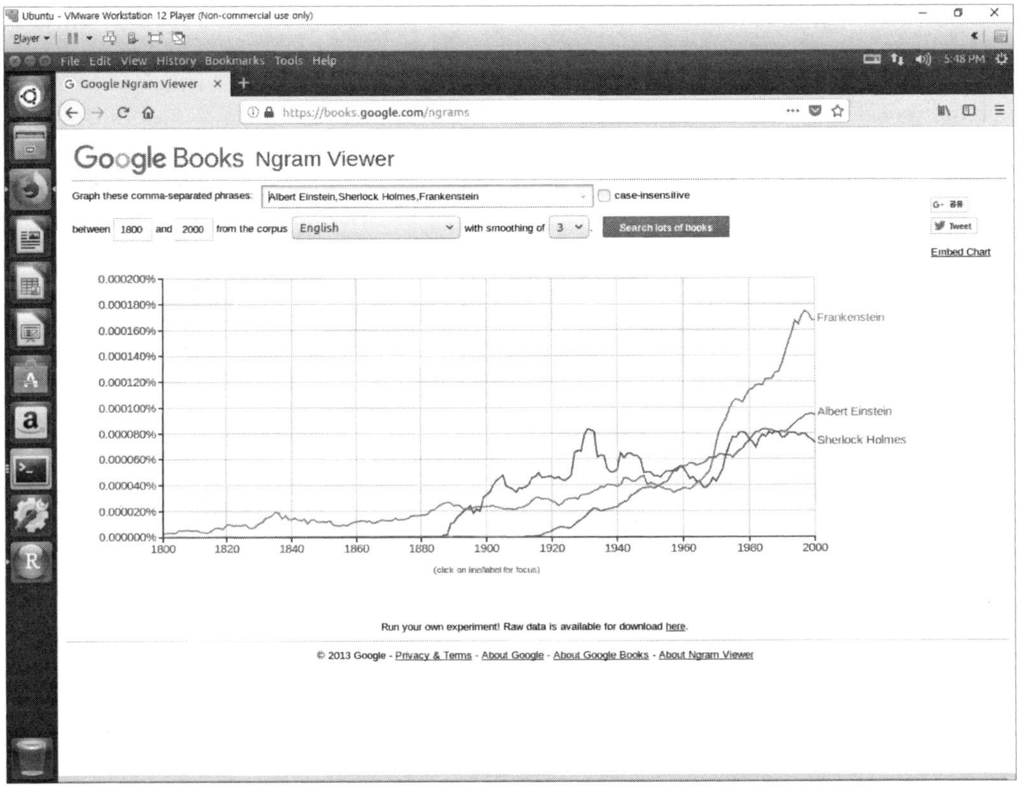

그림 8.1 구글 Ngram 뷰어 사이트

그림 8.1의 예시로부터 검색어 "Albert Einstein, Sherlock Holmes, Frankenstein"에 대한 검색 결과 프랑켄슈타인(Frankenstein)이 책 속에서 먼저 등장하고 다음으로 셜록 홈즈(Sherlock Holmes) 그리고 알버트 아인슈타인(Albert Einstein) 순으로 등장하였음을 알 수 있고 또한 시대별 이들의 변화 추이를 알 수 있다.

Ngram 데이터가 있는 사이트는 그림 8.2와 같다.

http://storage.googleapis.com/books/ngrams/books/datasetsv2.html

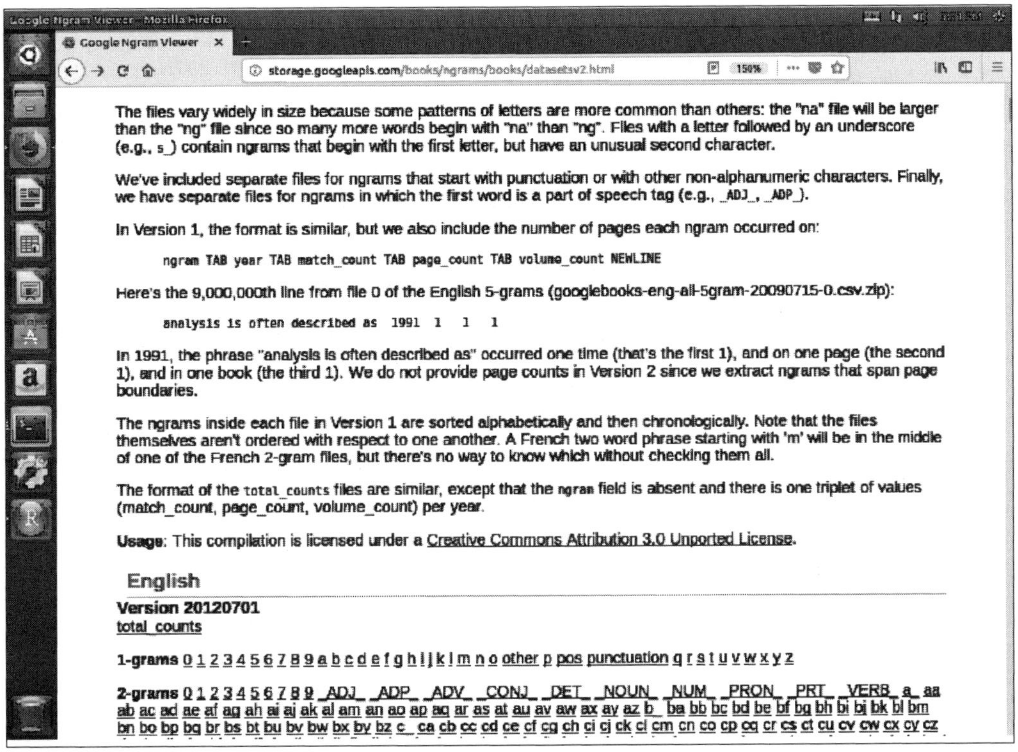

그림 8.2 Ngram 데이터 사이트

그림 8.2의 Ngram 데이터에서 N은 검색할 단어 수를 나타낸다. 여기서 N은 1에서 5까지 수이다. 예를 들면 "New York"은 2-gram이고, "United States of America"는 4-gram이다.

우리는 그림 8.2의 Ngram 데이터 사이트로부터 검색할 단어가 1개인 1-gram 데이터를 다운로드하여 RHadoop 프로그램을 작성하고자 한다.

① 1-gram 데이터 다운로드

여기서는 컴퓨터 메모리의 한계로 인해 1-gram 데이터 중에서 "s"로 시작하는 단어를 다운로드한다. 이를 위해 그림 8.2에서 "Version 20120701" 아래에 있는 1-grams에서 "s"를 선택하면 그림 8.3의 다운로드 창이 나타난다.

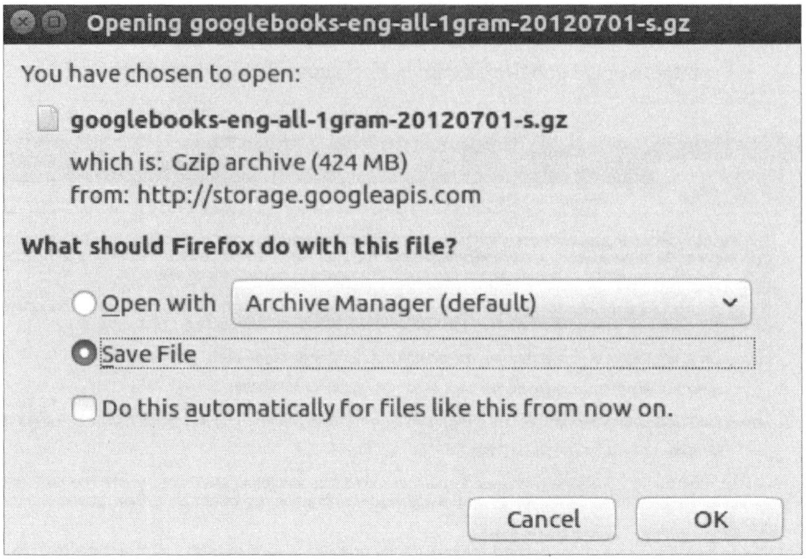

그림 8.3 1-gram 데이터 다운로드

② gzip 명령어를 이용하여 gz 압축 파일 풀기

그림 8.3으로부터 다운로드받은 파일은 다음과 같이 확장자가 gz인 압축 파일이다.

googlebooks-eng-all-1gram-20120701-s.gz

gzip 명령어를 이용하여 다운로드받은 gz 압축 파일을 푼다.

```
jejulim@ubuntu:~/Downloads$ gzip -dk googlebooks-eng-all-1gram-20120701-s.gz
```

여기서 옵션 -dk를 사용하면 원본 파일 googlebooks-eng-all-1gram-20120701-s.gz이 존재하고 옵션 -d를 사용하면 원본 파일 googlebooks-eng-all-1gram-20120701-s.gz이 존재하지 않는다.

③ tail 명령어 이용하여 일부 데이터 추출

컴퓨터 메모리 제약으로 인해 다운로드받은 파일 중 일부 데이터만을 추출하여 RHadoop 프로그램의 입력 데이터로 사용하고자 한다. head 혹은 tail 명령어를 사용하여 일부 데이터를 추출한다. 참고로, head 명령어는 파일의 앞에서부터 일부분을 추출하는 데 사용하고, tail 명령어는 파일의 뒤에서부터 일부분을 추출하는 데 사용한다.

다음은 tail 명령어를 이용하여 googlebooks-eng-all-1gram-20120701-s 파일의 뒤에서부터 40,000 줄을 추출하여 보여준다.

```
jejulim@ubuntu:~/Downloads$ tail -n 40000 googlebooks-eng-all-1gram-20120701-s |
more
```

다음은 googlebooks-eng-all-1gram-20120701-s 파일의 뒤에서부터 40,000줄을 추출하여 별도의 파일, 여기서는 googlebooks-tail-40000.csv 파일에 저장한다.

```
jejulim@ubuntu:~/Downloads$ tail -n 40000 googlebooks-eng-all-1gram-20120701-s >
googlebooks-tail-40000.csv
```

④ HDFS에 데이터 복사

로컬 시스템에 있는 googlebooks-tail-40000.csv 파일을 HDFS에 보낸다.

```
jejulim@ubuntu:~/Downloads$ hadoop fs -put googlebooks-tail-40000.csv /tmp
```

[예제 8.1] 검색어 "statistically_adv"(여기서 "statistically"는 문법적으로 부사를 나타냄)에 대해 연도별 빈도 추이를 RHadoop 프로그램을 작성하여 살펴보고자 한다. 여기서 사용할 데이터는 googlebooks-tail-40000.csv 데이터이다.

▶ [R 코드 8.1]

```
Sys.setenv(HADOOP_CMD="/usr/local/hadoop/bin/hadoop")
Sys.setenv(HADOOP_STREAMING="/usr/local/hadoop/share/hadoop/tools/lib/hadoop-stream
ing-2.8.0.jar")

library(rhdfs)
hdfs.init()
library(rmr2)

inputfile="/tmp/googlebooks-tail-40000.csv"

input.format <- make.input.format(
  format ="csv",
  sep="\t",
  col.names = c("ngram", "year", "occurrences", "book"),
  colClasses = c("character", "integer", "integer", "integer")
)

mapper <- function(keys, values) {
  values$ngram <- tolower(values$ngram)
  T.or.F <- values$ngram %in% c("statistically_adv")
  keys <- values$ngram[T.or.F]
  values <- values[T.or.F, c("year", "occurrences")]
  keyval(keys, values)
}

reducer <- function(key, values){
  val <- tapply(values$occurrences, values$year, sum)
  val <- data.frame(year=as.integer(names(val)), occurrences = val)
  keyval(key, val)
```

```
}
job <- mapreduce(
  input=inputfile,
  input.format=input.format,
  output="/tmp/temp11",
  map= mapper,
  reduce=reducer
)

out = from.dfs(job)
out
```

```
> out
$key
  [1] "statistically_adv" "statistically_adv" "statistically_adv"
  [4] "statistically_adv" "statistically_adv" "statistically_adv"
  [7] "statistically_adv" "statistically_adv" "statistically_adv"
.............................................
[181] "statistically_adv" "statistically_adv" "statistically_adv"
[184] "statistically_adv" "statistically_adv" "statistically_adv"
[187] "statistically_adv" "statistically_adv" "statistically_adv"

$val
     year occurrences
1600 1600           1
1766 1766           2
1798 1798           1
1799 1799           1
1808 1808           1
...................

2003 2003      100023
2004 2004      103243
2005 2005      110745
2006 2006      122632
2007 2007      119170
2008 2008      106417
```

▶ [실행결과 해석]

[R 코드 8.1]의 실행결과는 <key, value> 쌍으로 출력됨을 알 수 있다. 즉, 위의 결과는 다음을 나타낸다.

```
<"statistically_adv", [1600, 1]>,  <"statistically_adv", [1766, 2 ]>
.................................................................
<"statistically_adv", [2007, 119170]>,  <"statistically_adv", [2008, 106417 ]>
```

따라서 검색어 "statistically_adv"에 대해 1600년에 발생빈도는 1이고 1766년에 발생빈도는 2, 그리고 2007년에 발생빈도는 119170이고 2008년에 발생빈도는 106417임을 나타낸다.

▶ [R 코드 8.1 설명]

• make.input.format() 함수

데이터가 탭("\t"), 혹은 콤마(",")로 구분된 텍스트 파일을 읽기 위해 사용하는 형식이다.

예 input.format ← make.input.format(

format = "csv", sep="\t",

col.names = c("ngram", :"year", "occurrences", "book"),

colClasses = c("character", "integer", "integer", "integer")

→ format 인자는 CSV 파일 포맷을 지정하고, sep 인자는 탭 분리자를 지정하여 컬럼들이 탭에 의해 분리된다는 것을 나타내고, col.names 인자는 컬럼 이름을 지정하고 colClasses는 데이터 타입을 지정한다.

• map 함수

```
mapper <- function(keys, values) {
  values$ngram <- tolower(values$ngram)
  T.or.F <- values$ngram %in% c("statistically_adv")
  keys <- values$ngram[T.or.F]
  values <- values[T.or.F, c("year", "occurrences")]
  keyval(keys, values)
}
```

→ 먼저 입력 tolower() 함수에 의해 ngram 데이터는 대문자는 소문자로 변환한 다음 values$ngram에 대해 검색어 "statistically_adv"와 일치 여부를 %in% 연산자를 사용하여 조사한다. 즉, 일치하면 TRUE, 일치하지 않으면 FALSE를 반환한다. 그리고 일치하는 values$ngram 값과 그의 따른 연도와 발생빈도를 key와 value로 반환한다.

• reduce 함수

```
reducer <- function(key, values){
  val <- tapply(values$occurrences, values$year, sum)
  val <- data.frame(year=as.integer(names(val)),
                    occurrences = val)
  keyval(key, val)
}
```

• tapply() 함수

데이터가 여러 범주(factor)로 분류되어 있는 경우 각 범주에 따라 함수를 적용하는 경우 사용한다.

```
tapply(X, INDEX, FUN )
```

여기서 X에 함수 FUN를 적용하는데 INDEX에 대해 적용한다. 여기서 INDEX는 하나 이상의 범주를 갖고 있다.

예 tapply(values$occurrences, values$year, sum)

발생빈도(values$occurrences)에 sum() 함수를 적용하는데 values$year에 대해 적용한다. 즉, 같은 해에 대해 여러 발생빈도(values$occurrences)가 존재하는 경우 sum() 함수를 적용하여 합을 계산한다.

다음은 "statistically_adv"에 대해 출현빈도 그래프를 그려보자.

```
result = as.data.frame(out, stringsAsFactors = F)
plot(result $val.year, result $val.occurrences, type="l")
```

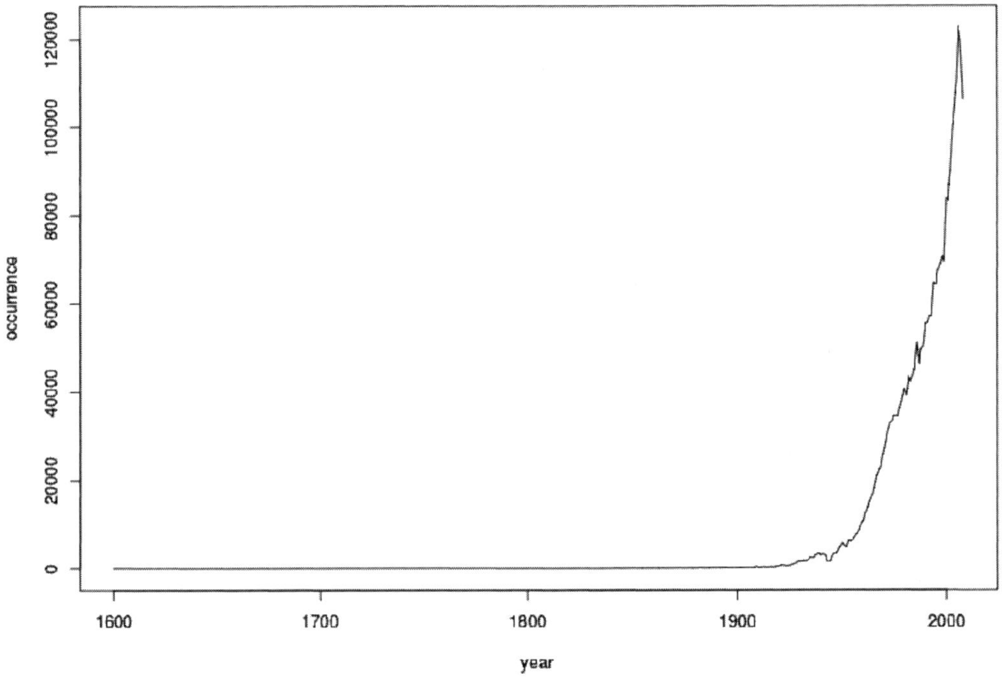

그림 8.4 출현빈도 그래프

8.2 Airline 데이터

Airline 데이터는 2009년 미국 통계 협회(American Statistical Association; ASA)에서 제공하는 미국 항공기 운항에 대한 데이터이다. 이 항공기 운항 데이터는 1987년부터 2008년까지 해마다 29개의 변수에 대해 조사된 데이터이고 전체 데이터의 행은 123,534,970개이며 데이터의 크기는 12GB 정도이다.

Airline 데이터는 2009 데이터 엑스포 대회(data expo competition)에서 사용하였는데 Airline 데이터 사이트는 그림 8.5와 같다.

http://stat-computing.org/dataexpo/2009/

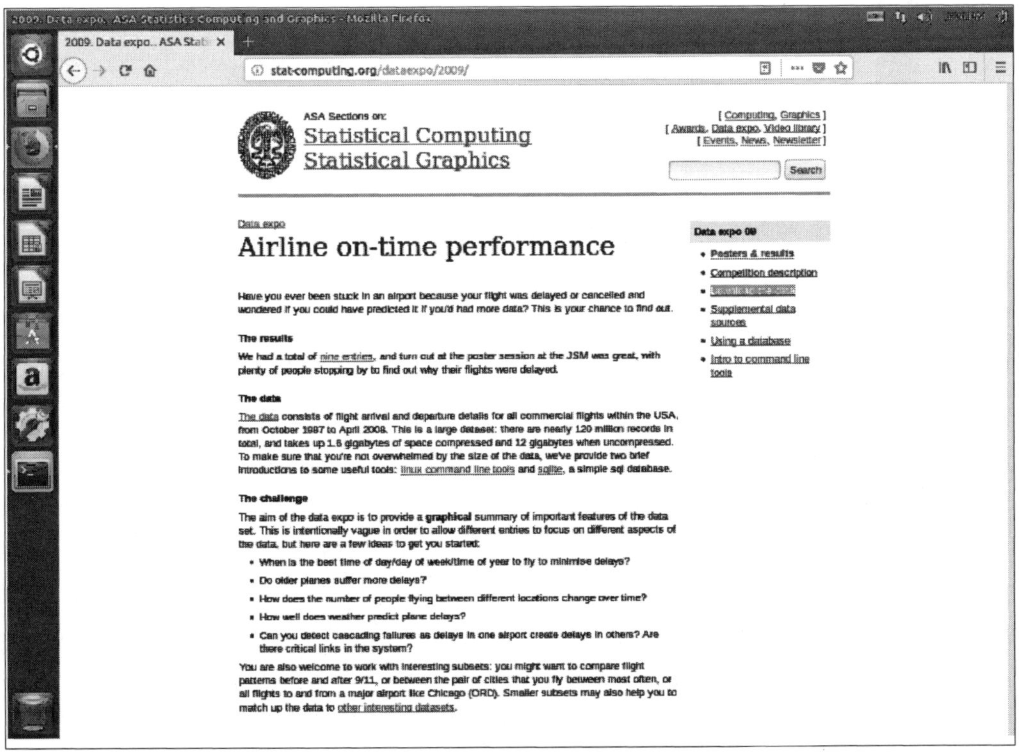

그림 8.5 Airline 데이터 사이트

그림 8.5에서 다운로드받기 위해 오른쪽에 있는 [Download the data]를 선택한다.

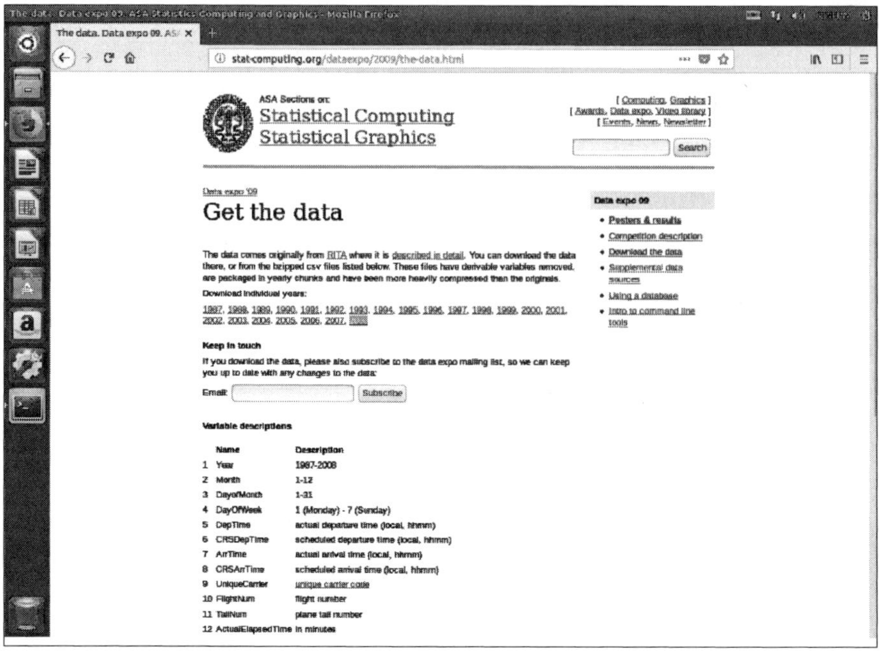

그림 8.6 데이터 다운로드

그림 8.6으로부터 Airline 데이터에 대한 설명은 표 8.1과 같다.

표 8.1 Airline 데이터 설명

Number	변수	설명
1	Year	연도(1987~2008)
2	Month	월(1~12)
3	Dayofmonth	일(1~31)
4	DayOfweek	요일(1~7)
5	DepTime	출발 시각
6	CRSDepTime	실제 출발 시각(hhmm)
7	ArrTime	도착 시각
8	CRSArrTime	실제 도착 시각(hhmm)
9	UniqueCarrier	항공사 코드
10	FlightNum	항공편 번호
11	TailNum	항공기 등록 번호(비행기 꼬리 날개 쪽에 표기)
12	ActualElapsedTime	실제 경과 시간
13	CRSElapsedTime	예정 경과 시간
14	AirTime	방송 시간, 분으로 표기

15	ArrDelay	도착 지연
16	DepDelay	출발 지연
17	Origin	출발지 공항 코드, IATA(국제 항공 운송 협회) 기준
18	Dest	도착지 공항 코드, IATA(국제 항공 운송 협회) 기준
19	Distance	거리
20	TaxiIn	비행기 바퀴가 지면에 닿아서(착륙) 목적지 공항의 게이트에 도착할 때까지 시간
21	TaxiOut	출발지 공항의 게이트에서 출발해서 바퀴가 지면에서 떨어질 때(이륙)까지의 시간
22	Cancelled	비행 취소 여부 > 1 : 예, 0 : 아니오
23	CancellationCode	비행 취소 코드 > A : 항공사, B : 기상, C : NAS(National Airspace System), D : 보안
24	Diverted	우회 여부 > 1: 예, 0: 아니오
25	CarrierDelay	항공사 지연 시간, 분으로 표기
26	WeatherDelay	기상 지연 시간, 분으로 표기
27	NASDelay	NAS 지연 시간, 분으로 표기
28	SecurityDelay	보안 지연 시간, 분으로 표기
29	LateAircraftDelay	연착 항공기 지연 시간, 분으로 표기

우리는 그림 8.6의 Airline 데이터 사이트로부터 2008년 데이터를 다운로드하여 RHadoop 프로그램을 작성하고자 한다.

① 2008년 데이터 다운로드

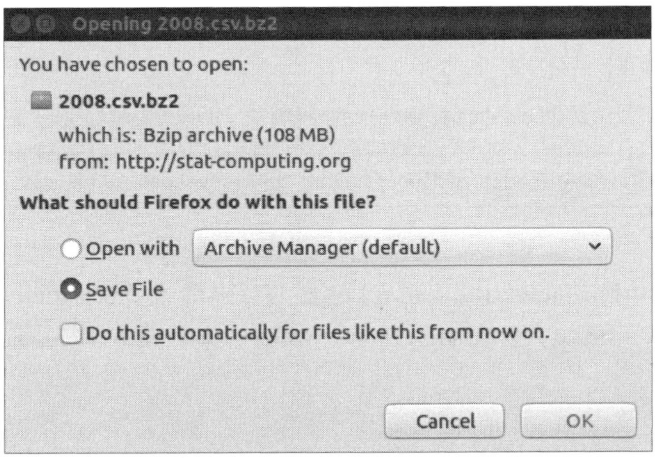

그림 8.7 2008년 데이터 다운로드

그림 8.6에서 2008년 데이터를 다운로드하기 "Get the data" 아래에 있는 "2008"을 선택하면 그림 8.7의 다운로드 창이 나타난다.

② bzip2 명령어를 이용하여 bz2 압축 파일

그림 8.7에서 다운로드된 파일은 2008.csv.bz2 압축 파일이다. bzip2 명령어를 사용하여 다운로드한 압축 파일을 푼다.

```
jejulim@ubuntu:~/Downloads$ bzip2 -dk 2008.csv.bz2
```

여기서 옵션 -dk를 사용하면 2008.csv.bz2 파일이 존재하고 옵션 -d를 사용하면 2008.csv.bz2 파일이 존재하지 않는다.

③ head 명령어 이용하여 일부 데이터 추출

우리는 컴퓨터 메모리 부족으로 인하여 다운로드받은 파일 중 일부 데이터만을 추출하여 RHadoop 프로그램의 입력 데이터로 사용하고자 한다. 이를 위해 head 혹은 tail 명령어를 사용한다. 참고로, head 명령어는 파일의 앞에서부터 일부를 추출하는 데 사용하고, tail 명령어는 파일의 뒤에서부터 일부를 추출하는 데 사용한다.

다음은 head 명령어를 이용하여 2008.csv 파일의 앞에서부터 10,000줄을 추출하여 보여준다.

```
jejulim@ubuntu:~/Downloads$ head -n 10000 2008.csv | more
```

다음은 2008.csv 파일의 앞에서부터 10,000줄을 추출하여 별도의 파일, 여기서는 2008.csv-head-10000.csv 파일에 저장하고 있다.

```
jejulim@ubuntu:~/Downloads$ head -n 10000 2008.csv > 2008.csv-head-10000.csv
```

④ HDFS에 데이터 복사

로컬 시스템에 있는 2008.csv-head-10000.csv 파일을 HDFS에 보낸다.

```
jejulim@ubuntu:~/Downloads$ hadoop fs -put 2008.csv-head-10000.csv /tmp
```

[예제 8.2] 항공사(항공사 코드)에 대해 날짜별로 평균 출발 지연(departure delay) 시간을 출력하고자 한다. 여기서 날짜 표시는 "2008-1-3"과 같이 표시한다. 여기서 사용한 데이터는 2008.csv-head-10000.csv이다.

▶ [R 코드 8.2]

```
Sys.setenv(HADOOP_CMD="/usr/local/hadoop/bin/hadoop")
Sys.setenv(HADOOP_STREAMING="/usr/local/hadoop/share/hadoop/tools/lib/hadoop-stream
ing-2.8.0.jar")

library(rhdfs)
hdfs.init()
library(rmr2)

inputfile="/tmp/2008.csv-head-10000.csv"

input.format <- make.input.format(
  format ="csv",   sep=","
)

mapper = function(., fields) {
  DepDelay = as.numeric(as.character(fields[[16]]))
  filter = !is.na(DepDelay)
  Year = as.character(fields[[1]])
  Month = as.character(fields[[2]])
  Dayofmonth = as.character(fields[[3]])
  UniqueCarrier = as.character(fields[[9]])
  key.df = data.frame( date = paste(Year[filter], Month[filter], Dayofmonth[filter],
  sep='-'),  UniqueCarrier =  UniqueCarrier[filter] )
  val.df = data.frame( DepDelay = DepDelay[filter] )
  val.df$DepDelay = as.numeric(val.df$DepDelay)
  keyval( key.df , val.df )
}

reducer = function(key, value) {
  value = data.frame(avg = mean(value$DepDelay, na.rm=T))
  keyval(key, value)
}

job = mapreduce(
  input = inputfile,
  input.format = input.format,
  output = "/tmp/temp3",
  map = mapper,
  reduce = reducer
)
out = from.dfs(job)
result = as.data.frame(out)
colnames(result) = c("date", "carrier", "mean of depDelay")
rownames(result) = NULL
result
```

```
> result
      date carrier mean of depDelay
1 2008-1-3      WN         26.58480
2 2008-1-4      WN         18.64969
3 2008-1-5      WN         22.05552
4 2008-1-6      WN         16.43314
```

▶ [실행결과 해석]

[R 코드 8.2]의 실행 결과를 요약하면 다음과 같다.

날짜	항공사 코드	평균 지연 시간
2008-1-3	WN	26.58480
2008-1-4	WN	18.64969
2008-1-5	WN	22.05552
2008-1-6	WN	16.43314

▶ [R 코드 8.2 설명]

• map 함수

```
mapper = function(., fields) {
  DepDelay = as.numeric(as.character(fields[[16]]))
  filter = !is.na(DepDelay)
  Year = as.character(fields[[1]])
  Month = as.character(fields[[2]])
  Dayofmonth = as.character(fields[[3]])
  UniqueCarrier = as.character(fields[[9]])
  key.df = data.frame( date = paste(Year[filter], Month[filter], Dayofmonth[filter],
  sep='-'),  UniqueCarrier =  UniqueCarrier[filter] )
  val.df = data.frame( DepDelay = DepDelay[filter] )
  val.df$DepDelay = as.numeric(val.df$DepDelay)
  keyval( key.df , val.df )
}
```

→ 항공사(항공사 코드)에 대해 날짜별로 출발 지연 시간을 출력하고자 한다. 여기서 날짜 표시는 "2008-1-3"과 같이 표시한다. 이를 위해 날짜와 항공사 코드를 하나의 데이터프레임을 가지고 나타내고, 출발 지연 시간을 또 하나의 데이터프레임을 가지고 나타낸다. 그리고 날짜와 항공사 코드에 대한 데이터프레임을 key, 출발 지연 시간에 대한 데이터프레임을 value로 반환한다.

• reduce 함수

```
reducer = function(key, value) {
  value = data.frame(avg = mean(value$DepDelay, na.rm=T))
  keyval(key, value)
}
```

→ 각각의 날짜와 항공사 코드에 대해 평균 출발 지연 시간을 계산하여 key와 value으로 반환한다.

참고로, [R 코드 8.2]에서 맵 함수의 결과만을 보고자 한다. 즉, 항공사(항공사 코드)에 대해 날짜별로 출발 지연(departure delay) 시간을 출력하고자 한다.

```
inputfile="/tmp/2008.csv-head-10000.csv"

input.format <- make.input.format(
  format ="csv",   sep=","
)

mapper = function(., fields) {
  DepDelay = as.numeric(as.character(fields[[16]]))
  filter = !is.na(DepDelay)
  Year = as.character(fields[[1]])
  Month = as.character(fields[[2]])
  Dayofmonth = as.character(fields[[3]])
  UniqueCarrier = as.character(fields[[9]])
  key.df = data.frame( date = paste(Year[filter], Month[filter], Dayofmonth[filter],
  sep='-'),  UniqueCarrier =  UniqueCarrier[filter] )
  val.df = data.frame( DepDelay = DepDelay[filter] )
  val.df$DepDelay = as.numeric(val.df$DepDelay)
  keyval( key.df , val.df )
}

job = mapreduce(
  input = inputfile,
  input.format = input.format,
  output = "/tmp/temp4",
  map = mapper
)
out = from.dfs(job)
result = as.data.frame(out)
colnames(result) = c("date", "carrier", "depDelay")
rownames(result) = NULL
result
```

```
> result
        date carrier depDelay
1    2008-1-3      WN        8
2    2008-1-3      WN       19
3    2008-1-3      WN        8
4    2008-1-3      WN       -4
5    2008-1-3      WN       34
6    2008-1-3      WN       25
7    2008-1-3      WN       67
8    2008-1-3      WN       -1
9    2008-1-3      WN        2
10   2008-1-3      WN        0
.........................
```

8.3 CDC 사망률 데이터

미국 CDC(Centers for Disease Control and Prevention, 질병통제예방센터)는 미국에서 일어나는 매년 사망자에 대해 1968년부터 2016년까지 다음의 CDC ftp 사이트에서 사망(mortality) 데이터를 제공하고 있다.

```
ftp://ftp.cdc.gov/pub/Health_Statistics/NCHS/Datasets/DVS/mortality/
```

여기서는 2009년 미국의 성별 사망자 수를 조사하고자 한다. 이 데이터는 1.1GB이고 2,441,219 개의 레코드를 갖고 있다.

① CDC ftp 사이트로부터 사망 데이터 다운로드

우리가 원하는 2009년 사망 데이터는 다음과 같다.

```
ftp://ftp.cdc.gov/pub/Health_Statistics/NCHS/Datasets/DVS/mortality/mort2009us.zip
```

그림 8.8에서처럼 wget 명령어를 이용하여 2009년 사망 데이터를 다운로드한다.

```
jejulim@ubuntu:~/Downloads$ wget
ftp://ftp.cdc.gov/pub/Health_Statistics/NCHS/Datasets/DVS/mortality/mort2009us.zip
```

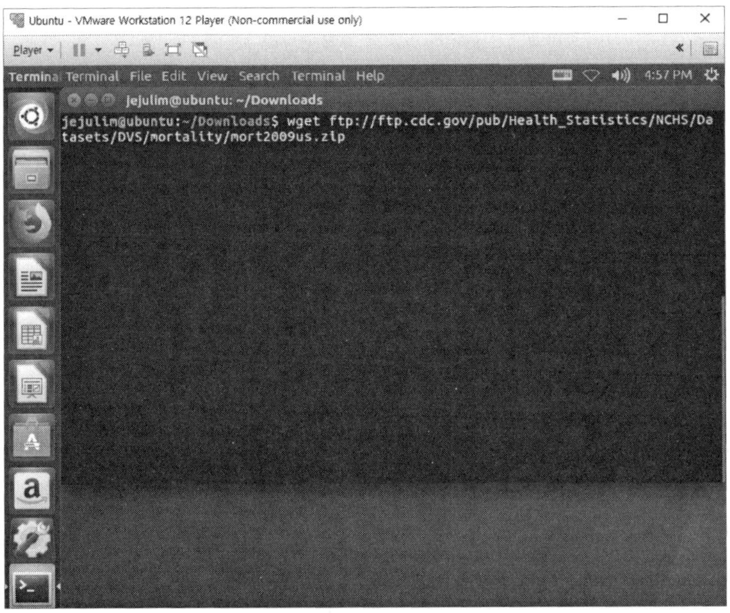

그림 8.8 CDC ftp 사이트로부터 사망 데이터 다운로드

② unzip 명령어 이용 압축 풀기

그림 8.8에서 다운로드받은 파일은 확장자가 zip인 mort2009us.zip 파일이다. 그림 8.9에서처럼 unzip 명령어를 이용하여 다운로드받은 zip 파일을 푼다.

```
jejulim@ubuntu:~/Downloads$ unzip mort2009us.zip
```

그림 8.9 unzip 명령어 이용 zip 파일 압축 풀기

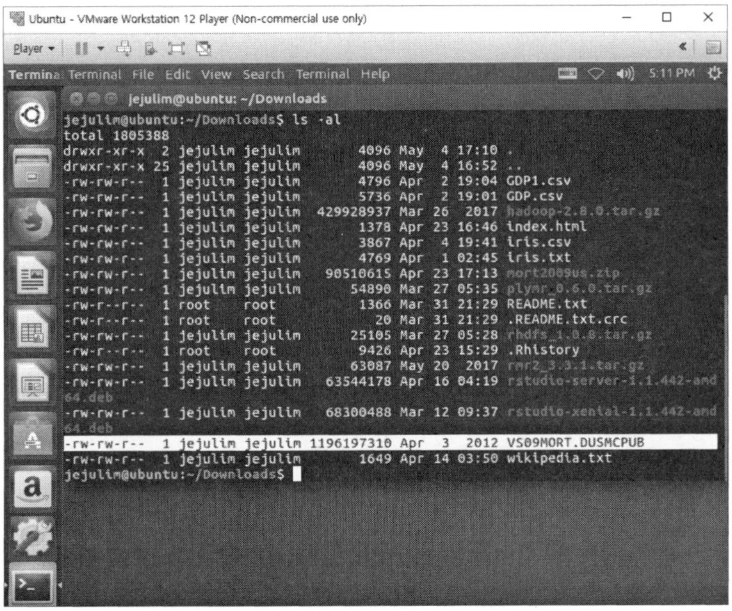

그림 8.10 VS09MORT.DUSMCPUB 파일 생성

그림 8.10에서 보는 것처럼 압축파일 mort2009us.zip을 풀었더니 VS09MORT.DUSMCPUB 파일이 생성되었다. 이 파일은 1,196,197,310바이트, 즉 1.1GB의 크기를 갖고 있다.

③ head 명령어 이용 일부 데이터 추출

컴퓨터 메모리 부족으로 인하여 다운로드받은 파일 VS09MORT.DUSMCPUB에서 일부 데이터만을 추출하고자 한다. 이를 위해 head 혹은 tail 명령어를 사용한다.

다음은 head 명령어를 이용하여 VS09MORT.DUSMCPUB 파일의 앞에서부터 10,000줄을 추출하여 출력한다.

```
jejulim@ubuntu:~/Downloads$ head -n 10000 VS09MORT.DUSMCPUB | more
```

다음은 VS09MORT.DUSMCPUB 파일의 앞에서부터 10,000줄을 추출하여 별도의 파일, 여기서는 VS09MORT.DUSMCPUB-head-10000 파일에 저장하고 있다.

```
jejulim@ubuntu:~/Downloads$ head -n 10000 VS09MORT.DUSMCPUB >
VS09MORT.DUSMCPUB-head-10000
```

④ HDFS에 디렉토리 생성

```
jejulim@ubuntu:~/Downloads$ hadoop fs -mkdir /tmp
```

⑤ HDFS에 디렉토리 권한 부여

```
jejulim@ubuntu:~/Downloads$ hadoop fs -chmod -R 777 /tmp
```

⑥ HDFS에 데이터 복사

로컬 시스템에 있는 VS09MORT.DUSMCPUB-head-10000 파일을 HDFS에 보낸다.

```
jejulim@ubuntu:~/Downloads$ hadoop fs -put VS09MORT.DUSMCPUB-head-10000 /tmp
```

[예제 8.3] 2009년 미국의 성별 사망자 수를 RHadoop 프로그램을 작성하여 조사하고자 한다.

▶ [R 코드 8.3]

```
Sys.setenv(HADOOP_CMD="/usr/local/hadoop/bin/hadoop")
Sys.setenv(HADOOP_STREAMING="/usr/local/hadoop/share/hadoop/tools/lib/hadoop-stream
ing-2.8.0.jar")
```

```
library(rhdfs)
hdfs.init()
library(rmr2)

mort.schema <- c(
  .X0=19, ResidentStatus=1, .X1=40, Education1989=2, Education2003=1,
  EducationFlag=1,MonthOfDeath=2,.X2=2,Sex=1,AgeDetail=4, AgeSubstitution=1,
  AgeRecode52=2,AgeRecode27=2,AgeRecode12=2,AgeRecodeInfant22=2,
  PlaceOfDeath=1,MaritalStatus=1,DayOfWeekofDeath=1,.X3=16,
  CurrentDataYear=4, InjuryAtWork=1, MannerOfDeath=1, MethodOfDisposition=1,
  Autopsy=1,.X4=34,ActivityCode=1,PlaceOfInjury=1,ICDCode=4,
  CauseRecode358=3,.X5=1,CauseRecode113=3,CauseRecode130=3,
  CauseRecode39=2,.X6=1,Conditions=281,.X8=1,Race=2,BridgeRaceFlag=1,
  RaceImputationFlag=1,RaceRecode3=1,RaceRecode5=1,.X9=33,
  HispanicOrigin=3,.X10=1,HispanicOriginRecode=1)

filter.func <- function(x) {substr(x,1,2) != ".X"}
unpack.line <- function(data, schema) {
  data.pointer <- 1
  output.data <- list()
  for (i in 1:length(schema)) {
    if (filter.func(names(schema)[i])) {
      output.data[[names(schema)[i]]] <-
        type.convert(
          substr(data, data.pointer, data.pointer+schema[i] - 1),
          as.is=TRUE)
    }
    data.pointer <- data.pointer + schema[i]
  }
  output.data
}

inputfile="/tmp/VS09MORT.DUSMCPUB-head-10000"

mapper <- function(k,v) {
  record <- unpack.line(v, mort.schema)
  # type.convert assumes the character F means FALSE
  key <- ifelse(record[["Sex"]]=="F","female","male")
  keyval(key, 1)
}

reducer <- function(k, v) {
  keyval(k, length(v))
}


job <- mapreduce(
  input=inputfile,
  map=mapper,
  reduce=reducer,
```

```
  input.format="text",
  output.format="csv")


out = from.dfs(job, format="csv")
out
```

```
> out
$key
NULL

$val
      V1   V2
1   male 5223
2 female 4777
```

▶ [실행결과 해석]

[R 코드 8.3]의 실행결과는 <key, value> 쌍으로 출력됨을 알 수 있다. 위 결과로부터 10,000명 중에서 남자는 5,223명, 여자는 4,777명임을 알 수 있다.

▶ [R 코드 8.3 설명]

- 스키마(schema)

```
mort.schema <- c(
  .X0=19, ResidentStatus=1, .X1=40, Education1989=2, Education2003=1,
  EducationFlag=1,MonthOfDeath=2,.X2=2,Sex=1,AgeDetail=4, AgeSubstitution=1,
  AgeRecode52=2,AgeRecode27=2,AgeRecode12=2,AgeRecodeInfant22=2,
  PlaceOfDeath=1,MaritalStatus=1,DayOfWeekofDeath=1,.X3=16,
  CurrentDataYear=4, InjuryAtWork=1, MannerOfDeath=1, MethodOfDisposition=1,
  Autopsy=1,.X4=34,ActivityCode=1,PlaceOfInjury=1,ICDCode=4,
  CauseRecode358=3,.X5=1,CauseRecode113=3,CauseRecode130=3,
  CauseRecode39=2,.X6=1,Conditions=281,.X8=1,Race=2,BridgeRaceFlag=1,
  RaceImputationFlag=1,RaceRecode3=1,RaceRecode5=1,.X9=33,
  HispanicOrigin=3,.X10=1,HispanicOriginRecode=1)
sum(mort.schema)
```

```
> sum(mort.schema)
[1] 488
```

→ 필드 크기가 488개이다.

벡터 mort.schema는 필드 크기를 라벨값으로 갖는 벡터이다. 여기서 빈칸을 라벨 .X로 시작하는 라벨로 표시한다.

다음은 파일로부터 레코드를 읽기 위한 함수이다. 각 필드의 위치와 이름을 결정하기 위해 벡터를 사용한다. 리스트를 반환하고 ".X"로 시작하는 필드에 대해서는 skip한다.

```
unpack.line <- function(data, schema) {
  filter.func <- function(x) {substr(x,1,2) != ".X"}

data.pointer <- 1
  output.data <- list()
  for (i in 1:length(schema)) {
    if (filter.func(names(schema)[i])) {
      output.data[[names(schema)[i]]] <-
        type.convert(
          substr(data, data.pointer, data.pointer+schema[i] - 1),
          as.is=TRUE)
      }
    data.pointer <- data.pointer + schema[i]
  }
  output.data
}
```

substr(x, start, stop) 문자열의 일부분을 추출하는 함수이다.

여기서는 start번째 자리에서부터 stop 자리까지 추출할 자릿수를 지정한다.

```
type.convert(x, as.is = FALSE, ...)
```

데이터 타입을 변환하는 데 사용하는 함수이다. as.is = FALSE 인자는 문자를 인자(factor)로 변환한다.

참고 RHadoop 프로그램을 사용하지 않고 사망자 성별 빈도 구하기

VS09MORT.DUSMCPUB-head-10000 파일은 fixed format 파일이다. 따라서 read.fwf() 함수를 이용하여 파일을 읽고 table() 함수를 이용하여 성별 빈도를 구하고자 한다.

```
setwd("/home/jejulim/Downloads")
mort06 <- read.fwf(file="VS09MORT.DUSMCPUB-head-10000",
                   widths= c(19,1,40,2,1,1,2,2,1,4,1,2,2,2,2,1,1,1,16,4,1,1,1,1,
                             34,1,1,4,3,1,3,3,2,283,2,1,1,1,1,33,3,1,1),
                   col.names= c("X0","ResidentStatus","X1","Education1989",
                                "Education2003","EducationFlag","MonthOfDeath",
                                "X5","Sex","AgeDetail","AgeSubstitution",
                                "AgeRecode52","AgeRecode27","AgeRecode12",
                                "AgeRecodeInfant22","PlaceOfDeath","MaritalStatus",
                                "DayOfWeekofDeath","X15","CurrentDataYear",
                                "InjuryAtWork","MannerOfDeath","MethodOfDisposition",
                                "Autopsy","X20","ActivityCode","PlaceOfInjury",
                                "ICDCode","CauseRecode358","X24","CauseRecode113",
                                "CauseRecode130","CauseRecord39","X27","Race",
                                "BridgeRaceFlag","RaceImputationFlag","RaceRecode3",
                                "RaceRecord5","X32","HispanicOrigin","X33",
                                "HispanicOriginRecode")
)
```

```
head(mort06,1)
table(mort06 $ Sex)
```

```
> head(mort06,1)
  X0 ResidentStatus X1 Education1989 Education2003 EducationFlag MonthOfDeath X5 Sex
AgeDetail
1 NA              1 NA            12            NA             0            1 NA   F
1080
  AgeSubstitution AgeRecode52 AgeRecode27 AgeRecode12 AgeRecodeInfant22 PlaceOfDeath
MaritalStatus
1              NA          42          22          10                NA            4
     M
  DayOfWeekofDeath X15 CurrentDataYear InjuryAtWork MannerOfDeath MethodOfDisposition
Autopsy X20
1                2  NA            2009            U             7                   U
N  NA
  ActivityCode PlaceOfInjury ICDCode CauseRecode358 X24 CauseRecode113 CauseRecode130
CauseRecord39
1           NA            NA    F329            181  NA            111             NA
     37
  X27 Race BridgeRaceFlag RaceImputationFlag RaceRecode3 RaceRecord5 X32
HispanicOrigin X33
1  0411E46  21F329 61I64  62I10  04 F329 E46  I10  I64  1   68            NA
     NA          2          4  NA            100  NA
  HispanicOriginRecode
1                    8

> table(mort06 $ Sex)

   F    M
4777 5223
```

▶ [실행결과 해석]

table() 함수를 사용하여 10,000명 중에서 여자는 4,777명, 남자는 5,223명임을 알 수 있다.

찾아보기

저자 소개

임동훈
부산대학교 계산통계학과 졸업(이학사)
부산대학교 대학원 계산통계학과 졸업(이학석사)
부산대학교 대학원 통계학과 졸업(이학박사)
미국 오하이오 주립대학교(Post-Doc)
현재 경상대학교 정보통계학과 교수
연구분야: 빅데이터, 영상처리, 비모수통계학

저서
AMOS 24 구조방정식 모형 (자유아카데미, 2017)
R을 이용한 빅데이터 분석 (자유아카데미, 2015)
OpenCV를 이용한 영상처리 (자유아카데미, 2014)
AMOS를 이용한 구조방정식 모형 (자유아카데미, 2014)
R을 이용한 통계학 (자유아카데미, 2013)
R을 이용한 비모수 통계학 (자유아카데미, 2010)
초보자를 위한 비주얼 C++6.0 프로그래밍 (자유아카데미, 2008)
초보자를 위한 OpenCV를 이용한 영상처리 (자유아카데미, 2008)
초보자를 위한 XML 프로그래밍 (내하출판사, 2006)

리눅스에서 R과 하둡을 이용한
빅데이터 처리 분석

저 자 임동훈
발 행 인 김지영
발 행 처 자유아카데미
주 소 경기도 파주시 회동길 37-42
파주출판도시
전 화 031-955-1321
팩 스 031-955-1322
홈페이지 www.freeaca.com
전자우편 main@freeaca.com (대표)
editor@freeaca.com (편집)
crm@freeaca.com (영업)
등 록 제406-2003-017호, 1980. 7. 12
제1판1쇄 2018년 8월 20일 발행
제1판4쇄 2024년 2월 15일 발행
정 가 17,000원

저자와의 협의하에 인지생략

ISBN 979-11-5808-194-2 93310